岩 波 文 庫

38-126-3

転換期の大正

岡　義武著

岩 波 書 店

序

「日本近代史大系」のこの巻は、大正三年(一九一四年)から大正一三年(一九二四年)まで、いいかえれば、第二次大隈(重信)内閣の成立から第一次加藤(高明)内閣の誕生までを扱う。大正の時期はわが国近代史における一つの転換期をなすとは、しばしばいわれているが、そのことは大正三—一三年のわが国政治過程の中からもうかがうことができる。

いわゆる大正の政変にあたって、またついでシーメンス事件に際して、街頭に立ち現われた群衆の姿は、当時の世人に強い印象を与えた。そこでこれらのあとに、第一次世界戦争の前夜にあたる大正三年四月、「民衆政治家」大隈重信が久々に政界に復活して組閣、政権を担当することになったとき、世上ではこれを「民衆の時代」がいよいよ近づきつつあるものとしてうけとったものも少なくなかった。それは実は錯覚であった。けれども、そのような錯覚を生じさせるような時代の雰囲気がそこにあったことも、事実である。その後世界戦争終結の直前にあたる大正七年にいたって、原敬を首相とする政友会内閣が出現した。さらにそれから約七年後、大正一三年のいわゆる憲政擁護運動(護憲運動)を経て同年六月に第一次加藤内閣の成立をみた。それとともに爾来、原内閣を端緒とする政党内閣はともかく一応慣行化することになり、戦前のわが国における約八年間の政党内閣の時期がここに開幕された。その意味で、以上の推移は、注目に値する内政上の転換であったということができる。けれども同時に、政党内閣制が慣行化して行く過程において、有産者階級と結托し徒党化した政党とそのような政党による政党政治の実態とは、少なからず世上の非難、憤激、侮蔑の的となった。しかも、それは実にすでに原内閣下において始まった。このこともまた、決して無視することはできない。背後に世論の強力な支持を欠いた政党内閣制がいかに不安定で、脆弱なものであり、またその故に五・一五事件(昭和七年)によって終止符を打たれるにいたったことを、現在われわれは知っている。したがって、内政における以上のような転換、またその結果としての戦前の政党内閣制について、その意義は今日再吟味されねばならないであろう。

大正の以上の時期において、わが国の外交にもまた、方向の大きな変化を生じた。世界戦争の勃発は極東に力の一種の真空状態をつくりだした。また戦争末期に勃発したロシア革命にともなう内乱は、シベリアにも及んだ。これらの状況の現出は、過去西洋諸大国との関係でとかく阻まれ、せきとめられてきたわが国の膨脹への意欲にとって、乗ずべき絶好の機会の到来を意味するものとうけとられた。その結果、現に世界戦争の終結した頃には、わが国はその支配あるいは勢力を極東に大きく拡大するにいたった。それは、日露戦争以後本格化したわが国の帝国主義的膨脹の極点《ピーク》を画するものであった。しかし、これにたいして戦後主としてアメリカによって活発な外交的反撃がひらかれた。その最大のものは、一九二二年(大正一一年)におけるいわゆるワシントン体制の樹立であった。これによって、世界戦争下においてわが国が極東に築いたその地位は大きく崩され、それればかりでなく、わが国帝国主義の今後の前進は、きびしく拘束され、甚だしく困難なものとなった。わが国外交の進路は、こうして、ここに大きくその転換を余儀なくされることになる。この転換を最もよく象徴するものは、第一次加藤内閣の外相に就任した幣原喜重郎《しではらきじゅうろう》によって行なわれることになったいわゆる幣原外交であった。それは、国際協調主義に立脚した外交として一般に知られており、この幣原外交の時期は、戦前のわが国外交史上において異色を放っている。しかし、それは実はワシントン体制の枠組に忠実に即した外交であったのである。しかも、この幣原外交は結局、一方では国民政府の「革命外交」、他方では軍部を中心として国内に高まった対華強硬外交論とに挟撃された末、昭和六年(一九三一年)における満州事変の勃発とともに完全に破綻することになった。そして、それとともにわが国外交は再転換して、破局の途に驀進することになった。そのことは、今日ひとの知るとおりである。

*

この書物の執筆にあたり同学の方々の研究によりいろいろと益したところ少なくなく、ここにあつく感謝の意を表したい。なお、本書は通史である関係から叙述にあたって、一々典拠をあげることは控えたが、しかし、読者の便宜、その他を考えて、若干の箇所についてては出所を明示することにした。

昭和四四年六月

岡　義　武

目次

転換期の大正

第一章　第一次世界戦争の勃発

第一節　「民衆政治家」の復活

第一次山本（権兵衛）内閣がシーメンス（Siemens）事件で世人の激しい論難、攻撃をあびたのち、やがて総辞職したとき（大正三年三月）、元老たちは徳川家達《いえさと》（貴族院議長）を後継首班に奏薦したが、徳川は固辞した。ついで、清浦奎吾《きようらけいご》（枢密顧問官）が奏薦されて組閣に着手した。清浦は加藤友三郎（第一艦隊司令長官）に海相として入閣するよう求めたが、加藤は、前内閣が予算案編成の際に承認した海軍補充計画について、その実現のため新内閣が至急措置をとることをその入閣の条件とした。しかし、清浦はこれを承諾せず、加藤はそこで海相就任を拒絶した。ところが、加藤の要求は当時の海軍首脳部の総意でもあったため、清浦は海相たるべきものを見出しえず、その結果、組閣を断念しなければならなくなった。元老たちはそこで協議した末、山県有朋、井上馨の発議によって、大隈重信を後継首班に推すことが彼らの間で考慮に上ることになった。

以上のような組閣難の後にもせよ、元老たちがこうして大隈起用を考えたのは、当時彼らの間において政友会に対して激しい反感が抱かれていたのによること大であった。さきに桂太郎(長州出身・山県系)の第三次内閣に対して、「憲政擁護・閥族打破」を標語とするいわゆる憲政擁護運動が起ると、政友会は結局党をあげてこれに参加して、桂内閣の打倒をはかった。桂退陣のあと薩摩出身の山本権兵衛が組閣することになると、政友会はこの内閣を与党として支持するにいたったのである。これらのいきさつは、とりわけ長州出身の井上馨、山県有朋を痛憤させた(1)。そして、山県は松方正義、大山巌のごとき薩摩出身の元老にも働きかけて、政友会に対する彼らの反情を煽ることを試みたのであった。そこで、山県、井上を中心に元老たちは今、自由民権運動の古き昔以来の因縁もあって政友会に対し激しい敵意を抱きつづけてきた大隈にこの際政権を担当させ、彼の手で政友会を膺懲《ようちょう》させることを考えるにいたったのである(2)。

(1) 井上馨は、かつて伊藤博文が政友会を創立するにあたって背後から一方ならぬ援助を与え、爾来政友会に関心と好意とを抱くようになっていた。それだけに、その政友会が以上に述べたような行動をとるにいたったとき、彼はこれをもって彼に対する一種の背信行為のごとくに考え、憤激してやまなかった。このことについては、彼が由来強い長州閥意識の持主であったことも考え合わすべきであろう。

（2）　元老たちは、大隈が当時まで世上にもっていた一種の大きな人気（後述）をも計算に入れ、その点でも大隈の利用価値を認めていたものと想像される。なお、犬養毅の側近者であった古島一雄《こじまかずお》は、後年回想していう。都筑馨六《つづきけいろく》は古くからの自分の友人であったが、彼は井上馨の女婿で山県有朋にも信任があった。その都筑が自分に面会を求め、今度いよいよ山県、井上の了解のもとに、大隈に組閣させて政友会に大打撃を与えることになった。ついては、尾崎行雄と犬養毅とを入閣させたい。尾崎については望月小太郎を介して井上との間にすでに了解ができた。しかし、犬養との間には連絡がつかないので、貴下から内意をきいてほしい。大隈を通してという途もあるが、「われわれは、大隈以外に献立をこしらえなければならん。なんとかして犬養の方の骨を折ってくれ」といった。自分は、尾崎と犬養とは性格がちがうから、その計画は犬養に関しては無理だと答えると、都筑はそれならこのような機密の計画を貴下に打明けるのではなかったといい、他に口外せぬよう頼むので、自分もそれを約束した、云々（古島一雄、『一老政治家の回想』、昭和二六年、一五五―六頁、同、『政界五十年・古島一雄回顧録』、昭和二六年、九九―一〇〇頁）。古島の以上の叙述では、都筑のこの動きの背後事情は不明であるが、しかし、少なくとも元老らに近い方面では大隈のみならず尾崎、犬養がこれまで世上に有してきた人気をも利用、動員しようと画策していたことがうかがわれる。

ところで、大隈は自由民権運動の時代以来、藩閥政治家たちからとかく警戒され白眼視され、大隈もまた世上にむかって立憲政の理想を滔々と論じ、元老・「閥族」を公然痛烈に攻撃して倦《う》むことない有様であった。それだけに、元老たちは彼を後継首班に推すに先だって、彼を招いて会談し、組閣の暁に外交、内政についてとるべき政策、方針に関して元老側の要望を伝えてその同意を取りつけた。そして、そのような手順を経たうえでここに大隈を奏薦し、彼に組閣の勅命が与えられた。大隈が以上のような談合を通じて元老たちと妥協し、政権の座に上ったのは、結局は、すでに高齢にたっした彼の老軀の裡に燃えつづけてきた権力への欲望によるものであった[(1)]。

（1） 大隈は生来覇気に溢れた主我的性格の持主であり、他者を威圧することをもって快とした。彼が好んで弄した大言壮語、しばしば陥るところの無責任な放言もその現われであった。またその博識、雄弁も実は多分に他者を圧倒するための道具として役だてられた。大隈の人となりについて詳しくは、小著『近代日本の政治家』、昭和三五年、五一頁以下、参照。

なお、明治四〇年憲政本党総理の地位を去った後の大隈は、後述のような生活（二一一頁、参照）を営み、世にその存在をつねに意識させ、世人の間に一種の人気と尊敬とを獲ちえたが、それも政治的不遇によって満たされない権力への欲望が方向と形とを変えて充足の場を求めたものと考えられる。

さて、大隈はまず立憲同志会の総裁加藤高明を訪ねて、協力を求めた。同志会は第三次桂内閣下における桂の新党計画の産物であり、山県・桂系官僚出身者と立憲国民党の一部との合体によって生まれたものである。国民党は系譜的には憲政本党、さらには立憲改進党にさかのぼることができ、大隈はかつて改進党の、のち憲政本党の総理であった。また、同志会の総裁加藤高明は岩崎家の女婿であり、大隈も改進党の昔以来、政治資金、その他の面で岩崎家とふかい関係にあった。こうして、彼と同志会との間には、若干の因縁が存在していたといってよい(1)。大隈は同志会から加藤以下若干のものを閣僚として起用することになった。

(1)　桂が新党樹立に着手したとき、国民党は分裂してその一部は桂の傘下に投じたが、それは主として、国民党内でこれまで改革派とよばれてきたひとびとであった。改革派はかねてから政権への焦燥感に駆られており、国民党の前身である憲政本党の時代以来、彼らは政権に近づこうとして、党総理であった大隈の排斥をしきりに行なった。また、藩閥系勢力の打倒を正面の目標とした在来の方針に反対し、党勢打開、政権接近のため政友会勢力の打破を第一義にし、それがためにはいかなる勢力とも提携すべきであると主張した。そして、これまでの方針をあくまで堅持し、大隈を擁護する犬養毅ら(非改革派)と対立して激しい内紛をくり返した。ついで、桂が新政党組織を企てると、彼らはこれに呼応して脱党、桂の許《もと》へ走ったのであった。立憲同志会がこれらのひとびとをその重要な構成要素としていることを考えれば、大隈と同志会との関係は本来的には一面微妙なものをふくんでいたといえよう。それにもかかわらず、組閣して政権を担当することになった大隈が、なによりもまず国民党の指導者・犬養にでなく同志会の総裁加藤に協力を求めたのは、国民党が当時小党に転落していたのに対して同志会は政友会につぐ第二党であった関係からと考えられる。

大隈はさらに、改進党の頃から縁故ある尾崎行雄(中正会)および犬養毅(国民党)を「吾輩の関羽、張飛」と呼び、両人を入閣させようとした。これに対して、尾崎は大隈の要請に応じた。犬養は、大臣の椅子は彼にとって所詮魅力的であったのである。しかし、犬養は辞退した。犬養は、大隈の組閣が山県、井上の策謀から生まれたものであり、その内閣は結局、長閥(長州閥)の傀儡に終ることを予見していたのであった。かつ、由来彼は藩閥勢力を一掃するためには、薩派(薩摩閥)と結んでも先ず長閥を打破することが先決であると考えてきた。しかし、それらの理由のほかに、大隈が与党とすることにした同志会には、憲政本党・国民党の時代に彼と仇敵の関係にあったひとびとが多数ふくまれていた(1)。そこで、生来愛憎の念きわめて激しい犬養はかねてから同志会を憎悪してやまず、入閣してこれらのものと同じ席につくことをあくまでも嫌ったのであった。しかし、彼は大隈との過去多年の情宜から、新内閣に対して国民党としては好意的中立の態度をとる旨を大隈に伝えた。

（1）　一七頁註（1）参照。

こうして、新内閣はつぎのような顔触れをもって成立した。

首相大隈重信、外相加藤高明（同志会）、内相大隈重信（兼任）、蔵相若槻礼次郎（同志会）、陸相岡市之助、海相八代六郎、法相尾崎行雄（中正会）、文相一木《いちき》喜徳郎《きとくろう》（貴族院・幸倶楽部）、農相*大浦兼武《かねたけ》（同志会）、逓相武富時敏（同志会）。

＊　農商務大臣の略称。以下においても略して農相とする。

このような大隈内閣の人的構成は、この内閣が同志会、中正会という政党勢力と山県・桂系官僚勢力との複合の上に立つものであることを示している。そして、大隈首相の下で内閣の実質的中心となったのは、加藤高明および大浦兼武であり、前者は同志会総裁として同党の勢力を背後にもっていたのに対し、後者は年来山県の信任ふかく、山県の推薦によって入閣し、山県系勢力を代表するものとして閣内できわめて重きをなすことになった。[1][2]また、閣僚の中で政党政治家にふさわしい経歴の持主としては、尾崎行雄、武富時敏の二人をあげうるにすぎなかった。そこで、大隈内閣は官僚的または長閥的色彩を濃厚に帯びているとの論評もしきりに行なわれた。[3]

（1）陸相岡市之助、文相一木喜徳郎も山県・桂系として知られ、内務官僚出身の一木は第三次桂内閣の下で法制局長官であった。各省次官をみると、内務次官下岡忠治は第三次桂内閣の農商務次官、大蔵次官浜口雄幸は同内閣の逓信次官であり、また農商務次官上山《かみやま》満之進、法制局長官江木翼《たすく》はともに長州の出身、警視総監伊沢多喜男は山県・桂系官僚に属していた。
（2）大隈内閣は以上のように政党勢力と山県・桂系勢力との複合の上に立つものであったが、この両勢力は必ずしもまったく別個、独立の二つのものであったわけではない。人的にはある程度重複しており、外相加藤高明、蔵相若槻礼次郎は農相大浦兼武とともに同志会員であったが、同時に、山県・桂系官僚出身者であり、いずれも第三次桂内閣の閣僚であった。
（3）大隈組閣の直後、犬養毅は「あの顔触をもつて総理大臣の大隈と云ふ名の上にペタリと貼紙をして見給へ。そして、ずつとそれ以下の銘々を見来れば、大隈の代りに誰を持つて行つても少しも差支がないぢやないか。山県でも松方でも井上でも寺内でも平田でも何でも彼《か》でも当て嵌《はま》るのだから驚く」と皮肉な批評を試みた（犬養毅談話、「国防会議と軍閥の打破」、『中央公論』、大正三年五月号）。

ところで、大隈重信の組閣は、当時の一般世上からは異常な歓呼をもって迎えられ、大隈は巨大な人気の渦中に立つことになった。(1)それは、実はさまざまの理由による。大隈は、前にもふれたように、立憲政の理想を高く揚げて過去藩閥勢力と対立し、かつこれとしばしば激しい戦いを交えてき、それがために彼は政治的には甚だ不遇であった。また、政党政治家としても大隈は好運に恵まれず、明治四〇年には憲政本党総理の地位を追われるようにして去った。こうして現実政治の中心から身を引くことになった大隈は、しかし、その後は早稲田の宏壮な邸宅にあり、客を好む彼は日々国の内外の訪客を引見して、博識、雄弁を駆使して政治、外交をはじめとして、実に百般の問題について談論風発、万丈の気焔をあげ、それを楽しんで倦むことを知らなかった。しかも、新聞・雑誌の記者たちとの会談をきわめて好み、かつ豊富な話題、巧みな話術の持主であった関係から、早稲田の彼の客間にはこれら記者たちがたえず出入りし、彼の主張、彼の意見はつねに新聞・雑誌に報道されて、紙上をにぎわした。大隈はまた、旅行を好み、隻脚の不自由を意とせずしきりに各地に赴いて演説を行ない、その弁舌と気焔とをもって聴衆を沸かせ、喝采を浴びた。しかも、早稲田の客間でも演説会の壇上でも、こと政治を談ずる場合には、つねに、立憲政完成の必要を力説、強調し、藩閥・元老政治を論難、攻撃してやまなかった。政治の中心舞台から引退したのちも、このようにして彼の名、彼の存在は絶えず世人の耳目に印象されつづけていた。(2) それればかりでなく、久しきにわたる政治家としての逆境にもかかわらず、また高齢を重ねながらも、つねに意気軒昂、気焔あたるべからざる彼の姿は、世人の間に同情を交えた一種の人気を獲得させることになった。

（1）　組閣翌年の大正四年一月に大隈伯後援会（後述）全国大会が上野の精養軒でひらかれたが、その席で砂川雄峻《かつたか》が大阪の後援会を代表して挨拶し、京阪では人心の大勢は大隈伯を支持しているといい、「安達（安達謙蔵を指す—著者）同志会の幹事がお出になつての御話にも、此地方でも他に往つても、現内閣と言つては面白くない。どうしても大隈内閣と言はなければならぬ。大隈内閣と言ふと、手を叩く。現内閣では手の叩きやうが少ないと言ふ。斯う言ふ風に人気が何となく大隈伯爵閣下に向つて居る」（『大隈伯後援会全国大会記事』、大正四年、九五頁）と述べている。この言葉も、本文に述べたような状況を物語るものとみることができよう。

（2）　「日新の時勢に当り、活動せざる者は直ちに世人に忘れらる。政治家は、寸時も人に忘れらる可からず」といった評論家横山健堂の言葉（横山健堂、『伯大隈』、大正四年、四四一頁）は、正しい。大隈は、その点で成功したものといってよい。かつて自由民権運動の時期に大隈と並び称せられ、しかも、大隈に先だって政界を引退した板垣退助が隠遁して、世人から急速に忘れられていったのと、まさに対照的である。

大隈の組閣がひろく世人の間で歓呼をもって迎えられたのには、ほかにも理由があった。彼が政権の座に就くにいたったという事実の中に、世人は政治に対する民衆の発言権の増大が象徴されているとみ、これまで多年叫ばれてきた政党政治の実現にむかって今や前進の一歩がふみ出されたものと考えて、新しい時代の曙光を感じたのであった。さきに、大正天皇の即位後まもなく「大正の政変」が起った。すなわち、第二次西園寺内閣の瓦解、桂太郎の第三次組閣成立の経緯が世上に激しい論難、攻撃をよび起して、いわゆる憲政擁護運動となり、やがて勃発した暴動の中で第三次桂内閣は瓦解の余儀なきにいたった(大正二年二月)。さらに、その翌年には第一次山本(権兵衛)内閣の下でシーメンス事件が暴露して世上に衝撃を与えるとともに、またも民衆による騒擾が爆発した(大正三年二月)。民衆による凄じい政治運動がこのようにくり返し現出したことは、世の注目を少なからずひき、それは民衆が政治のうえにおいて、もはや「無視しうる量」でなくなりつつあることをあたかも暗示するかのように思われた。(1) そして、「大正の政変」の頃から世上ではしきりに「大正維新」の必要ということがいわれ出すようになり、その主として意味するところは政党内閣制の樹立にあったが、そのような主張も以上のような政治情勢の中で唱えられつづけたのである。そこで、過去立憲政の理想を声高く論じつづけてきた「民衆政治家」大隈が政界に復活して、政局を担当するにいたったとき、新時代がついに近づきつつあるものと世人が考えたのは、さして不自然ではないであろう。

(1)『東洋経済新報』はその大正三年二月二五日号の社説「政界の人心と当局の態度」の中で、シーメンス事件の際の暴動について述べて、民衆の暴発、示威運動はさきには第三次桂内閣を倒し、また南京における国旗侮辱事件に際しては時の内閣を窮地に陥れた。このようにして、警察は民衆運動の前にその威力を失墜した。政府当局ばかりでなく「治者階級」はこのことをきわめて遺憾とし、「癖になるから」厳罰することが国のためにまた民衆自身のため必要であると考えているらしい。筆者の尊敬する比較的自由主義的なある識者もそのような意見を抱いている、と述べている。由来民衆について姦民思想、またふかい不信感を抱いてきた支配層は、立上がる民衆の姿にふかい不安と恐怖とを抱いたのであった。

大隈の組閣が世上の人気を集めた観を呈したのは、新聞・雑誌の態度に負うことも実は少なくない。先にふれたように、彼は過去長年の間、新聞・雑誌の記者との接触多く、かつ彼らに親しまれていたこともあり、多くの新聞・雑誌は彼の組閣を強く歓迎する態度をとったのである。(1)

(1) 横山健堂は当時述べて、「最近に於て彼(大隈)ほど新聞の人気を集め得たる人はあらず。彼は政党に椅子を有せず。今日彼が政治上の地盤とすべきものはと言へば、大隈伯後援会と新聞となるべし。而して、新聞の人気といふは、即ち世間の人気を象徴す」(横山、『伯大隈』、五頁)としている。

けれども、以上のような理由のほかに、大隈が元老によって後継首班に擁立されるまでの前述のような背後事情は、一般世上には知られていなかったことを考えねばならない。その点で、大隈が組閣において世の人気を一身に集めたことは、元老たちのすでに述べたような猾智の成功を裏書きするものになったといえよう。

こうして大隈は、明治三一年憲政党内閣に首相であったとき以来、実に一六年ぶりで政権を担当することになった。時に七七歳であった。しかし、権力は彼にとっては依然として甘美であった。得意に溢れ、意気揚々、親任式の前夜に早稲田邸で新聞記者たちを前に彼はいった。「諸君。吾輩を信ぜよ。今回の内閣組織に関して諸君の意に満たざるもの、或はこれ有らん。而も勇将の下に弱卒なし。諸君は新に成立す可き内閣が大隈内閣たることを忘る丶勿《なか》れ。而して、新内閣が果して如何なる経綸を掲げて如何なる手腕を示さんとするかを見よ」。過去、政党と官僚とが結托して政弊を甚だしいものにしてきたが、「余の使命は官僚、政党の弊害を除去することである。諸君。吾輩を信ぜよ。而して好意の忠言を与ふるに吝なる勿れ。吾輩は、悦んで諸君の忠言に聴くであらう。……願はくば、吾輩の為す所を注視せよ。万一吾輩の為す所にして諸君の意に副《そ》はざる事あらんか、吾輩敢て其地位に恋々たる者に非ず。何時でも椅子を明け渡すであらう」。今やわれわれはわが国を難局から救い出さねばならない。「諸君と吾々とは今や同船に坐して波濤の間を航せんとしてゐるものである。吾輩は老船長として一に諸君の援助に俟《ま》ち、希はくば無事彼岸に達するを得んか。吾輩は、国家多難の秋に当り同憂の諸君と共に相依り相援けて以て初志を貫徹せん事を切望して已まんのである」[1]。このように大隈は彼らしい大気焰をあげつつ、新聞記者たちに対して抜目なく秋波を送った。なお、大隈内閣は過去の諸内閣と異なり、その成立以来大隈の意を承けて世論に及ぼす新聞の大きな役割を認識し、新聞を積極的に利用し、操縦することをきわめて熱心に試みた[2]。この点は、大隈内閣の一つの特色として注目に値する。

(1) 樋口勘治郎編、大隈重信述、『抱負と経綸』、大正四年、一五―六頁。

(2) 大隈組閣直後に『東京日日新聞』(大正三年四月一八日)は、つぎのように報じている。首相官邸は早くも「大隈式色彩」を帯び、給仕は増員され、玄関傍の一室が新聞記者のために提供され、かつ専用電話も架設され、今までの内閣にみられない「御世辞の振撒《ふりま》きやう」である。大臣が直接新聞記者に話してくれるので「便利な内閣」だと記者たちはいっている。「大隈首相が人に助けられ乍《なが》ら、歯を出して笑ひ〳〵出てくる。わざ〳〵記者室の前に立つて大見得、『早稲田の顔ぶれが永田町に集まつた訳だなァ、ハ、、、、。これまでは吾輩も君達の仲間だつたが、今日から御役人様だ。ハヽヽヽヽ。官僚だよ、官僚だよ』と例の手つきをして、流るゝが如く、崩るゝが如く自動車に乗る。……」。

大正四年一一月、京都で大正天皇の即位式が行なわれ、その際の叙位叙勲で本山彦一(大阪毎日新聞・東京日日新聞社長)、村山竜平(東京朝日新聞・大阪朝日新聞社長)、徳富猪一郎(国民新聞社長)、黒岩周六(万朝報社長)らが勲三等に叙された。しかし、そのときにたとえば、杉浦重剛には勲四等、井深梶之助、成瀬仁蔵に勲五等、津田梅子、山脇房子、嘉悦孝《かえつたか》、矢島楫《かじ》に勲六等が与えられるにとどまった。このような事実にも、大隈内閣が新聞操縦に力を注いでいたことが象徴されている。

さて、大隈内閣の成立は、政友会を容易ならぬ苦境に陥れることになった。明治三三年のその創立以来、政友会は第三次桂内閣の時期を除けばほとんどつねに歴代内閣に対して与党の関係に立ち、かつまた、終始第一党の地位を保持してきた。これはその時々の権力との巧みな取引と妥協とによるものであった。ところが、その政友会は今、元老たちに支持され、かつ世上の巨大な人気を背後に擁したこの大隈内閣の出現に直面し、野党としてこれに対抗する地位に立たされることになった。原敬が第三代政友会総裁に就任したのは、このようなときにおいてであった。

さきに第三次桂内閣の瓦解後、西園寺公望は政友会総裁辞任の意向を表明して、爾後党務をみず、そこでそれ以来、党は原敬と松田正久とを中心に運営されてきた。そのところに、たまたま大隈組閣の直前に松田は没し(大正三年三月)、この機会に原が西園寺の推薦によって総裁に就任することになった。その際の心境を原は日記に次のように記している。

彼としては一旦は「政府並反対党は独り余に向つて攻撃し、余を倒さずんば已まざるの気勢を示せり。余は仮りに党の為に倒れたりとせんか、誰か其跡を継ぐには相違なかるべきも、斯くては党の為めに甚だ不利なり」と述べて、総裁就任を辞退したが、しかし、西園寺らが勧めるので、「然らば已むを得ず、到底六ケ《むつか》しと思へども、順境（政友会にとっての順境―著者）のときなれば兎に角なれども、今日の逆境にては枉《ま》げて承諾すべし」と答えた(1)。政友会にとって未曽有ともいうべき難局を眼前にして、原があえて総裁の地位を引受けたのは、実にそのふかい愛党心、強靭な自負心、激しい覇気によるものであった。

（1）『原敬日記』、大正三年六月一一日の条。

原は過去、この自負心とこの覇気とによって、党内に往々摩擦、反発をひき起したりしたのであったが、しかし、彼が政友会内において次第に確固たる地位、勢力を築くようになるにつれて、しかも、とりわけこのようにして総裁に就任し党運営の全権力を名実ともに自己の手に掌握して以来は、党内における彼の言動からは、かつてとかくみられたような論争的態度は影をひそめてき、彼は党員の意見に静かに耳を傾け、また党内の調和をはかることにふかく意をめぐらすようになった。これは、勝利者のもつ寛大、余裕である。彼の愛党心は政友会をますます自己の分身と考えさせ、その自負心と覇気とは政友会に対立する勢力にむかって、十二分に発揮されることになり、彼は政友会をその陥った前述の苦境から脱出せしめようとして、そのための機略に心血を注ぐことになった。

第二節　参戦と「二一ヵ条要求」

大隈内閣成立から約三ヵ月後、ヨーロッパにおいてはオーストリア・ハンガリーとセルビアとの間に戦争がひらかれ(一九一四年(大正三年)七月)、それはたちまちに拡大して第一次世界戦争へと発展することになった。その間において、イギリスがロシア、フランス側に参戦する形勢となったとき、イギリスはわが国に通告して、自国参戦の場合にも日英同盟条約によって日本の援助を求めるごときことはない、とした。ところが、その対独宣戦後になって、イギリスは支那海においてイギリス通商の妨害を試みているドイツ仮装巡洋艦を、日本海軍が捜査、撃破するようわが国に要請し、このために日独間に戦争がひらかれることになってもやむをえないと考える旨を伝えてきた。

そのような中で、加藤外相はイギリスが参戦した場合には戦争は結局イギリス側(連合国側)の勝利に帰し、たとえ最悪の場合でも引分けに終るものと判断した。そして、この際わが国としてはイギリス側に参戦し、将来の東亜におけるわが国の地位の強化をはかるべきであると考えた。そこで、イギリスの以上の申入れに関して閣議、ついで元老をも加えた閣議で審議がなされた際にも、彼はその議を参戦にまとめるにつき大きな役割を演じた。しかも、彼はわが国参戦の場合には軍事行動の範囲をイギリスの申し入れのように支那海におけるドイツ仮装巡洋艦の捜査、撃破に限定せず、ひろく「東亜に於ける日本及英国の利益に損害を被らしむべき独逸国の勢力を破滅」することにし、また参戦の理由を日英同盟条約におき、ドイツの「侵略的行動」によって東亜の平和が「侵迫」され、かつその特殊利益が脅威されるにいたったので、イギリスはわが国の援助を求め、その申し入れに応じてわが国は参戦するという形をとりたいとし、その旨をイギリス側に伝えた。ところが、イギリスは軍事行動の範囲に関するわが国側の意向に対しては強く難色を示し、一旦は日本に対する援助依頼を撤回する旨を伝えてきた。その後交渉ののち、イギリスはわが国の参戦に同意し、かつその理由を日英同盟条約におくことにも同意はしたが、しかし、世界では日本の領土的野心について疑惑を抱いている向きが現在少なくないという理由の下に、日本政府は参戦の際に、軍事行動を支那海の西および南、ならびに太平洋には及ぼさず、またドイツの租借地である膠州湾以外のいかなる外国の領土にも及ぼさないことを声明するよう申入れた(1)。そこで、両国間にはさらに交渉が重ねられたが、イギリスはわが国の軍事行動の範囲を以上のように限定することをあくまで固執して譲らなかった。そのような中で、加藤外相はついにドイツに対して最後通牒を送った。そして、日英同盟条約の掲げる「東亜の平和」確保という名目の下に、日本および「支那海洋」方面からのドイツ艦艇の即時退去を求めるとともに、膠州湾租借地を中国に返還する目的の下にこれをこの際日本に引渡すよう要求した（大正三年八月一五日）。これに対して、イギリスは声明を発し、日本参戦の暁、その軍事行動は太平洋における日本船舶の保護に必要な場合を除いては支那海の外に及ばず、かつ支那海西方のアジア水域の外にも及ばず、また膠州湾以外の外国領土にも及ばないものと了解すると通告した（2）。その後、ドイツは最後通牒の期限である八月二三日までになんら回答するところがなかったので、わが国側はここにドイツに宣戦（3）、連合国側に加わるにいたった。その際わが国は参戦に関して日英同盟条約を援用しながらも、軍事行動の範囲についてはイギリスとの間に合意に達しないままで戦争に突入したのであった（4）。

（1）　外務省調査部第一課、『世界大戦関係日本外交文書』、第一巻、昭和一四年、一七七、一七九―一八〇頁。
（2）　同文書、第一巻、二三五頁。
（3）　たとえば、対独最後通牒、また、大正三年八月二三日の宣戦の詔勅。
（4）　世界戦争が開幕されたとき、高度の文明に到達しているヨーロッパ諸国民にとっては、この大戦争が交戦国に強いる甚大な物質的消耗および心理的苦痛に久しきにわたって堪えることは困難であり、したがって、戦争は短期戦争をもって終るであろう、との観測が国際的に相当ひろく抱かれたのであった。わが国が参戦を甚だしく急いだのも、一つには、戦争の圏外に立つうちに戦争が終結し、勝利の獲物をうる機会の失われることをおそれたためと思われる。三浦梧楼《ごろう》も後年回顧してつぎのように述べている。「加藤などは、戦争は二ヶ月も続かぬと云ふ見込であつたので、此際連合軍に参加して置くが好いと云ふ説であつたらしい。此れは、加藤が明かに左様言つて居つた。ソレだから、大隈は無論賛成する。元老も左様であつたらしい」(政教社編、『観樹将軍回顧録』、大正一四年、四二六頁)。

イギリスがわが国の軍事行動を限局しようと最後まで執拗に試みたのは、一つには、日本の参戦が極東および太平洋の現状に大きな変更をひき起す結果になるのをふかく危惧したのによる。(1) しかし、それだけではなかった。以上の地域において日本が軍事的に自由行動をとることは、とくにオーストラリアおよびニュウ・ジーランドが当時甚だしくおそれるところであった。また、イギリスがそのような自由行動を日本に許すことは、かねてから日英同盟に警戒・嫌悪の念を抱いてきたアメリカを強く刺激し、アメリカの世論を反英的にするおそれがあると考えられた。そこで、対独戦争の遂行上、自治領の積極的協力とアメリカの好意とを強く必要と考えたイギリスとしては、その点からも日本の軍事行動を限定しようとしきりに試みたのであった。

（1）　英独開戦となって以来、ドイツは日英同盟の関係から日本との戦争もあるいは不可避と考え、その場合には膠州湾が日本軍によって占領されることを予想し、そこで中国との間に膠州湾返還の交渉をひらいた。一八九八年（明治三一年）のドイツ・中国間の膠州湾租借条約では、ドイツが租借期限満了前に膠州湾を中国に返還する意思を表示した場合には、中国は膠州湾租借地にドイツが投じた経費を補償し、かつより適当な地域を代わりに提供する旨が規定されていた。それ故、ドイツとしてはこの際、膠州湾を返還することによって戦後再び同地域なり代替の地域なりを租借地とする権利を条約上はもちえたのである。この交渉は、加藤外相が中国に厳重な警告をなすことによって結局中止されたが、それまでイギリスはこの交渉に背後で了解を与えていた。これも、できうるかぎり極東の現状維持をはかろうというイギリスの方針の現われにほかならない。

わが国の動向に当時警戒の念を抱いたのは、しかし、イギリスだけではなかった。オーストリア・ハンガリーとセルビアとの間にひらかれた戦争がヨーロッパの諸大国を続々と渦中に巻きこみ、戦争が急速にその規模を拡大する中で、極東において日本がこの機会に乗じてなんらかの侵略的行動にでるのではないか、という懸念はひろく諸国の間にもたれ、わが国は国際的疑惑の中におかれたのであった。英独開戦の直後、フランスがわが国に対して日仏同盟の締結を提議してきたが、これも、フランス領インドシナの安全をわが国との関係で確保しようとの意図にもとづくものであった。ついでまた、ロシアは日英同盟へ参加の希望を伝えてきたが、それも、わが国との関係で自国の背後を安全にし、日独によって挟撃されるのを防止しようとしてであった。また、わが国が参戦した後、露仏両国は日英同盟に参加してこれを四国同盟に改編することをしきりに希望した。この場合における両国の動機も、以上と同一であった。なお、オランダもまたわが国が参戦してオランダ領東印度(蘭印)に侵入することを一旦は少なからず危惧したのであった(1)。

(1) わが国がドイツに最後通牒を発したのち、加藤外相はアメリカ、フランス、ロシア、オランダの諸国大公使を各別に招いて、日本はなんら領土的野心をもたず、したがって参戦の場合も東亜における諸国の権益は厳に尊重する旨を述べた。この説明をきいたとき、オランダ公使は手をのばして加藤外相に握手を求め、外相の説明によると日本はわが国植民地を併合する考えはないのかといい、「満腔の謝意」を表わした(『世界大戦関係日本外交文書』、第一巻、二〇七頁)という。

また、アメリカは極東の現状維持を望み、戦火の極東に及ぶことを防止しようと試みた。それは結局失敗に終ったが(1)、これも一つにはわが国の動向をふかく警戒してのことであった。そして、そのようなアメリカは、わが国からドイツに対して最後通牒を発した旨の通告をうけたとき、これに答えて、日本がドイツに対して膠州湾引渡しを要求したのは、これを中国に返還するためであること、日本が中国において領土拡張を行なう考えはなく、日英同盟条約に厳格に即して行動するものであることを知り、これに満足する。日英同盟の目的の一つは中国の独立、領土保全および中国における諸国の商工業活動に関する機会均等主義の確保であった、と述べ、もし将来中国内部に騒乱が起り、その秩序回復のため日本または他国がなんらかの措置をとる必要があると日本政府が考えた場合には、日本政府はルート・高平協定(Root-Takahira Agreement)(一九〇八年(明治四一年))に従い、そのとるべき行動を決定するに先だちアメリカ政府と必ずや協議するものと信じる、と付言した。(2)

(1)　英独開戦の直前、中国はアメリカに対して、ヨーロッパの交戦諸国が中国の領土または領海において戦闘行為を行なわぬようこれら諸国から保障をうることにつき斡旋方を依頼した。アメリカの周旋は、しかし、不成功に終った。その後、アメリカはドイツに対して極東における戦闘行為を地域的に局限することについて非公式の照会を発した(八月一一日)。ドイツはこれに回答して、ドイツとしては日本との戦争に立ちいたることを欲しないと述べ、東経九〇度とホーン岬(Cape Horn)にいたる全太平洋との間の全海陸を戦闘区域外とする中合せを日英両国との間に結ぶ用意があるとした(同月一三日)。アメリカはドイツのこのような意向をわが国に伝達したが(同月一五日)、わが国側はこれに対してなんらの意思表示を行なわず、開戦に及んだ。

(2)『世界大戦関係日本外交文書』、第一巻、二四五―六頁。

他方、わが国はドイツに最後通牒を手交する前後にかけて、大隈首相および加藤外相を通じ、わが国の参戦する場合にも、それはなんら領土的、その他の政治的野心によるものでない旨を声明した(1)。しかし、それがわが国にむけられた国際的疑惑を解消させるのにさして役だったとは考えられない。

(1)たとえば、ドイツに最後通牒を送った直後(八月一八日)、大隈首相は実業家を招待した席上で演説して、日本政府の意図するところは、支那大陸におけるドイツの勢力が極東の平和をみだすおそれのあるのに鑑みて、ドイツのこの勢力を除去して日英同盟の情誼《じょうぎ》を全うするとともに、極東の平和を維持することである。領土の拡張、その他の欲望は毫《ごう》も抱いていない。したがって、不幸にして対独開戦となった場合にも、日本の軍事行動は右の目的のため、かつまた自衛のため必要とする範囲を逸脱することはけっしてなく、第三国をしてその領土または属地について不安、疑惧を抱かせるような行動にでることはない。そのことをわが政府は世界にむかって声明するのを躊躇するものではない、と述べた。

さて、ドイツにいよいよ宣戦したわが国は、山東半島に出兵、膠州湾租借地の攻略を開始するとともに、軍事上の必要を名として、ドイツの保有してきた膠州・済南間の鉄道(山東鉄道または膠済鉄道とよばれた)を占領した。山東半島における軍事行動は、一一月七日における青島要塞の陥落をもって終結したが、その間のドイツ軍の抵抗は弱く、戦闘は終始小規模なものであった。(1) 他方わが国海軍は、膠州湾を脱出して南太平洋で通商妨害を試みていたドイツ東洋艦隊を追跡するとともに、マーシャル(Marshall)、マリアナ(Mariana)、カロライン(Caroline)の諸群島などドイツ領南洋諸島の一部を占領した(一〇月)。これらの占領については、南太平洋におけるドイツ軍艦の活動の基地を奪うための一時的な措置という建前がとられた。

(1) 開戦の際、ドイツは青島に約三、〇〇〇名の守備軍を置いており、その後、極東各地から召集された予後備兵二、五〇〇名、その他が加わった。これに対して、わが国は二九、〇〇〇名の兵力を送ったのであった。なお青島要塞の攻撃には少数のイギリス軍も参加した。この青島攻略戦におけるわが方の陸海軍将兵死傷者は合計一、八五五名であった。

なお、参戦前後においてわが国内で行なわれた外交論議をみると、そこに見出されるものは、不安と野望とであったといってよい。すなわち、ヨーロッパに勃発するにいたった大戦争を機会に、いかなる変動が世界政治のうえに生ずるか到底予測しえないとして、わが国の国際的地位の将来についてふかい不安が抱かれた。(1) また、おそらくそのような不安と関連してのことと思われるが、わが国がドイツに最後通牒を発した頃、わが国は参戦を通じてこの際中国に強力な地位を築くべきであるとも論ぜられた。(2) これらの論議は、当時における支配層内の一般的空気を反映したものといってよいであろう。

(1) たとえば、開戦後『中央公論』(大正三年一〇月号)の巻頭言は、この世界戦争がイギリスの完全な勝利またはドイツの完全な敗北に終ることは、わが国にとって不利益である、と述べているが、この種の意見は実は当時しばしばみられる。そして、茅原華山《かやはらかざん》も論じて、もしドイツが大勝すればドイツはアメリカに接近し、わが国は将来この二国に対抗しなければならなくなろう。しかし、もしイギリスが勝てば英米両国は接近し、わが国は困難な局面に遭遇することになろう、としている(「文明史的、国際史的に観察したる欧洲戦争」、『中央公論』、大正三年九月号)。なお、中野正剛は当時述べて、二〇世紀は「民族的帝国主義」の時代であり、今般の戦争もその産物にほかならない。「民族的帝国主義」は「劣等人種」を征服してその領土を併呑しようとする。この戦争終結の暁には、白人の抱く「民族的帝国主義」は、東洋、とくに中国にむけられるであろう。そして、中国の分割が実現をみた暁に、彼ら白人が由来「劣等の民」とみているわが国に向って来るというも、それは「架空の言」ではない。それ故、彼らのこの「民族的帝国主義」に対抗するため、わが国は中国との国交を調整して日中提携をはかるべきである、と主張している(「対支外交刷新の秋」、『中央公論』、大正三年一〇月号)。

(2)『東京朝日新聞』はドイツに最後通牒を送った八月一六日に「嗚呼膠州湾」と題する社説を掲げ、その中で、山東省は未開発の資源を蔵しているとともに、地理的には北京への「捷径《しょうけい》」であり、したがって、軍事的価値も大である、と力説したが、これと前後して『東京日日新聞』も論じて、今や日独戦争は必至となったが、開戦の場合にはわが国は中国の領土を侵犯せざるをえない。その結果として、日中間に戦争がひらかれた場合、あるいはまたそれを機会に中国に内乱が発生し袁世凱大総統がこれを収拾しえなくなった場合には、わが国は全中国の平和と秩序とを回復する責任を荷うべきである、と主張した(「帝国の活動開始」、『東京日日新聞』社説、大正三年八月一八日)。

なお、青島陥落後に『東洋経済新報』は述べて、わが国朝野においてはつぎのような意見が甚だ有力である。すなわち、わが国はこれまで関東州および南満州鉄道を足場として満州に経済上優越的な地位を築いてきた。しかし、将来青島を領有しかつ山東鉄道をわが勢力の下に置くならば、山東省を拠点として揚子江以北の中支にも経済的に優勢な立場を樹立することができる。これを実現するためには、中国人の感情、列国の意向などは考慮するに及ばない、とする論であるとし、このような主張を同誌は強く批判している(「重て青島領有の不可を論ず」、『東洋経済新報』社説、大正三年一一月二五日号)。

ヨーロッパにおける戦争の勃発以来、極東におけるわが国の動向が国際的なふかい疑惑と警戒との対象になったことは、上に述べたが、それらの杞憂でなかったことが証明されるのには多くの時日を必要としなかった。すなわち、一九一五年(大正四年)一月、大隈内閣は日置《ひおき》(益《えき》)駐華公使を通して直接に大総統袁世凱に、いわゆる二一ヵ条要求を提出し、その受諾を要求した[1]。それは五つの部分から成り、大要つぎのようなものであった。

第一号　中国政府は極東の平和維持と日中友好関係の増進を希望して、(一)山東省に関するドイツ権益の処分に関しては、将来における日独間の取極に一任する。(二)山東省内、もしくはその沿岸または島嶼を他国に譲渡または貸与しない。(三)芝罘《チーフー》または竜口と膠済鉄道とを結ぶ鉄道敷設を日本に許容する。(四)山東省の主要都市をなるべく速かに外国人の居住および貿易のために開放する。

第二号　中国政府は南満州および東部内蒙古における日本の優越的地位を承認し、(一)旅順・大連の租借期限ならびに南満州鉄道および安奉鉄道(安東・奉天間)に関する期限をさらに九九年間ずつ延長する[2]。(二)日本国民が南満州および東部内蒙古において商工業上の建物の建設のために、または耕作のためその必要とする土地を賃借または所有することを承認する。(三)日本国民が南満州および東部内蒙古において自由に居住、往来し、商工業、その他の業務に従事することを承認する。(四)南満州および東部内蒙古における若干の鉱山の採掘権を承認する。(五)つぎの諸件については中国政府はあらかじめ日本政府の同意を経ることにする。(イ)南満州および東部内蒙古において他国人に鉄道敷設権を与え、または鉄道敷設のため他国人から資金の供給を仰ぐこと。(ロ)南満州および東部内蒙古における諸税を担保として他国から借款すること。(六)南満州および東部内蒙古における政治、財政、軍事に関し顧問、教官を必要とする場合には、先ず日本と協議する。(七)本条約締結の日から九九年間吉長鉄道(吉林・長春間)の管理、経営を日本に委任する。[3]

第三号　日本資本家と漢冶萍公司《かんやひょうこうし》[4]との間に従来密接な関係のあったことに鑑み且つ日中両国の共通の利益を増進するため、つぎのことを協定する。(一)漢冶萍公司を将来適当な機会に日中合弁事業に改める。また、中国政府は日本政府の同意なくしては同公司の権利、財産を処分せず、また同公司をして処分させない。(二)中国政府は同公司に属する諸鉱山の付近にある鉱山の採掘を同公司の承認なしには同公司以外の者には許可せず、その他同公司に直接、間接に影響を及ぼすような措置をとろうとする場合には、先ず同公司の同意を経ることとする。

第四号　日中両国政府は中国の領土保全を確保する目的の下に、以下のような協定を結ぶ。中国政府は中国沿岸の港湾および島嶼を他国に譲渡または貸与しない。

第五号　(一)中国中央政府に政治、財政および軍事顧問として有力な日本人を招聘する。(二)中国内地における日本の病院、寺院および学校に土地所有権を認める。(三)従来日中両国間には警察事故が多く発生し不快な争いを生んだことが少くないのに鑑み、この際必要と思われる地方の警察を日中共同とするか、またはこれら地方の中国警察官庁に多数の日本人を招聘して、中国警察機関の改革を援助させる。(四)日本が中国に一定量(「例へば支那政府所要兵器の半数」)以上の兵器を供給するか、または中国に日中合弁の兵器廠を設立して、日本がそれへ技師、材料を供給する。(五)武昌と九江南昌線とを連絡する鉄道、南昌・杭州間の鉄道、南昌・潮州間の鉄道の敷設権を日本に与える。(六)福建省における鉄道、鉱山、港湾の設備(造船所をふくむ)に関して外国資本を必要とする場合には、先ず日本と協議する。(七)中国における日本人の布教権を承認する。

(1)　わが国の要求提出は一月一八日のことであり、それは青島陥落から約二ヵ月後にあたる。

(2)　旅順、大連については、一九〇五年(明治三八年)に日中間に結ばれた満州に関する条約(北京条約)および一八九八年(明治三一年)の露中間の遼東半島租借に関する条約の関係上、一九二三年には租借期限が満了することになっていた。また、南満州鉄道については、上記の北京条約、遼東半島租借に関する条約、および、東支鉄道に関する露中間の取決めの関係上、一九三九年以後に中国から買収の申出であった場合には、わが国はこれに応じなければならないことになっていた。また、安奉鉄道については、北京条約付属協定の関係上、一九二三年以後に中国から買収の申出があった場合には、わが国はこれに応じなければならないことになっていた。

（3）　吉長鉄道は、わが国の融資によって建設された中国政府所有の鉄道である。わが国側では、この鉄道を朝鮮海岸まで延長して、京城にいたる朝鮮鉄道と結合することを計画していた。それが実現した場合には、わが国本土と長春との距離は著しく短縮されて、満州への経済的進出に大きな便益がもたらされることになる。それのみならず、満州中央部へ兵力を送るのにも、京奉鉄道および南満州鉄道による場合に比してはるかに迅速にそれをなしうる。したがって、右の計画は、わが国にとって経済的、軍事的にきわめて大きな意味をもつものと考えられていた。

（4）　漢冶萍公司は、一八九六年（明治二九年）に揚子江流域の大冶鉄山、漢陽製鉄廠、萍郷炭坑の合同によって生まれたもので、正式には漢冶萍煤鉄鉱廠有限公司という。わが国は国内に鉄鉱資源がきわめて乏しいので、同公司を通して大冶の鉄鉱石および銑鉄を大量に輸入し、またその関係から同公司に対して独占的融資を行なってきた。こうして、漢冶萍公司はわが国産業の不可欠な支柱としての役割を荷うことになったので、わが国側ではこれを将来日中合弁事業に直すことをしきりに望むにいたった。ところが、中国側ではそれとは逆に同公司の国有化を当時検討していた。

加藤外相は以上の要求提出にあたって日置公使に訓令を送り、第一号から第四号にいたる諸要求は「此機に於て東亜に於ける帝国の地歩を益々確保し、大局を保全せんが為」「絶対に必要」なものであり、わが国としてはあらゆる手段により「是非共之が貫徹を図るべき極めて鞏固《きょうこ》なる決心」をもっている。第五号の諸要求は勧告事項であるが、しかし、それらは日中両国の友好増進、共同利益の擁護のうえからみて、「緊要の案件」である、と述べた。そこで、日置はこの訓令の趣旨の下に第一―四号と第五号との間にとくに区別をつけない形で交渉を行なうこととした。

なお、わが国はこの交渉を秘密、迅速に妥結したい旨を中国側に強く伝えた。秘密を求めたのは、国際干渉を防止しようとの考慮によるものであり、迅速を望んだのは一つには秘密保持のうえからであったが、なお一つには、世界戦争が早期に終結することをおそれ、その終結以前に中国に既成事実を築こうと考えたためである。そして、要求提出の当初からわが国側は中国に対してきわめて高圧的・威嚇的態度をもって臨んだ。[1]

（1）　北京駐在アメリカ公使ラインシュ（P. Reinsch）は、この二一ヵ条要求の問題が起って以来、中国政府要人たちとの間にたえず密接な連絡をとり、彼らに助言、勧告を与えたが、その回顧録につぎのように記している。日本公使は二一ヵ条要求を提出した際、袁世凱に対して述べて、目下中国の有力な革命派ときわめて密接な関係を結んでいる多数の民間日本人がある。もしもこの際、中国政府が日本に対する友好的態度をなんらか積極的な形で示さないならば、日本政府としてはこれら日本人が中国で事を起すのを抑ええないかもしれない。大多数の日本人は袁総統をきわめて反日的であり、その政府を親英米であると信じている。けれども、もしも大総統が今これらの要求を承認すれば、日本国民は袁総統を親日的と考えるようになり、そうなれば日本政府も大総統に援助を提供できるようになろう、と述べた。以上の言葉にふくまれた威嚇と約束とは、中国指導者たちをして、日本は中国の内政に大規模な介入をなすことも考えていると確信させた。そして、中国人たちは、二一ヵ条要求を記した紙にはドレッドノート型軍艦と機関銃とが漉《す》き込んであったのを、不吉なことと考えた(Reinsch, P., An American Diplomat in China, 1922, pp. 130–1.)。

そもそも、わが国は日露戦争後南満州に優越的地位を築くことに営々と努力を重ねてきたが、しかし、満州とかぎらずひろく中国に進出して勢力を拡大することは、支配層の次第に強い願望となっていた。けれども、とくにわが国資本の後進性の故に、中国への進出は先進西洋諸大国にあるいは圧せられ、あるいは阻まれがちであった。そのような中で世界戦争が爆発し、それとともに西洋諸大国は極東のことを顧みる余裕を大きく失うにいたった。しかも大総統袁世凱は、その結果西洋諸大国から外交的、財政的支持をさして期待しえなくなり、その支配的地位はこれがため著しく脆弱化することになった。そこで、大隈内閣は今そのような機会をとらえて、以上の二一ヵ条要求を中国に提出し、中国に対するわが国の地位、勢力を飛躍的に強化しようとしたのである。[1][2] この二一ヵ条要求をその大綱において受諾させることに成功すれば、中国は半ばわが国の属国と化し、わが国支配層の永年の夢はここに現実化することになる。

(1) ラインシュは記している。二一ヵ条交渉の過程において日本公使は中国の外交総長にむかって言った。「世界にわたる現在の危機が、わが政府をして遠大な結果をもたらすような行動を実際上とらせることになったのである。若し宝石店に火事が起ったら、隣人たちがその機会に宝石を盗み取ろうとしないと考えるのは間違いである」。このたとえ話は、たちまちに全極東で有名になった(Reinsch, op. cit., p. 135.)。このような言葉がいわれたか否かはしばらく別としても、当時わが国の二一ヵ条要求を提出するにいたった事情の一半を説明している点で、この挿話には真実性がふくまれている。

(2) 日置公使の下で一等書記官であった出淵勝次《でぶちかつじ》は後年回顧して、二一ヵ条要求は「小間物屋の様に」大小の要求を羅列したもので、事の軽重、したがって、交渉上の重点などに判別が加えられていなかった。そのようなことになったのは、一つには東京、とくに陸軍方面がおそらく半年位の中に世界戦争はドイツの勝利をもって終ると考え、中国に早く既成事実をつくり出すべきであるとして功を急いだためである。また一つには、中国と交渉を行なうことになったとき、各省からさまざまの要求が争って提出され、これに対して外務省が充分統制を加えることができなかったのによる、としている（外務省調査部第四課、出淵勝次述、『二十一箇条問題』、昭和一四年一〇月、一九―二〇頁）。

これより先、一九一四年（大正三年）九月、袁世凱はヨーロッパから北京に帰任した駐華アメリカ公使ラインシュ（P. Reinsch）に会った際、「日本はこの戦争（世界戦争を指す―著者）を利用して中国に対する支配権《コントロール》を手に入れようとしている」と語った[1]が、当時は、わが国の青島作戦が進められているときであった。ところが、それから半年も経たぬうちに、彼は二一ヵ条要求に当面することになった。わが国のこの要求に対しては、中国側は痛憤措く能わない有様であった。袁は外交総長孫宝琦《そんほうき》、外交部次長曹汝霖《そうじょりん》、その他を集めて、「日本が今回提出した覚書は意義甚だ深く、彼らは今欧洲戦争が酣《たけなわ》で各国とも東洋を顧みる暇がないのを絶好の機会として、この覚書を提出し、わが国を制圧しようとしている。ことに第五条（前記の第五号を指す―著者）の如きは、わが国を朝鮮視せんとするもので絶対に交渉すべきものでない」といった[2]。袁は当時彼の顧問であった坂西利《ばんざいり》八郎《はちろう》中将にむかって、「日本は平等の友邦として支那を遇すべき筈なるに、何故に豚狗の如く奴隷の如く

取扱はんとするか」と荒々しい語気をもってその憤懣をもらした、という。(3)

(1) Reinsch, op. cit., p. 129.
(2) 曹汝霖回想録刊行会編訳、曹汝霖、『一生之回憶』、昭和四二年、七一頁。
(3) 伊藤正徳、『加藤高明』、下巻、昭和四年、一六〇頁。

ついで、孫宝琦に代わって外交総長に就任した陸徴祥《りくちょうしょう》以下の中国側と日置公使らとの間に交渉がひらかれた。中国側はこの交渉において遷延戦術をとるとともに、わが国側の要求内容を計画的に逐次漏洩させ、それによって一つには西洋諸大国による国際干渉を期待するとともに、なお一つには中国の人心を結集し、それを背後に擁して交渉をできうるかぎり有利に展開しようと企てたのである。ところで、加藤外相は中国に提出した要求を一月下旬から二月上旬にかけて英、米、仏、露の諸国に内示したが、しかしその際、第五号はこれを除いて示さなかった。このことを知ると、中国側は同号の内容を歪曲した形で漏洩させ、この第五号に焦点をおいた激しい新聞宣伝を展開して、国際世論に訴えるとともに国内によびかけるにいたり、このような中で、中国の人心は激昂、沸騰する有様となった。「台湾、朝鮮が〔中国から〕失われたように満州は失われようとしている。蒙古、山東、福建もまた失われようとしている。もしも日本の要求が通るならば、爾後中国人は何人も自らの土地の主人《あるじ》ではなくなるであろう、とおよそ中国人は貧富貴賤、賢愚をとわず信じ切るにいたった」といわれている。(1) こうして、二一ヵ条要求は、実に「近代中国における民族主義《ナショナリズム》の誕生を画するもの」になったともいうことができる。(2) 中国側のこのような宣伝攻勢を前に、加藤外相はついに第五号の内容をも諸国に内示せざるをえなくなった。その際、彼は諸国に対して釈明して、当初の内示にあたって同号を省いたのは、第一ないし第四号が「要求」(Demands)であるのに反し同号は「希望」(Requests)にすぎないからであった、と称した。それにしても、しかし、わが国側が最初同号を省略して内示したことは、わが国の国際的立場を甚だしく不利ならしめたことは明らかである。

(1)『ノース・チャイナ・ヘラルド』(North China Herald) の記述(La Fargue, T. E., China and the World War, 1937, p. 47. 所引)。
(2) La Fargue, op. cit., p. 33.

ところで、中国側の前記の期待に反して、ヨーロッパ諸大国はヨーロッパにおける当時の戦況がきわめて重大な様相を呈しつつあった関係上なんら積極的には動こうとしなかった。そのような中で、アメリカのみは、この頃未だ参戦していず、かつこれまで中国の独立および領土保全ならびに中国における門戸開放・機会均等を強く提唱してきた関係上、わが国の対華要求に対して強硬な抗議を提出した。しかし、それ以上の行動に出ることはなかった。

さて、日中間の折衝はそもそもの当初から難航を重ねた。その間にわが国側は若干の譲歩を試みたが、交渉は五月にはついにまったく行詰りに陥るにいたった。そこで、ついに加藤外相はさらに譲歩した要求内容を最後通牒の形で中国側に提出して、事態を一挙に解決しようと決意し、ここに大隈内閣は元老たちの列席を求めて閣議をひらき、これまでの交渉経過を説明するとともに、以上の措置をとることについて了解を求めることとした。ところが、加藤外相は就任以来、外交は首相の下で外相が専管・運営すべきであるというかねてからの持論にもとづいて、外交上の重要案件の処理にあたっても歴代外相のように元老との間に充分な連絡をとろうとはしなかった(1)。わが国参戦の際にも、そうであった。加藤のこのような方針は、由来国政の後見役をもって自任している元老たち、とくに山県、松方たちをかねてからいたく不満にした。ヨーロッパにおける戦争の勃発以来、わが国の前途について、元老らとしては彼らなりにふかく憂慮、危惧しており、それだけに彼らの不満も激しかった(2)。そこで、大隈首相と山県、井上、松方、大山の諸元老との間に会談がひらかれて、外交運営の方針に関して元老側の意向を容れた申合せがなされた(3)(大正三年九月)。この会談後もしかし、加藤外相の外交運営はさして改められず、現に二一ヵ条要求を提出するにあたっても、加藤は元老に対して要求の大綱を説明するだけにとどまった。そのために、元老たちは中国側が要求内容を逐次漏洩させ、それが外字新聞に掲載されるのを通して初めて要求の具体的内容について知るという有様であった。そのことは、元老たちをいよいよ憤らせることになった。したがって、中国との交渉が難航を重ねた末、前述のように大隈内閣として最後通牒に訴える決意をするにいたったとき、元老らがこのような事態に対してどのような感情を抱いたかは容易に想像することができる。

(1)　明治三一年以来、機密外交文書についてはすべてその写しを元老の許《もと》に送付することが慣例となっていた。ところが、加藤は外相就任以来長年のこの慣行を停止し、具体的な外交上の案件について元老から要求のあった場合にかぎって外務当局者がその説明を行なうことに改めた(伊藤、『加藤高明』、下巻、四九頁)。

(2)　参戦の際、閣議で参戦を取決めた後、元老たちを加えた閣議をさらにひらいて最終的決定を行なったが、加藤はその席にイギリスとの間にこれまで往復した外交文書を持参し、これらをその場で訳しつつ対英交渉の経過を初めて元老たちに説明した。

(3)　その際の申合せは、時局に鑑みて首相、元老は隔意なく意見を交換して国家百年の長計を確立すること、元老、首相間で協議、決定した外交上の意見は外相がこれを遵奉すること、外交上の大方針は首相が決定し、外相がこれを遵奉すること、などの原則的取決めを行なったほか、中国、その他の諸国に対する外交上の措置または方針を協議、決定した。

そこで、大隈内閣が元老たちを招いて閣議をひらいて、これまでの交渉経過を説明するとともに、最後通牒に訴えることにつき了解を求めようとしたとき、元老たちの間に鬱積してきた不満は爆発した。二一ヵ条要求自体に関しても、元老中でとりわけ激しい不満を抱いていた山県は劈頭発言して、事態がこのようにまったく重大化した以上御苦労ではあるが加藤外相自身北京に赴いて収拾をはかってはどうかと冷嘲し、松方もこれに賛成した。(1) そのあと山県ら元老側は、われわれの意見を政府が到底とり上げないとすれば、何分政府が責任者なのであるから、協議して適当と考える処置をとったらよかろう、と述べて席を立ち、会談は物分れとなった。この会談では、いわゆる希望条項と説明されてきた第五号が最後通牒の中にふくまれていることについても元老側から異議が提出された。なお、その点についてはイギリスからも後に申し入れがなされる有様であった。そこで、大浦内相が政府、元老間の斡旋を行なった結果、最後通牒から第五号を削除することになり、(2) 改めて元老を招いて閣議をひらいて確定し、最後通牒はここに中国側に伝達された(五月七日)。

(1) 大正三年八月、わが国がドイツに最後通牒を送った後、山県は大隈首相、加藤外相、若槻蔵相に宛てて長文の意見書(大山梓編、『山県有朋意見書』、昭和四一年、三三九―四五頁に収録)を送った。それは、対中国外交に関するものであり、その中で彼は述べて、「世間或は帝国の武力を過信し、支那に対しては只威圧を以て志を遂ぐべしとする者あれども、人生の事は一の腕力によりて決定せられ得るが如き簡略のものに非ず」とし、「今日の計は、先づ日支の関係を改善し、彼をして飽くまで我れに信頼するの念を起さしむるを以て主眼」とせねばならない。満蒙におけるわが国の重大権益を確保、経営するには、対露親善も必要であるが、しかし、他方、中国との関係を円満に保たねばならぬ。しかし、今日の日支関係は決して満足すべきものではない。今やヨーロッパに大戦争が起り、大国はみな戦争の渦中にあり、極東の事を顧みる余裕がない。この秋こそわが国が「其の対支政策を確立し、従来の怠慢と誤謬とを矯正して更始一新を策するの好機」である。自分の考えでは、袁世凱に「人種競争」の大勢を説き、支那民族の歴史と独立とを保全するにはわが国に信頼するのが最善であることを悟らせるとともに、他方、彼に大きな援助を与えて安んじてわが国に接近せしむべきである。最近の世界をみると、人種の競争は年毎に激しさを加えてきている。昨年のバルカン戦争、現今のオーストリア・ハンガリーとセルビアとの戦争、ドイツとロシアとの戦争が「人種の競争、憎悪」に原因していることは、きわめて明らかであり、その他カリフォーニア(California)州の日本人排斥、イギリス領アフリカにおけるインド人排斥のごとき、要するにみな「人種の問題」である。そうであるとすれば、白人・有色人間の競争が今後一段と激しくなり、衝突にいたることもないとはいえない。ヨーロッパにおけるこのたびの動乱が終り、列国がふたたび東洋の利権に注目するにいたる暁に白人と有色人の競争が激化し、「白人皆な相合して我有色人の敵となる」かもしれない。今日東洋の有色人種で独立の国家をなすものは、日支両国にすぎない。それ故、東洋の有色人種が文明度の高い白人種と競争して、国家の独立を維持し、白人をして「対等民族」として取り扱わせるのには、「同色且つ同文なる日支両国」が相提携することが緊要である。袁世凱に対して「人種問題の趨勢」を説くとともに、彼に大きな援助を与うべきであると上述したが、大きな援助とは財政的援助のことである。このたびのヨーロッパの戦争で支那政府はヨーロッパ諸国から融資を仰ぐ途を失った。もし財政が逼迫して軍隊の給養も意に委せなくなれば、内乱の現出するおそれがある。これは、わが国にも迷惑が及ぶ。また、支那はわが貿易上の「一大顧客」であり、経済上も両国は「唇歯輔車《しんしほしゃ》」の関係に立つべきである。それらを考えれば、わが国は支那に財政的援助を与えるよう配慮すべきである。なお、わが国の対支政策について、最も心を用いねばならないのは、アメリカである。アメリカは、近年支那におけるその商工業および貿易に意を注いでおり、かつまたヨーロッパにおける戦争はアメリカが「漁夫の利」をうることを可能にしている。そのうえ、支那政府はわが国の真意を疑い、わが国を牽制するため年来アメリカに依存してきた。そこで、もしわが国が依然として支那の疑惑を氷解させえないばかりか、これを強めさせることになれば、支那はいよいよアメリカを頼り、アメリカはこれを好機として支那にますます勢力を伸ばすにいたるであろう。わが国はもちろんアメリカを敵視するものではない。したがって「対支政策を実行するに当りて、米国の感情を傷害し、之をして徒らに猜疑の眼を睜《みは》らしむるは、決して策の得たる者に非ず。将来東洋の平和を維持し、支那の独立を扶持することにつきて虚心坦懐米国と交渉するは、最も緊要の事業たるべし」としている。

（2）なお、第五号のうち、当初案の第六（福建省の鉄道、鉱山、港湾の設備に関する件）については当時すでに合意が成立していたので、これを除くその他の項目については改めて後日の協議に委ねる旨が最後通牒に記載された。

二一ヵ条要求をめぐる日中間の交渉が紛糾して前述のように事態緊迫するにいたったとき、イギリスおよびアメリカはわが国に対してあくまでも外交的手段によって収拾するよう申入れて、牽制を試みた。両国としては、世界戦争の最中で諸国が極東のことを顧みる余裕に乏しい際に、極東で日中間に戦争がひらかれ、日本がこの戦争を通じて中国に対する強力な地位を既成事実として作り上げることを強くおそれたのであった。このような中で中国はついに屈した。そして、最後通牒に掲げられたわが国側の最終要求を受諾し（五月九日）、その結果、二つの条約と若干の交換公文が作成されて、それらの調印が行なわれた。

まず、山東省に関する条約、ならびに付属公文においては、中国政府は山東省のドイツ権益の処分については将来日独間に協定さるべき一切の事項を承認すること、中国が将来芝罘または竜口と膠済鉄道とを結ぶ鉄道を敷設する場合には中国政府は日本資本家と借款につき協議すること、山東省の適当な諸都市をなるべく速かに外国人の居住および貿易のために開放することを約束し、また山東省の不割譲を約した。つぎに、南満州、および東部内蒙古に関する条約、ならびに、付属公文においては、中国は旅順、大連の租借期限、南満州鉄道および安奉鉄道に関する期限を九九ヵ年に改めること、日本国民は南満州において商工業上の建物の建設のため、および農業経営のためその必要とする土地を商租できること、日本国民は南満州において自由に居住し、往来し、商工業、その他の業務に従事しうること、日本国民は東部内蒙古において、中国人と合弁で農業および「付随工業」を経営しうること、中国は東部内蒙古の適当な諸都市をなるべく速かに外国人の居住および貿易のために開放すること、中国と外国人資本家との間にこれまでに結ばれた鉄道借款契約を基準にして、吉長鉄道に関する諸協約および契約の根本的改訂を速かに行なうこと、南満州における若干の鉱山(1)の中から日本国民が選定したものにつきその試掘または採掘を許可すること、中国政府が将来南満州および東部内蒙古において外資によって鉄道を敷設しようとする場合には、まず日本資本家と借款の協議を行なうこと、中国政府がこれら地方における諸税を担保として外国から借款を仰ごうとする場合には、まず日本資本家と協議すること、将来南満州において政治、財政、軍事、警察に関して外国人の顧問、教官を必要とする場合には、優先的に日本人を雇傭すること、その他が約束された。

（1）　その鉱山名は交換公文中に列挙されている。

つぎに、漢冶萍公司に関する交換公文で、中国政府は同公司と日本資本家との間のこれまでの密接な関係に鑑みて、将来同公司と日本資本家との間に合弁の議が成立したときにはそれを承認すること、同公司を没収しないこと、日本資本家の同意なくしては同公司を国有化しないこと、日本以外から外資を同公司に導入しないことを約束した。

福建省に関する交換公文で、中国政府は福建省沿岸において造船所、軍用貯炭所、海軍根拠地、その他一切の軍事施設を設営することを外国に許さないこと、また中国自身も外資をかりてこれらの施設を設営しないことを約束した。

さらに、膠州湾に関する交換公文では、この戦争終結後に日本が膠州湾租借地の自由処分を委任された場合には、日本は膠州湾を商港として開放すること、日本専管居留地を設置すること、列国が希望した場合には別に共同居留地を設置すること、その他を条件として、膠州湾租借地を中国に返還することを約束した。

さて、二一ヵ条要求をめぐる交渉は、中国の人心を激昂、痛憤させてきたが、わが国側がついに最後通牒に訴えて要求を受諾させたことは、中国における民族的憤激を正に極点に達せしめた。そして、上海、漢口、広東等において行なわれてきた日貨排斥運動は波及、拡大して全中国に及ぶ状況を呈した。この運動は同年九月にいたって終息したものの、前述の両条約、取決めが調印された五月二五日は爾来中国においては国恥記念日とされ、年毎に中国国民に二一ヵ条要求の当時を追想させ、反日感情を新たにさせることになった。

また、わが国の二一ヵ条要求に対して当初から強い憤懣を抱きつづけてきたアメリカは、中国側が最後通牒を受諾して交渉が妥結をみた後、日中両国に対して同文の覚書を送り、アメリカ政府は日中両国間にすでに結ばれ、または今後結ばれるいかなる「条約」または「約定」でも、「苟《いやしく》も中国に於ける合衆国及其人民の条約上の権利を毀損し、中華民国の政治的若は領土的保全を破り、又は通常門戸開放主義として知らるる中国に関する国際政策に反するが如き場合には」、これを承認しえないと宣言した。

すでに述べたところから明らかなように、世界戦争前の中国においてはわが国は久しきにわたり西洋諸大国にとかく圧せられがちであった。それは一つには資本の後進性に原因する。二一ヵ条要求は、世界戦争の機会をとらえて中国に関するわが国在来の経済的劣勢を政治的手段をとおして飛躍的に補強しようと試みたものであり、その点において、わが国の交渉の当面の相手方は中国政府であったにしても、念頭には同時に西洋諸大国があったのである。わが国はこの交渉において中国の激しい抵抗によって大幅な譲歩を余儀なくされたものの、しかし、将来における中国進出の足場をともかくも著しく強化することに

なった。(1)

(1)　利権の獲得は、西洋諸大国に対する関係では先取りを意味するにしても、その利権を現実に活かそうとするとき、ここでまたも後進資本主義国としてのわが国の資本蓄積の貧困という問題に当面せざるをえない。わが国のこれまでの対中国外交、また二一ヵ条要求に批判的立場をとってきた『東洋経済新報』は、二一ヵ条交渉の結果中国との間に結ばれた取決めについて論じて、鉱山の試掘・採掘権、南満州および東部内蒙古に関する借款、漢冶萍公司の日中合弁化の件などを評して、「斯くの如き権利だけ獲得して、我が国民は何うしようと云ふのか、不思議でならぬ。国内の鉄道さへ碌に敷けず、借金が出来る、出来ぬと騒いでをる口の下から、他国に向つて己れから金を借りろと云ふ」。これらの要求を提出して中国に承認させたのは、実は「他国に対する嫉妬である。仮令《たとえ》己れの力で之れを利用し得ぬとしても、他国に利用されることは腹が立つ。故に何でも彼でも兎に角取込み、他国の知識、労力、資本の入り来ることを妨げる」、それが、第一目的であるとしか考えられない、とし(同誌、大正四年六月一五日号、社説「日支新条約の価値如何」)、また述べて、わが国は貧しい、どのような利権を獲得しても、ロンドンまたはニュウ・ヨークに「渡り」をつけなければ、事実上いかんともなしえない、と指摘している(同誌、大正四年六月二五日号、小評論「第一歩を誤る」)。

第三節　元老・大隈・世論

大隈重信は組閣以来、権力の座にとどまるためには元老、とりわけ山県の歓心をうることを絶対に必要であると考え、彼らの意を迎えることに熱心に努めた。地方長官、その他の人事異動において山県・桂系の官僚および官僚出身者を重用する方針をとったごとき、第一次山本内閣がさきに改正した文官任用令を再改正して、大幅に旧に引戻したごとき(1)、いずれもその現われにほかならない。大隈内閣が二箇師団増設(増師)を実現しようと企てるにいたったのもまた、大隈の以上のような考えによるものにほかならない。このいわゆる増師は、第二次西園寺内閣の当時、陸軍が強硬に要求し、山県がこれを支持し、これがため同内閣は瓦解の余儀なきにいたったが、そのとき以来増師問題は懸案となり、山県はその実現を熱心に望んできた。そこで、大隈内閣が増師問題をとりあげて、山県を満足させようと試みることになった。

(1) 大正二年八月に山本内閣は文官任用令の改正を行ない、法制局長官、各省(陸海軍省を除く)次官、警視総監、貴族院ならびに衆議院の書記官長、内務省警保局長、各省の勅任参事官を今後は自由任用による官職とした。この改正は、政党の勢力が官僚組織の中に入る門戸を拡張したものであり、山県らを甚だしく不満にした。大隈内閣は、この文官任用令を改正して、上記の諸官職の中で、法制局長官、各省の勅任参事官を除く全部をふたたび試験任用によるものにした。

しかし、この増師は、けっして単純、容易な問題ではなかった。第一に、わが国経済界は連年慢性的不況に苦しんできたところに、世界戦争の勃発によって貿易は輸出入とも一旦まったく不振に陥り、そのことは経済界に大きな打撃を与えた。さらにそのうえに、海軍側ではかねてから大拡張計画を立案するにいたっていた。これは、世界における海軍拡張の大勢に対応するためであったほか、わが国を主目標としたアメリカの海軍大拡張に対抗することを意図したものであり、それだけに海軍当局はこの計画の実現をきわめて強く要望するにいたっていた(1)。こうして、経済不況下で財政の緊縮が一般に強く要求されており、しかも、海軍側においても拡張計画が用意されているとき、二箇師団増設を行なうということは、政治的にももとより容易なることではなかった。そこで、大隈内閣は結局、元老井上馨の示唆に従い、首相、外相、蔵相、陸相、海相、参謀総長、軍令部長からなる防務会議と称するものを設置し、陸海軍にわたる軍備拡張計画全体を外交・財政と関連させつつ審議、処理することを企てた。しかし、この会議では陸海軍ともに態度強硬をきわめ、(2)諸要求を調整しつつ総合的に解決をはかることはできず、結局、二箇師団増設計画を承認するとともに、八・八艦隊への前提としての八・四艦隊建造計画を承認することになった。(3)

(1) 世界戦争勃発にいたるまでの時期において英独両国間には熾烈な建艦競争がつづけられたが、それは当然に国際的に海軍拡張の風潮を誘発し、わが国海軍当局者をしてこれに即応する必要を感ぜしめてきた。しかし、それだけではない。大正二年(一九一三年)五月カリフォーニア州において外国人土地法(Alien Land Law)が制定された。日本移民の排斥を主眼としたこの立法に対して当時わが国は抗議を行なったが、この抗議の甚だ強硬であったことは、アメリカ側に大きな衝撃を与え、この問題で日本が対米戦争をひらくのではないかとの危惧さえも一時は抱かせた。そして、日本のこのような激しい態度は一つには太平洋におけるアメリカ海軍力の不充分にも原因すると考えさせ、その海軍拡張計画を修正、拡大するにいたった。それと同時に、パナマ運河開通(一九一四年〔大正三年〕八月)のうえは、アメリカ海軍の主力を太平洋に置いて常時日本を牽制させることを決め、そのこととの連関でアラスカ(Alaska)の基地化、ハワイ真珠湾の軍港施設の拡充、強化を行なうことを決定した。これらのアメリカ側の動きは、わが国海軍当局者を強く刺激し、わが国もまた海軍拡張をもってこれに対抗することを緊急の必要と確信させることになった。

(2) 当時の蔵相若槻礼次郎は、後年回想していう。防務会議がいよいよひらかれて、「私が立って、財政はこう、経済はこう、外国貿易はどうと、いろいろ述べて、これではとても日本の財政は立ち行かない、とまず総論を述べた。そこまで云うと、長谷川(好道)参謀総長は顔色を変えて、『それはいかん。岡(市之助)(陸相)、行こう』と云って、陸軍側の二人は立ち上がる。大隈侯は『まあ〳〵』といって留められたが、それきりで、私は肝腎の陸海軍の軍事費節減の必要を述べるところまで行かないで、ウヤムヤに終った」(若槻礼次郎、『古風庵回顧録』、昭和二五年、二一二頁)。

(3)　八・八艦隊とは、戦艦八隻、巡洋戦艦八隻を根幹とし、これに補助艦艇を付属させた艦隊をいう。八・四艦隊、八・六艦隊などの意味も、これに準じる。

ついで、大隈内閣は八・四艦隊建造計画とともに二箇師団増設計画を組み入れた大正四年度予算案を編成、これを第三五議会(大正三年一二月召集)に提出した。大隈首相はさきに在野時代において、外交の刷新を唱えて増師をもって不急であるとしきりに論じ、若槻(礼次郎)蔵相、武富(時敏)逓相もその野党時代には財政的見地から増師を否としていた。また尾崎(行雄)法相のごとき、入閣前の痛烈なその増師反対論は世にひろく知られていた。したがって、大隈以下これらのひとびとの変説は、世上の、また野党側の激しい論難の的となった。このような非難は結局、彼らの権力意志が支払うべき当然の代償であったのである。そして、与党である同志会もまた少なからず当惑し、大隈内閣が増師の経費を予算案に計上するにいたった後になっても、同志会は増師問題を論ずることをことさらに回避する有様であった。それは、増師が経済不況下の世上でとかく気受けが悪いことを知っていたからでもあるが、なお一つには野党時代に同党としては緊縮財政の必要を終始くり返して唱えつづけてきたことによる。

ところで、大隈内閣がこのように二箇師団増設を実現することに決すると、大隈内閣に対してこれまで「好意的中立」の態度を持してきた国民党は、犬養が多年唱えてきた「経済的軍備論」(1)の見地からいち早く増師反対の態度を明らかにした。

(1) この論の骨子は、軍備と財政・経済との間には調和が保たれねばならないとし、その見地から現存の師団を半減し、二年の在営年限を一年に短縮すべきである、ということにあった。

このような中で、原敬の動きは、とくに注目に値した。原は政友会総裁就任以来、大隈内閣の出現によって容易ならぬ苦境に陥った政友会の前途をいかにかして打開しようとして心血を傾け、機略をこらすことになった。彼は山県が政界において擁する巨大な勢力に鑑みて、山県に働きかけることを熱心に努めた。総裁就任前には山県と親しく面会したことのほとんどなかった彼は、しばしば山県を往訪し、あるいはしきりに山県系のひとびとと会談した。そして、一方で山県に対する説得・了解の工作を進めるとともに、他方、場合によっては牽制、恫喝によって山県を動かそうとも試みた。たとえば、政友会総裁就任直後、彼は山県の信任厚い平田東助《とうすけ》を訪ね、「目下元老、政府、反対党悉《ことごと》く政友会の打破を努め居るが、政友会は是迄の行為中に失策もあらんが、国家に貢献したる事も甚だ多し。然るに、彼等は増税党などの悪名を負はしめて、之が撲滅を計るが如し。政友会たるもの、坐して滅亡を待つべきものに非らず。又滅亡して国家に利あらば兎に角なれども、滅亡せば彼等横行せん。故に今日迄は穏健の態度なりしも、此態度は元老も識者も之を認めずして却て撲滅を図る已上は、政友会は自衛上彼等の上を超して廃減税も新聞紙法も選挙法も皆な極端に出づるの外なし。一たび此形勢を作成せば、容易に動かすべからず。実に国家の為めに由々しき次第なり。而して、此形勢をなすと否とは、こゝ両三年の間に在り」と説いた(1)。その後、平田同様に山県の側近である清浦奎吾をも訪ねて、同趣旨のことを伝えた。原としては、これらの言葉が山県に伝えられることを計算してのことであった。

（1）『原敬日記』、大正三年七月九日の条。

原は山県が増師をかねてから熱心に望んできたことをもとより知っていた。しかし、大隈内閣が増師実現をはかることを察知したとき、彼は直接山県に対して、また人を介して間接に山県に対して次のように伝えた。政友会は増師にあくまで反対なのではない。けれども、増師計画が大隈内閣の手で議会に提出される場合には、政友会としては反対せざるをえない。それは、一つには政府不信任の見地からであるが、なお一つには、大隈内閣は機をとらえて議会を解散して政友会に大打撃を与えようとしており、そこでいずれは解散が不可避である以上は、政友会としては世上で不人気な増師問題で選挙戦を争うことが有利であるからである。そこで、山県が二箇師団増設の早急な実現を望むのであれば、大隈内閣を退けて、元老による挙国一致内閣をつくるべきである。その場合には、政友会も態度を変え、「局面一変」にいたるであろう。(1) 以上から推察できるように、原は山県が熱心に望んでいる増師実現を梃《てこ》として大隈内閣を退陣させようとはかったのである。そこで、原は増師問題に対する政友会の態度を容易に世上に明らかにしようとしなかった。(2) その後、原はさらに山県の直系である田中義一（当時歩兵第二旅団長）と会見し、田中の斡旋で山県と重ねて会談し、その結果、政友会は大正四年度予算案に組みこまれた増師計画は削除するが、それが一年後に提出された場合にはこれに賛成するということに、両者の間に了解が成立した。(3) 原としては、増師の一年延期に山県を同意させることによって当面解散を回避し、今後さらに策をめぐらす余裕を獲ちえたわけである。この了解成立後、原は政友会議員総会で演説して、政友会は国防問題にこれまでつねに積極的態度をとってきた。しかし、このたびの大戦で世界の形勢は外交上、経済上、軍事上大きな変化をとげようとしている。大戦は来年には終るであろうし、またたとえ終結にいたらずとも大体の見通しは立つにいたるであろう。それ故、陸海軍の国防計画は来年度に策定すべきである、と述べた。ところが、山県は前述の了解を陸軍首脳部に伝えて増師の一年延期に折合わせるはずのところ、手違いが起った(4)。その結果、政友会が上述方針の下に予算案中の増師計画をはじめ新規計画のほとんど全部を国民党とともに否決すると、これをみて大隈内閣は議会を解散するにいたった(大正三年一二月)。

（1）『原敬日記』、大正三年一一月二日、同月四日の条。

（2）第三五議会のひらかれる前月の末、原は関西に旅行した。当時、政友会内部では増師反対論がまったく有力となっていた。しかし、新聞記者との車中談で原は述べて、増師問題に対する政友会の態度は未定である。いずれ多くの党員の意見をきいたうえで決定する、と語るにとどまった。また、同議会召集の直前にひらかれた政友会大会においても、彼は大隈内閣の外交を論難しつつも、増師問題にはただ簡単にふれ、世上ではこの問題で騒いでいるが、国家の大問題とも思われない。充分調査のうえ「相当の解決」をすればよい、と述べるにとどまった。

（3）『原敬日記』、とくに大正三年一二月一九日、同月二二日の条。

（4）同日記、とくに同年同月三〇日の条。小泉策太郎、『懐往時談』、昭和一〇年、一六二―

五頁。小泉、「政友会との因縁」、『田中男を憶ふ』、昭和六年、三頁参照。

さて、この議会解散の当時は組閣後日なお浅く、世上、大隈の人気は依然大で、新聞雑誌の多くは彼の内閣に対して引きつづききわめて好意的であった。このような中で、政府および与党は大隈を正面に押し立てて選挙戦に臨むことにきめ、大隈もまた欣然陣頭に立った。彼はその老軀、またその隻脚の不自由をも意に介せず、都下および横浜における与党候補者のため応援演説を行なうほか、大阪、金沢方面へも遊説旅行を試み、その途中停車する駅毎に大隈は停車時間を利用して車窓から、あるいは昇降口に立ってプラットフォームの出迎え人たち、また彼の姿をみようとして集まったおびただしい群衆にむかって選挙演説を行ない、大喝采を浴びた。(1) 高齢の彼の元気潑溂、意気軒昂、闘志にあふれた縦横の雄弁は、彼に対する人気をいやが上にも高め、選挙戦を有利に導くうえにも大きな効果をあげた。(2) 首相が選挙演説を行なうということは、当時まで未だ前例のないことであったから、これらはまことに異色の出来事でもあった。また、大隈は「憲政に於ける輿論の勢力」と題する演説をレコードに録音し、これを頒布してひろく世人に訴えることも試みた。大隈を前面に立てたこの選挙運動で、大隈伯後援会が演じた役割もまた到底無視しがたい。この後援会は、大隈内閣成立後まもなく早稲田大学の一部校友の発起でつくられ(大正三年六月)、その標榜したところは、大隈の唱えてきた「高遠な理想」の実現を助けることにあった。そして、ついで全国各地に続々支部が設立され、選挙戦最中の一月下旬には「熊本、鹿児島、岡山、奈良の四県の外は、南は沖縄より北は樺太に至るまで」後援会の作られない地方はないという有様になった。(3) この後援会へは早稲田大学の校友以外にも多くのひとびとが参加したが、各地に散在する同大学出身者はこの会の活動を熱心に助けた。後援会は選挙戦において、ひとり大隈首相支援の運動を行なうにとどまらず、(4)「大隈伯の政策に賛成する候補者は其政派の所属なると無所属なるとを問はず極力之を援けて其当選を期する」ことにし、(5) さらにまた、後援会自身進んで多数の候補者を擁立して、その当選を期した。

(1)　大隈の大阪、金沢方面への遊説は、総選挙の迫った三月に行なわれた。当時『東京朝日新聞』(三月一七日号)は、「大正式の大名行列」という見出しの下に報じて、大隈首相は一六日に外套、フロックコート、ラッコの襟巻をつけ特急で東京駅を出発、停車する駅では車窓演説を行なった。沼津駅では発車時間が迫ったことを家従が注意したが、結局「長広舌」で発車を約二分遅らせた。静岡駅では群衆の万歳を浴びて得意満面演説を始め、またも停車時間を二分延長させることになった、云々。また、大阪に着いた大隈に関して『東京日日新聞』(三月一八日号)は「大隈伯大明神」という見出しで報道して、大隈首相が大阪に着いて一夜明けた一七日に午前中首相を訪れた客は百人をこえた。「滞阪僅かに一昼夜なるに、全市の人気を沸騰せしめた伯の人気は馬鹿々々しい程凄まじいものがあつた」としている。
(2) 大隈のこの西下に随行した市島謙吉は後年つぎのように回想している。「大隈内閣当時の総選挙には関西まで旅行し、到る所の駅々で簡単な車窓演説をされた。其数幾十回にも上つたが、後日調べた所によると、侯の演説せられた駅々の人々は悉く侯の内閣に左袒《さたん》して投票したと言ふ。これ偏《ひとえ》に侯の演説の力に俟つたと言はねばならぬ」(市島謙吉、『大隈侯一言一行』、大正一一年、五〇八—九頁)。
(3) 『大隈伯後援会全国大会記事』、一頁。
(4) 本文に述べた大隈の演説レコードは、三枚一組金五円で一般に発売されたが、大隈伯後援会はこのレコードを各地支部に送り、これを選挙運動に用いさせた。その際の支部宛注意書にいう、「この蓄音機使用場所は設備を壮重にし、伯の臨場せると同様の態度を以て謹聴せしむる事。……」。
(5) 大正四年一月一八日に東京でひらかれた同会全国大会決議(『大隈伯後援会全国大会記事』、五四頁)。

そして、世上に沸く大隈の人気に、非政友会系候補者の相当多数はこれを利用して当選をはかろうとし、中立あるいは大隈支持を標榜した。あるいは大隈伯後援会から立候補した。これは、反面からいえば、与党である同志会が立党以来日浅く地盤も安定していず、かつ世人を惹きつける力に乏しかったのにもよる。

つぎに、議会が解散となると、井上馨は山県と談合して財界に働きかけ、政府側のため選挙資金を調達させることに努めた。多年財界と縁故きわめて深く、大きな勢力を財界に対してもっていた井上のこの工作は、それ自体きわめて有効であったが、そればかりでなく、在来政友会に資金的援助を行なってきた財界人の中には、井上が政友会に対して抱いている激しい反情を考え、打算上政友会への援助をとり止めたものもまた少なくなかった。この事実は、財界に対する元老の勢力が当時政党のそれに比してはるかに大であったことを物語るものにほかならない。以上の結果、政友会は選挙資金面でも政府・与党に比して甚だ不足することになった(1)。さらにまた、議会解散後、大隈内閣は農相大浦兼武を内相にすえて、総選挙の局にあたらせることにしたが、山県系内務官僚の出身でかねて辣腕をもって知られるこの大浦内相の指揮の下に選挙大干渉が敢行された。多年立憲政の理想を雄弁に論じ、組閣後は年来の党弊一掃をしきりに説き立ててきた大隈の下で行なわれたこの選挙干渉は、規模、苛烈さにおいては古く明治二五年の第一次松方内閣の下におけるそれ以来実に類例をみないものであった。なお、投票日の前日には全国の有権者に対して大隈重信の名で与党候補者に投票するよう依頼電報が発せられた。この新方法は有権者の事大主義的心理にも投じて、少なからぬ効果があったといわれている。

（1）　政友会は選挙委員長には高橋是清をすえ、選挙委員の中に山本達雄を加えたが、選挙に特別の知識、経験をもたないこの両名を起用したのは、日本銀行総裁という彼らの前歴の関係上、とくに金融界からの資金的援助を期待したものと世上では取沙汰された。

以上のような中で行なわれた総選挙（大正四年三月二五日）は、結局、大隈内閣にとって圧倒的勝利をもって終った。同志会は一五三名（解散前九五名）を当選させて第一党となり、さらに中正会は三五名（解散前三六名）、大隈伯後援会関係では一二名が当選し、こうして大隈内閣の与党は議会過半数を制することになった。これに対して、政友会は一〇四名（解散前一八四名）の当選者をだすにとどまって第二党に転落した。また国民党も敗れて二七（解散前三二）の議席を獲得するにとどまった。与党のこのような大勝は、新聞、雑誌によって激しく煽られた大隈の個人的人気、それを利用した巧妙な選挙運動、選挙資金の豊富、大がかりな選挙干渉によるものといえよう(1)。なお、政友会が第三次桂内閣下の憲政擁護運動のあと山本内閣の与党に転じ、かつ山本内閣がシーメンス事件で世上の激しい非難、攻撃を浴びたことは、世人の間に政友会に対する強い反感を抱かせ、そのこともこの総選挙において政友会を不利にした一因であった。また、国民党についていえば、長年大隈の門下とみられてきた犬養が、大隈の組閣に際して入閣を拒んだことは、その是非をめぐって党内および同党支持者の間にも大きな動揺を生じさせ、同志会はこれに乗じて、犬養のこの入閣拒絶をもって背徳行為であると宣伝して国民党地盤の切崩しを試みた。このことも、国民党敗北の有力な原因となった(2)。

(1)　総選挙終了後、原はその日記に記して、政友会大敗の最大の原因は政府の選挙干渉であった。「選挙取締の公平は単に名のみにて、反対党に対しては苛察到らざるなく、選挙事務所には二、三の角袖巡査を詰切らせ置き、運動者には一々尾行を附し其運動を束縛し置きながら、政府与党には全く之を放任して自由を許し居たり。余の在職中に廃止したる当選予想報告を再興して内務省に出さしめ、又巡査をして戸別に其誰某を投票するやを問はしめ、政府反対党に投票せんとする者には後難あるが如き威嚇を与へたるのみならず、甚しきは駐在巡査をして誰某を投票せよ、或は誰某を投票する勿れと告げしめたる上に、地方によりては政府与党の投票買収を巡査をして幇助せしめたる所もありたり。地方庁に於て調製したる各候補者の得票見込を政府与党に之を洩らして便宜を図り、又其表によりて中央より又は地方より政府与党に反対党の得票を買収せしめたり。故に政府党の得票は大概平均し、而して其地方定員に対し政府与党候補者悉く当選して尚ほ残余ある場合に始めて我党候補者の当選を見るの情況を呈せり」とし、「司法部に於ては公平ならん事を努めたるもの丶如くなるも、警察官は総て政府与党の便宜を計りて其与党たる有様なれば、司法部に報告するものは反対党の行動のみ」という有様であった。わが党の当選者数は三月二一、二二日頃の予想ではいかに低く見積るも一六〇名を下らなかったが、二三、二四日の両日で形勢は一変した。これは政府側が右の実況に驚いて俄《にわ》かに大規模な買収を行なったものと考えられる。「二十三日、就中《なかんずく》甚しきは二十四日に於て各候補者に数千円の金を送りて自由に投票を買はしめ」、それが政府側が「大勝を得たる最大原因」である、としている(『原敬日記』、大正四年三月二八日の条)。

(2) 古島一雄は後年回想して、「由来政党の地盤争ひといふものは、正面から敵地を奪取することは至難の業であるが、国民党と、憲政会(同志会を指す―著者)の如く、もと〳〵兄弟の間であつて、而も改進党創立者の大隈伯が、内閣総理大臣となつて選挙を争ふのだから、彼には十分誘惑の余地がある。おまけに此方の年寄りの地方党員中には『理窟は兎も角、折角大隈さんが久し振りに総理になられたのに犬養さんが(内閣に)入らぬといふことは、情誼としても相済まぬ』などと言ふ者さへ出て来るのだから始末が悪い。こんな調子だから選挙の結果は、四十名から僅か廿七名に蹴落されてしまつた。選挙で辛らかつた思ひ出は沢山あるが、此時の選挙ほど辛かつたことはなかつた」と述べている(古島、『政界五十年・古島一雄回顧録』、一〇五―六頁)。

総選挙で以上のように大勝して、大隈の得意は喩えようもない有様であった。三月三〇日の『時事新報』に「首相と語る」という記事が掲げられているが、それによると、彼は同紙記者に語って、一夜の大風で大木が折れた。驚いてそれをみたところ、その幹は大半朽ち果てて空洞になっていた。政友会今回の敗北は、まさにこれである。余は根幹が空洞になっていることを知り、これに解散という斧を加えた。斧の音とともに世論の大風がたちまちにして起って、大木は倒れた。大木ははたして朽ちていたのである。人心は政友会を去っている。憲政布かれて二十年、立憲治下の今日に政友会が形骸をとどめようと思うことは、「進歩した現代科学の許さゞるところ」だ。余が「第一の関門」とした「党弊打破」の一端は今や達成された。第二、第三の「関門」はこれからであり、中国との交渉（当時は前述の二一ヵ条要求をめぐる交渉中であった）、対独講和など算えると余の任は重い、といい、記者が大隈に、第二、第三の関門をくぐり、「御大礼の緑門」（この年の秋、京都で大正天皇の即位式が行なわれることになっていた）をくぐって、功成り名遂げたところで、閣下は途を加藤高明にゆずったなら、「公人の晩年を飾る好個の訓点《ピリオド》」を打つことになるのではないかと、おそるおそる質ねたところ、大隈は「何に？　功成り名遂げ？　夫れは支那人の古い諺だ。我輩のは御大礼内閣ではない。第二、第三の関門を過ぐれば、更に最後の目的がある。我輩の内閣を組織したのも、此最後の目的の為である。何に？　最後の目的？　此帝国をして万国対等の地位に進ましむる事だ。一等国だとか強国だとか云はれて居ても、果して我国民が欧米各国に於て平等に取扱はれて居るか？　我輩は明治維新当時已《すで》に此大目的の為めに奮闘したのである。此目的を達せざるまでは、死すとも瞑す可らずだ。若し人心我を去らば、退くに何ぞ吝ならん。退いて再び社会の高所にあつて、怒号せんのみだ」と答え、また、「反対党の連中は、選挙干渉だとか買収だとか云つて騒いで居るさうであるが、畢竟《ひっきょう》するに、弱者の声だ。……干渉でも買収でもない。機運である。勢である」といい、「今度の勝利は、最後の目的の第一着手に過ぎない。我輩の晩年は死の一刹那である。死ぬまでは奮闘する。併し此晩年迄は、未だ五十年ある」と彼のいわゆる百二十五歳説(1)をひらめかした。この大隈談は新聞記事であるにせよ、彼の当時の満悦ぶり、また彼の面目がよく映し出されている。

(1) 大隈は、生理学者の意見では動物の生存力は成熟期の五倍であるという。そこで、男子の成長期を二五歳までとみれば、一二五歳まで生きられることになる、自分は一二五歳まで生きる、とつねづね気焔をあげ、世上の話題をにぎわせていた。

ついで、五月に第三六議会が召集されたが、大隈内閣はこの新議会に懸案の二箇師団増設計画および八・四艦隊建造計画を提出、今や多数を占めるにいたった与党の力をもってこれらを成立させた。

ところで、同議会の終了後、大浦内相にかかわる汚職事件が暴露した。大浦は大隈内閣に初めは農相として入閣したのであったが、彼はそのとき以来大隈兼任内相の下で議会操縦に事実上当ってきた。そして、第三五議会に増師計画が上程されるにあたって、彼は政友会議員の一部を買収して切りくずし、それによって増師を成立させようとした。この事実は暴露し、事件関係者は訴追されるにいたった。しかし、大浦については爵位を辞し、公職を退き、政界引退を表明して謹慎することになったため、情状の酌量と悔悟の実状とを理由にとくに起訴猶予処分に付せられた。大浦辞職のあと、大隈首相は取りあえず内相を兼任したが、ついでその責を引いて閣僚とともに辞表を捧呈するにいたった。そこで、この辞表の処置について天皇は元老に下問されたが、元老は留任しかるべき旨を上奏し、ついで右の趣旨の御沙汰が大隈に伝えられた。そして、大隈は元老側からの留任勧告に力をえて御沙汰を理由として留任を決意するにいたった。これに対して、加藤外相、八代海相、若槻蔵相はこの際内閣として総辞職して責任を明らかにすべきであるとして辞意を翻さず、そこで大隈は取りあえずみずから外相を兼任し、一木文相を内相に、武富逓相を蔵相にすえ、海相には加藤友三郎、文相には高田早苗、逓相には箕浦勝人《みのうらかつんど》(同志会)を迎え、こうして内閣の大改造を行なった(八月)。なお、一〇月に大隈は外相に石井菊次郎を起用した。

さて、すでに述べた二一ヵ条要求をめぐる日中間の外交交渉が妥結をみたのは、第三六議会の開会中のことであった。ところで、大総統袁世凱はかねてから皇帝となって中国に君臨することを夢みていたが、二一ヵ条問題がともかくも解決に達した後、彼はこの計画を一段と進めることになった。これに対して石井菊次郎の外相就任後、政府は協議の末、英仏露の三国を誘って袁に対して帝政実施の延期を勧告するにいたった(一〇―一一月)。これは、袁の右の画策が進められるにともなって中国内には反袁の動きが活発化し、帝政実施は内乱を誘発することが予想され、その場合には中国における外国権益が危くされるおそれがあると考えられたのによる。[1] 袁はしかし、この勧告に耳をかそうとはせず事を進め、参政院をして皇帝に推戴する旨を表明させ、ついで彼はこれを受諾する旨を布告して即位の準備に着手した(一二月)。ところが、この布告とともに、雲南都督唐継尭《とうけいぎょう》は共和政擁護を名として「討袁」の軍を起し、ついで南方諸省も続々これに呼応して、中国はここに内乱状態(第三革命)へと陥った。

(1) 当時アメリカは、政体の変更は中国の純然たる内政問題であり、外国の利益が危くされるという確証ないかぎりは、干渉を行なうことは、中国の主権を侵害するものであるとして、以上の諸国に同調することを拒んだ。

ひとたびこのような事態が展開するにいたると、大隈内閣は軍部と結托して、この反袁の動きを背後から煽動し、またこれを援助して、袁の没落、親日的新政権の誕生を期待するにいたった。そのような中で、宗社党は粛親王を擁し川島浪速《なにわ》らの参画の下にこの機会に乗じて満蒙を独立させ、清朝を満蒙に復活させようとして動くことになった。政府、軍部関係者は初めはこれに支持を与えたが、ついで張作霖に満蒙独立を行なわせる工作に期待をかけるようになった。さきに二一ヵ条要求をめぐる交渉で充分みたされなかったわが国の中国に対する野望は、こうして、第三革命を機会にふたたび燃え上ることになったのである。ところで他方、袁は現出した内乱を鎮定、収拾することができず、そのため彼はついに帝政の実施を取消すにいたった(一九一六年〔大正五年〕三月)。そして、ついで六月に急逝した。袁のこの死は袁打倒という目標を消滅させ、しかも彼の死後大総統に就任した黎元洪《れいげんこう》はこれまでの反袁勢力に対して宥和的措置を講ずるにいたったので、内乱はようやく収拾されることになった。それとともに、大隈内閣も前述の謀略工作を取止め、爾後大総統黎元洪を支持するとともにまた操縦して、彼をできうるかぎりわが国に依存させようと試みるのである。

さて、世上における大隈重信の、したがって、ひいてはまた大隈内閣の人気は、大浦内相をめぐる汚職事件の暴露、またさらに大隈がこの事件の責任をとることなく内閣を改造して留任したことを境として急転、下降することになった(1)。ところで、大正四年一二月から第三七議会がひらかれると、政友、国民両党は政府弾劾決議案を提出し、その際政府のこの留任を激しく論難したが、その際、大隈首相は答弁して、「大命に依て大任を命ぜられて、而して君主の命に背いて自己自ら進退すると云ふことが出来るか。或は一知半解の書生は卒《い》ざ知らず、老練なる原(敬)君としては実に遺憾に思ふのである。諸君の責任論は殆ど君主権を犯すものである」と威圧的態度をもって逆襲した。長年立憲政の理想を滔々と論じつづけ、しかし、今や権力の座にある大隈は、かつての政敵・藩閥政治家の慣用してきた超然主義の論理を借用して、自己の進退を正当化することを試みるにいたったのである。大隈のこのような態度は野党のみならず、当時の世上に少なからぬ非難をよび起した。

(1) 三宅雪嶺は後年に当時の政情を論評して、つぎのように述べている。「大隈に於て自身及び自党の利益を第二に置き、内に政弊の革新を念とし、外に世界戦役に処しての宜しきを得るに務めたらんには、僅に一二年にて声望の急下するが如き、断じて之れ無し。当人自ら如何に考ふるも、外間に知られたる所にては、余りに自身及び自党の利益を網するに急にして、見る者、聞く者、唖然言ふ所を知らず。彼の如くして経過せば、従来の何内閣にも優らず、恐らく内閣中の最悪内閣なるべしとす。大浦蹉跌後、之を見殺にし、衆議院の多数を恃《たの》み、居据りを決定し、何時迄も噛り附かんとするに至り、大隈内閣員が人心を具ふるやを疑ふ。曩《さき》に一世の輿望を以て迎へられし内閣は茲《ここ》に一世の指弾を被る」となしている(「大隈対原と原対加藤」、三宅雪嶺『人物論』、昭和一四年、一四五―六頁)。

ところで、大隈内閣は総選挙によって政友会に大打撃を与えた。ついで、新議会で懸案の増師計画を成立させた。元老たちがこの内閣に期待したところは、このようにして果たされた。また、大隈の組閣について山県とともに大きな役割を演じた井上馨は、大隈内閣改造後の大正四年九月に没した。このような情勢の推移を背景として動くにいたったのは、原であった。彼は山県に対して、わが国の当面する国際状況は重大をきわめており、したがって、この際閣下が国家のため起ち上り挙国一致内閣を組織されたい、とくり返して進言した。原は、山県が期待したところを以上のように一応果たした大隈内閣に対して、もはや山県としてこれを盛り立てる熱意をうすくしたものとみ、激しい権力意志を秘めた山県に組閣を熱心に勧め、一つには山県の歓心を買うと同時に、大隈内閣を退陣させ政友会の党勢立直しの機会をとらえようとしたものと思われる。原のこのくり返しての説得に対して山県は意動かないでもなかったが、しかし、決断もつかない有様であったようにみえる。(1)

(1) この点については、『原敬日記』、大正四年七月八日、八月二九日、九月一二日、一一月一二日、一一月一四日、一二月一六日の条参照。

それにしても、大隈内閣は落ちめとなった。世上の人気も著しく失われ、元老の支持も弱まった。(1)『中央公論』大正五年一月号の社説「現政戦の前途如何」は述べて、今や政友、国民両党や「純無所属」ばかりではなく、枢密院、貴族院、元老、閥族の間にも、また世論を代表すべき新聞方面においても大隈内閣に反抗する「大潮勢」が生まれようとしている。この形勢がさらに一歩進めば、内閣は瓦解するであろう。新聞は現内閣の成立以来一般に内閣に「同情」的であり、「他の内閣ならば疾《と》く世論の攻撃に堪へずして瓦解すべかりし場合にも、現内閣は幾度びか難なく支持せられ」、今日にいたった。しかし、近来は往々「戈を倒にするの奇観」も生じており、これは現内閣が「末期」に入ったことを意味するものである、としている。この社説は、当時の政界の情勢をよく物語ったものといってよいであろう。このような雰囲気の中で、大正四年一二月から第三七議会がひらかれると、貴族院の山県系勢力は反政府的態度をついに露わにし、大正五年度予算案の審議において減債基金問題をもって政府に肉迫し、(2)予算案はこれがため貴族院で不成立に瀕するにいたった。同院の山県系勢力が政府をここまで追いつめたのも、彼らとして山県にはもはや大隈内閣を支持する考えのないことを察知してのことであった。こうしてついに窮地に陥った大隈は、山県に対し、議会終了後内閣総辞職を行なう旨を述べて、当面の政府・貴族院の関係を調停するよう懇請した。そこで、山県は貴族院の山県系勢力に対し大隈の辞意を伝え、この際は妥協をはかるよう説得を試み、その結果、付帯決議を伴った(3)形で予算案は貴族院で可決され、辛くも成立をみた。

（1）　山県は大正四年七月八日に原との会談において、現内閣はいずれにせよ長く存続できないことは勿論であるが、……と述べ（『原敬日記』、同日の条）、また一一月一四日には原にむかって「例の通現内閣を非難し且つ其運命ももはや長からざる事を云ふ」有様であった（同日記、同日の条）。松方もまた翌月一二日、原に「如何なる政府にても、此政府よりは宜しかるべし」と語った（同日記、同日の条）。

（2）　大隈内閣は前議会において、国債償還のために設けられていた国債整理基金（減債基金）五千万円を三千万円に減じて二千万円を鉄道会計に繰入れることにし、この措置につき議会の承認を求めた。当時、貴族院ではそのような措置は国家財政の基礎を動揺させるものであるとして、論難の声が激しくあげられたが、これに対して大隈内閣は経済情勢が好転した暁には鉄道資金は募債によって調達し、減債基金を再び五千万円に戻す旨を約束し、そこで、以上の措置に対して貴族院は了承を与えた。ところが、その後わが国経済界は戦時景気を迎えるにいたったが、大隈内閣はこの景気を一時的なものにすぎないという理由で大正五年度予算案においては減債基金を五千万円に「還元」することをしなかった。そこで貴族院では山県系勢力を中心に、これを公約違反であるとして激しく追及することになった。なお、貴族院の山県勢力がこの減債基金問題を取り上げたのは、反政府の動機によるものであった。

（3）　それは、鉄道の経営については財政の許すかぎり一般会計からの借入によらず、ほかに適当な計画を立てること、というのであった。

第三七議会閉会後、七月にわが国とロシアとの間に第四次日露協商が結ばれた。ヨーロッパでは東部戦線のロシア軍の戦況はこの前後においても依然としてまったく振わず、それに加えて武器、軍需品に甚だしい不足を告げる有様に陥っていた。そのような中で、ロシア政府はこの年一月にゲオルギー・ミハイロヴィッチ(Georgi Mikhailovich)大公以下の使節団をわが国に特派した。それは、表面上は大正天皇の即位に祝意を表するための親善使節団の形をとっていたが、主たる目的の一つには武器、軍需品の供給についてわが国側の一段の援助を懇請することであり、なお一つには、日露協商強化の交渉を行なうことであった。わが国参戦の前後、ロシアがわが国に対して同盟を提議したことは前にふれたとおりであるが、ロシアはその後も同様の希望をくり返し表明してきた。ロシアがわが国との提携強化にこのようにきわめて熱心であったのは、わが国との関係でその背後を安全にすることにあったと考えられる(1)。ところで、ロシア側の要望に対して石井外相は、武器、軍需品の提供を増加させる余力はわが国側に乏しく、また日露協商は在来の形で充分であり、これをさらに強化する特別の必要はないとして、一旦は甚だ消極的であった。しかし、結局わが国側は武器、軍需品の援助に可能なかぎりの努力を行なうことを約束し、ロシアはその決済のため東支鉄道支線の一部を日本に譲渡することになった(2)。また、日露協商の更新、強化も行なわれることになった。これらは、大隈内閣として元老、とくに山県の意見を多分に取入れざるをえなかった結果と思われる。山県はわが国の参戦以来、日露同盟の締結を政府に強く要望していた。前にもふれたように、彼は、この戦争が終結をみた暁には中国が「列国の競争」の最大の舞台になるものと考えた。そして「人種競争」を世界の大勢であるとみた彼は、戦後黄色人種に対する白色人種の連合が生まれることも予想せねばならないとした(3)。そこで、これらに対処するうえから、わが国としては日中両国の提携を固めるほかに、ロシアと同盟を結び、中国をめぐる「列国の競争」においてわが国がきわめて不利な地位に陥ることを予防し、かつまた「白色聯合の気勢」を未然に防止すべきであるとした。また、世界戦争により列国の勢力関係に巨大な変動が生じることを考えれば、日英同盟だけに頼らずロシアとの間にも同盟を結ぶことはまさに「急務」である、としていたのであった(4)。そして、山県のこの日露同盟論には、大山、松方、井上などの諸元老も賛成であった(5)。

(1)　大正四年一〇月におけるわが国のロンドン宣言加入の経過は、この点との連関で注意に値するものをふくんでいる。ロンドン宣言は、一九一四年(大正三年)九月、英仏露三国の間に結ばれたもので、それは単独不講和を互いに約束するとともに、「講和条件を議する場合に於て何れの同盟国も予め他の各同盟国の同意を経ずして講和条件を要求せざるべきこと」を定めたものである。石井菊次郎は外相就任前の駐仏大使時代に同宣言への加入を加藤外相に進言した。石井は、日英同盟条約には単独不講和の規定があるが、わが国の参戦によって仏露両国とも事実上の同盟関係に入った以上、右の宣言に加入して日英間と同様の関係を設定すべきであり、かつそれをしておかない場合、将来の講和交渉の際にわが国は不利をこうむる惧れがある、と考えたのであった。加藤外相は、この進言をとり上げなかったが、石井は外相就任とともに直ちにわが国をロンドン宣言に参加させた（石井菊次郎、『外交余録』、昭和五年、一一六―九頁、参照）。しかし、この間においてロシアはフランスと語らい、わが国のロンドン宣言加入を熱心に希望し、それは石井外相就任直前の英仏露三国による同宣言加入勧説ともなった。この場合もロシアとしては、日本が戦争途中において単独講和を行ない、ドイツとともにロシアを挟撃するのを予防し、自国の背後を安全にしておこうとしたものと考えられる。

（2） なお、この譲渡交渉は難航して容易にまとまらぬうちにロシア革命の勃発となり、交渉は自然消滅に終った。

（3） この点については、なお、五二頁註（1）参照。

（4） 大正四年二月二一日大隈首相に提出した建議（大山編、『山県有朋意見書』、三四五―八頁に収録）。なお、山県の談話筆記原文が伊藤隆氏によって「大正初期山県有朋談話筆記」の題を付して、『史学雑誌』、第七五編第一〇号以下に紹介されているが、右の中で同誌、第

七六編第九号所載の「八、露国大公と応答、大正五年一月」、参照。

（5）前註の建議は、元老一致の意見として大隈首相の許に送られたのである。

こうして成立をみた第四次日露協商は、公表された協定と付属秘密協定とから成る。前者について、とくに注目すべきことは、在来の協商では中国の独立および領土保全、中国における列国の商工業の機会均等主義を承認する旨が明記されていたのに対し、この新協定では省かれていることである。そして、後者の中においては、日露両国は中国が日本またはロシアに対して「敵意」を抱く第三国の政治的支配の下に陥らないことを両国として「緊要」であると考え、必要に応じて意見の交換を行ない、そのような事態の発生を防止するための措置を協議し、かつ、両国が合意の上でとった右の措置の結果、締約国の一方が右の第三国と戦争を交えるにいたった場合、他方は請求のあった場合には援助をなし、かつ他の一方の同意なくしては単独講和を結ばない、と定められた。こうして、在来の日露協商では、適用地域が満蒙に限定されていたのに対し、今やそれは全中国に拡大され、かつその内容は軍事同盟の性格を帯びるにいたった。

さて、前年における二一ヵ条要求は、アメリカにふかい対日反情とともに将来の日本の動向について激しい警戒心を抱かせたのであったが、今またロシアとの間に新しい協商が結ばれたことは、アメリカに大きな衝撃を与えた。そして、公表された協定が中国の独立および領土保全、中国に関する機会均等主義の尊重にもはや言及していないことは、アメリカの強い注意を喚起せずにはいなかった。さらに、アメリカは秘密協定については具体的に知るところがなかったが、しかし、ロシアが軍事的窮地にあることから推して協商の更新にあたり日本に大幅な譲歩を行なったものと推測し、ロシアは極東において日本を牽制する役割をもはや喪失したものと想定した。(1) そこで、そのようなアメリカは、この第四次日露協商成立後まもなく、「アメリカ史上最大の海軍建造案」(2) を議会において成立させるにいたった。これより先に、世界戦争勃発直後の一九一四年(大正三年)八月にはパナマ運河が完成をみ、これによって、アメリカは大西洋におけるその艦隊を南米の南端を迂回することなく迅速に太平洋へ移動させうるようになったが、そのところに、さらにこのような大規模な海軍拡張を行なうことになった。こうして、アメリカは日本に対抗しつつ東亜、とくに中国に対する自国の政策を将来にわたって強力に推進しようとする強固な決意を示したのである。

(1) Clinard, O. J., Japan's Influence on American Naval Power, 1897-1917, p. 160.
(2) Clinard, op. cit., p. 163.

大隈首相はさきに第三七議会終了後に内閣総辞職を行なう旨を山県に約束したのであったが、その後大隈は同志会総裁・前外相の加藤高明を後継首班にすえたいと考え、その旨を山県に述べた。しかし、年来政党・政党内閣に対する強い反情を固守している山県はこれに反対し、世界戦争下の現在の重大時機において一党一派の首領が政局を担当することは不可であり、次期政権は挙国一致内閣でなければならず、その首班には彼の直系である当時の朝鮮総督寺内正毅を適当と信じると述べた。そこで、その後大隈は寺内に加藤を配した両人連立の内閣を考えるにいたった。けれども、加藤には寺内の下風に立つ意はまったくなく、寺内も山県の唱える挙国一致内閣を望み、大隈の構想は実現困難となった。そこで結局、大隈は一転して当初の考えに戻り、彼は、天皇に謁して辞意を内奏すると同時に、後継首班には加藤高明を適任と信じる旨を上奏した。そして、内大臣大山巌に会い、右内奏の次第を告げるとともに、この際元老会議をひらくことなく天皇から加藤に対して組閣の勅命が下されるよう斡旋方を求めた。大山はしかし、これに応ぜず、しかも、大隈のこの言動を伝えきいた山県は激怒して急ぎ参内し、後継首班には寺内正毅がしかるべき旨を取りあえず奏上した(九月)。ついで、大隈は翌月初めに正式に辞表を提出したが、その辞表においても、彼は老軀その任に堪えがたいことを理由として辞意を表明するとともに、後継者には加藤高明を起用されたい旨を述べた。大隈のこの辞表提出とともに、御沙汰により元老会議がひらかれたが、その席で元老一同は山県の主唱により寺内を後継首班に奏薦し、ついで寺内に組閣の勅命が与えられた。[1]

（1）　大隈重信は明治天皇の信任乏しかったとは、しばしばいわれているところであるが、大正天皇は大隈のこの首相時代、大隈をむしろ近づけ、大隈も天皇に親しんだ。彼は博識と雄弁とを駆使した巧みな話術によって天皇を楽しませたようである。彼の側近であった市島謙吉は記して、「両陛下に対し奉っても侯（大隈を指す―著者）は、官僚味を脱したお話を申上げられたので、陛下も侯のお話を深くお喜びになり、左右を退けて頻りに話込ませられ給ひ、大臣が拝謁を願ひ出ても、宜しい、待たせよと仰せ給ふこともあると承はる。侯は余りのことに恐縮して拝辞せんとする場合にも、まあ可《よ》いと仰せ出された、と云ふ。かく長い間お話を申上げられたので、外部では大隈が長い間何事を奏上するのだらうと気をもむものもあつたと云ふが……」（市島、『大隈侯一言一行』、四六四―五頁）としているが、侍従長であった正親町実正《おおぎまちさねまさ》も後年回顧して、大隈は首相在任中は元老よりも頻繁に参内し、長い時間にわたって奏上を行なった。政治向きのことには侍従長は侍立しないので、その上奏の内容は不明である。天皇は大隈の参内を喜ばれ、両陛下の信任は厚かった、と述べている（正親町実正、「宮中に於ける大隈侯爵」、『実業之日本』、大正一一年三月号（大隈侯追悼号）、九五頁）。

そこで、大隈と天皇とのこのような関係が政治上なんらかの結果を生じること、また大隈が天皇の信任を自己の政治的目的のために利用する可能性は、ひとびとに不安、警戒の気持を抱かせもした。大正四年八月、三浦梧楼は大浦汚職事件後に大隈が内閣を改造して留任した件について原敬に語って、天皇においては山県よりも大隈を近づけられる様子があるようであるから「難有御詞（留任せよとの御沙汰—著者）も大隈に賜りたるならん。是れ皇室並国家の為め実に憂ふべき次第」であると述べた（『原敬日記』、大正四年八月一一日の条）。また、翌年四月、三浦は彼が山県と会ったときのことを原に次のように語った。自分（三浦）は山県に対し、大隈が天皇に、山県らの「奏上は動《やや》もすれば先帝を云々するも、大隈は先帝なり。今上陛下は其御考によらざるべからずと云ふが如き事を申上げて陛下の御心を動かし奉り、又恐多き事ながら陛下も未だ政事上御経験もあらせられず且つ御気質もある事なれば、自然彼は宮中を恣《ほしいまま》にする由々しき弊を生ぜずと云ふべからず。此事情に対し元老たる君に成算なかるべからず」、と警告した（『原敬日記』、大正五年四月四日の条）。

　しかし、以上の点は必ずしも杞憂ではなかったように思われる。大正三年九月、加藤外相の外交運営をいたく不満とした元老と大隈との間に申合せが行なわれたことは前述したが（五〇頁）、その後、後藤新平が山県の談として原に語ったところでは、大隈首相は天皇から加藤外相の外交を「是認」する趣旨の「優詔」を賜わることを計画し、波多野（敬直《よしなお》）宮相はこれを知って中止させようとした。しかし、そのとき、加藤がもはや宮中に召されていた。そのためやむなく「勤勉を嘉賞せらるる様の意味」に勅語原文を修正した上で下賜された。勅語は当初のような内容のものでないためか、未だ世上に発表されていない、という。原は以上のように日記に記して「政府の失錯を掩《おお》ふに詔勅の力によらんとするは、大隈等去る十四年頃（明治一四年の政変を指す—著者）と同様の悪計を考へ居るならん」としている（『原敬日記』、大正三年九月二七日、一〇月一日の条)。大隈が企てたこの優詔下賜の計画は、元老に対する一つの抵抗とみうるが、しかし、天皇にすがるという方法をとった点では原のこの評言のように明治一四年の政変当時の彼の行動(たとえば、小著『近代日本政治史I』、昭和三七年、二一一—二頁[『明治政治史』上巻、三〇七—九頁]参照)と共通するものがある。また、本文に述べたように大隈が辞意内奏のとき、また正式に辞表提出のとき、加藤高明を後継首班に奏請したのについても、同様の感がある。伊藤、「大正初期山県有朋談話筆記」(五)(『史学雑誌』、第七七編第七号)も、その点についての示唆を与える。

第二章　大戦の波動と対応

第一節　超然内閣の再現と諸政党

寺内正毅は長州出身の陸軍軍人で、第一次桂、第一次西園寺、第二次桂の諸内閣に陸相として歴任、明治四三年以来は朝鮮総督の地位にあった。彼は過去、山県、桂の引立てをうけ、桂の死後は長閥系の首相候補者としては最も有力と目されるようになっていた。寺内は職業軍人らしく保守的、また精励恪勤であったとともに、強い責任感の持主であった。なお、彼は細心であったが、策謀、機略には乏しかった。

さて、組閣に着手した寺内は、彼なりの責任感の下に自己の判断にもとづいて閣僚の人選を行なった。そして、山県および平田東助(山県系)が政友会に対する依然たる反情から、寺内が同志会と提携することを望んでいたにもかかわらず、むしろ政友会の支持を期待した。おそらくは彼としては、同志会と結ぶことは前内閣の政治方針を踏襲する結果になるものと考えたと思われる。そして、彼が閣僚銓衡の当初において同志会の嫌う後藤新平および仲小路廉《なかしょうじれん》を入閣させることにしたとき、(1) そのことは同志会を強く反発させた。しかも他方、原敬は組閣を寺内の側近にあって助けていた後藤新平に会い、この際、寺内が対政党工作を行なわず速かに超然内閣をつくるべきこと、山県の指示を仰いで組閣を進めることは寺内として重きをなす所以でなく、かつ世上からも多大の非難を招くにいたるであろうと説き、また新内閣としては同志会の勢力を打破することを必要とすること、政友会には新内閣を支持する用意のあることを示唆した。寺内の組閣工作は、少なくも結果において原のこの勧告のごとく取り運ばれた。

(1) かつて桂太郎がその第三次内閣下で新党樹立を企てるにいたった際、後藤、仲小路はそれに参加したが、結党を前に桂が没すると、両人は前途まったく多難となったこの新党から脱した。新党は後に加藤を総裁とした立憲同志会となったのであるが、右のいきさつから加藤はこの両人に対して激しい反情を抱くにいたった。そこで、寺内が後藤・仲小路を閣僚に起用することにしたとき、それをきいた加藤らはこれをもって同志会に対する挑戦と受け取ったのであった。

成立した寺内内閣は、つぎのような陣容であった。

首相寺内正毅、外相寺内兼任（後、本野一郎）、内相後藤新平、蔵相寺内兼任（後、勝田《しょうだ》主計《かずえ》）、陸相大島健一、海相加藤友三郎、法相松室致《いたす》、文相岡田良平、農相仲小路廉、逓相田健治郎。

寺内が自己の責任において施政にあたろうとし、閣員起用についても山県の指示を仰ぎ、山県の意向を体しようとしなかったことは、山県のきわめて強い不満を買った。由来、山県はその庇護する後進に対しては彼の傀儡としての役割をつねに期待していたからである。寺内はしかし、組閣後においても右の方針を変えず、山県の意見を求めることなく政務を処理することを常としたので、山県との間にはしばしば感情の疎隔が生じることになった。(1)

（1）　寺内内閣成立の約一年半前、後藤新平は原に語って、寺内と山県との関係は親しいものではない。かつて山県が寺内にむかって将来組閣をする準備をしておくようにいったところ、寺内は大命あればもとより組閣を辞しないが、準備などしておく必要はないと述べたこともあり、またたとえ大命下るとも平田東助、大浦兼武らと事をともにすることはできないと断言したこともあり、寺内は「何故か、山県系にてありながら山県と親善ならず。或は寺内は朝鮮総督にて安じ居るものか。又山県も遂に寺内を挙ぐるの意思なきものかも知れず」と述べた（『原敬日記』、大正四年五月二〇日の条）、という。また、松本剛吉が記すところでは、大隈内閣の末期に山県は古稀庵で寺内に会った節、後の内閣を引受けるように述べたところ、寺内は「自分も年は六十以上となり子供ではありませぬから、何でも彼でも閣下の仰せらる丶事を一々聴くことは出来ませぬ、閣臣の如きは自分の自由採量〔ママ〕に委せられたしと言ひ」、山県はこれを了承した（『大正デモクラシー期の政治――松本剛吉政治日誌』〔以下引用は傍題による〕、昭和三四年、大正五年七月一九日の条）という。このように、寺内が組閣に着手して以来山県との関係が円満を欠きがちとなったことについては、すでにそれ以前からその予兆が充分に存在していた、といってよい。

寺内首相は組閣後まもなく地方官会議を召集し、その席上で、「国是に循《したが》ひ国運を伸暢《しんちょう》する」には、挙国一致の力を必要とする。「而て各政党政派に於ける政見の異同に対しては公を秉《と》り平を持し、虚心坦懐其の間に処して趨舎《すうしゃ》を誤ることなく、上は至仁の聖旨を奉戴し下は忠良なる国民の希望に副はんと欲す」と述べた。こうして、彼は「挙国一致」、「秉公《へいこう》持平」の標語をもってその超然主義の立場を粉飾した。彼は組閣工作を終ると、各政党首領を歴訪して挨拶し、また新聞記者たちを招いて了解を求めるなど、いわゆる低姿勢を示した[1]。これは、一つには、彼の組閣が当時の一般世上から長州系軍閥政治家の登場とみられていたので、そのような不人気の緩和をはかろうとしたものであろう。しかし、また一つには彼の実直な人柄の現われでもあったと思われる。

（1）寺内のこのような挙措は、若干ひとの注意をひいたようである。「這般《しゃはん》の政変を論ず」（『中央公論』、大正五年一一月号、社論）はこの点に言及して、寺内首相は「武断主義者」として世上の気受け甚だよくなく、また衆議院にほとんど「一人の与党」をもたないのに、このような行動（本文のそれを指す）をとるなど、「概して襟度《きんど》謙抑寧ろ世人をして意外の感を催ほさしむるもの」があるとし、「其形式立憲なるが如くにして其実、放縦横恣、非立憲的なるあり。其態度非立憲なるが如くして其心事却て熱心に民意を汲まんとするあり」と述べて、前内閣と奇妙な対照をなしていることを示唆した。

さて、寺内内閣に対する世評をみると、一方では、この超然内閣に対し、その「非立憲性」を指摘してこれを非難する声も世上に高くあげられた。(1) たとえば、『東京朝日新聞』は寺内が挙国一致の必要を説きながら、衆議院における国民の代表をふくまない内閣をつくるのは矛盾であると難じ、(2)『東京日日新聞』も新内閣の閣僚顔触れからは挙国一致とはいえず、われわれは「憲政大逆転」に直面したと論じた。(3) わが国立憲政の進歩をねがう憲政擁護運動以来の立場に立つとき、寺内内閣の出現は当然にきびしく批判されざるをえなかった。けれども、三宅雪嶺が後に論じて、「若し大隈内閣にして最初輿望を以て迎へられしに負《そむ》かず、負くとも甚だしからざらんには、寺内内閣の成立すると共に輿論の沸騰すること第三次桂内閣の如きを見たらん。……世間一般に大隈内閣の失政に失望し、彼の如くんば如何なる内閣の取りて代るも差支なしとし、復た好悪を言はず。山県系統なる寺内の内閣を組織するを好まざれど、大隈内閣に失望せる余り寺内の初手並を見んとの好奇心を催ほし……」(4)と述べているような一面もまたあった。大隈内閣が期待に反し結局多くの世人をいたく幻滅させたことは、こうして結果においてこの新内閣に対する世論の風当りを和らげることにもなった。その点についての記述が、原敬の日記にも見出される。内閣親任式の前日来訪した寺内にむかって原はいった。「君の内閣は元来なれば世間の賛成を得る事難き筈なれども、大隈が如何にも失政のあらん限りを尽したる後なれば、其点よりして君に世間に同情者も多からんと云ひたれば、寺内は其通り、迚《とて》も尋常の場合にては自分に同情なからんと云へり」(5)。このような事情も、無視しえない(6)。

(1) 「寺内内閣を監視すべき三要点」、『中央公論』社論、大正五年一一月号、も述べて、新内閣成立のたびに唱えられるのが例となってきた「立憲、非立憲の論議の喧しかりしこと、現内閣成立の時程著しきはなし」としている。
(2) 「新内閣と諸政党」、『東京朝日新聞』社説、大正五年一〇月九日。
(3) 「寺内内閣成る」、『東京日日新聞』社説、大正五年一〇月一〇日。
(4) 三宅、「大隈対原と原対加藤」、『人物論』所収、一四六頁。

（5）『原敬日記』、大正五年一〇月八日の条。

（6）『時事新報』も当時論じて、憲政の発達を願うものは、政界をその方向に進ませることを念とすべきである。「政党主義」を持論とするものは、なおさらのことである。その点からいって、寺内内閣の成立により「超然主義の返咲」をみたのは「政界の変態」であり、新内閣は時代錯誤にちがいない。しかし、そのようなことになったのも、一つには、大隈内閣の「不真面目、出鱈目」の施政の結果、何人の内閣でも大隈内閣よりもよいという気持が世人に抱かれたためであろう。それ故に、新内閣が真に真面目に施政にあたるならば、人心を安定させることが可能である、と述べた（社説「超然内閣の返咲」、大正五年一〇月一〇日）。

つぎに、寺内内閣に対して政党の側はどのような態度をとったか。新内閣成立の直後、同志会は中正会、公友倶楽部などの小会派と合同して、名を憲政会と改め、これまでの同志会総裁加藤高明を新党の総裁に推戴した（一〇月一〇日）。ところで、憲政会は国民を基礎としない寺内内閣の打倒を唱えて、野党の立場に立った。（1）これは、一つには前にふれたように後藤および仲小路の入閣に因ること大である。さらにまた、同志会と小会派との合同の結果憲政会は議会において絶対多数を獲得するにいたったが、そこで、憲政会内にはこの際党として政府反対の態度にでれば、寺内内閣には議会解散を行なう勇気はなく、結局瓦解するであろうとの観測が支配的であった。（2）そのこともまた、憲政会をして政府に対して挑戦的態度をとらしめることになった。つぎに、犬養の率いる国民党は、政党を基礎としない超然内閣を否認する旨を標榜した。ところで、政友会総裁原敬が寺内の組閣に際して助言を行ない、暗に好意を示したことは前述したが、ついで政友会は大隈内閣の外交上、内政上の失政是正、大戦終結の暁にそなえた対策樹立の必要を名として、新内閣の施策に対しては「是《ぜ》は之を賛し、非は之を斥け」る態度をもって臨む旨を声明した。このいわゆる是々非々主義は、実は寺内内閣に対する政友会の支持的態度を粉飾した造語にほかならなかった。

(1) 寺内内閣成立の翌日、立憲同志会の解党大会および憲政会の結党式が行なわれた。加藤高明はこの解党大会の席上で述べて、今や憲法発布以来三十年を経て憲法運用の方法も次第に進歩をみたが、しかし、この憲法運用の方法について依然として「一部の少数者」(山県らを指す—著者)とわれわれとは見解を異にしている。われわれは「政党の代表者たるが故に必らず国政輔弼の任に膺《あた》らざるべからずと云ふにはあらねど、同時に、政党代表者たるが故に国政輔弼の任に膺るべからずといふ謂はれなし」といい、一部少数者は、今日こそ挙国一致を要する秋であるから政党以外の者が政局を担当すべきであると考えているようである。われわれが「善良なる政党」をつくったのに、世上でこれほど信用ないのは残念である。われわれは一日も早く誤った意見を除去するよう努めねばならない、と述べた。また加藤は結党式の際に演説して、憲法実施以来二七年を経たが、その運用の進歩は遅々たるものであり、今日憲政の「逆転」をいわざるをえないことは残念である。真に国民の意志を代表する威力ある大政党が生れなければ、「憲政の本義」は行なわれえない。今ここに一大政党をつくることにしたのは、実にやむべからざる必要にもとづくものである、と述べた。

(2)　斎藤隆夫、『回顧七十年』、昭和二三年、二五―六頁。

さて、大正五年一二月に寺内内閣下の最初の議会(第三八議会)が召集されたが、国民党の主唱の下に憲政会、国民党および公正会は共同して政府不信任案を提出した。それは、寺内内閣が「世論の府」たる帝国議会に基礎をもたず、挙国一致を標榜しつつもその実を欠き、「立憲の正道」を唱えつつもその「常軌」に反し、現在の「世界の変局」に処して大政を輔弼する経綸を有しない、となすものであった。それが上程されると、討議において政友会は同案に反対した。また、寺内首相は演説して、政府は外交、内政にわたり過去の失政を刷新しつつあるとし、政府はすべての政党に対して公平な態度をとり、挙国一致の実をあげたいと考えている。しかも、現にこの議場には時局に鑑みて政府の施政に対し是々非々の態度をもって臨む考えのひとびともある、と述べ、内閣の進退は大権によるべきもので外部からの容喙を許さない、と断じ、この演説の後議会を解散した(大正六年一月)。

この解散は、原のかねて強く望んできたところであった。寺内内閣成立後、山県、平田らは寺内が同志会の後身である憲政会と提携することを要望しており、そこで、それを知る原は寺内をして理由を設けて議会を解散させ、寺内と憲政会との関係を決定的に離間して政友会にますます依存させ、かつ総選挙を通じて憲政会を少数党に転落させ、それによって政友会を前内閣以来の苦境から脱出させようとして、動いた。(1) それ故に、憲政会、国民党等の側から政府不信任案の提出されたことは、そのような原にとっては正に待ち望んだところであったといってよい。

(1) 『原敬日記』、大正五年一一月九日、同二四日、同二六日、大正六年一月二三日の条、参照。

解散後、寺内は今後政友会の支持の下に政局に当る考えを固めた。そして、総選挙を通して政友会が勝利を得ることを熱心に望むにいたった。そのような中で、総選挙を前に召集された地方長官会議において、後藤内相は訓示して、解散前の議会においては「不自然に成立したる多数党」と「不自然に減少せる少数党」とがあり、国民、とくに知識階級および憲政会以外の諸政派は衆議院のそのような状態は立憲政の運用に役だちえないとして、解散を要望していたといい、さらに述べて、憲政会は桂公が同志会を創立した趣旨を忘れ、現内閣をもって国民と没交渉であるとなし、あるいは政党を疎外するものであると称し、また超然内閣であるから非立憲的であると難じて国民を煽動し、その主張は往々欽定憲法の精神を忘却している。これに反して、政友会は伊藤公立党の精神を守り、是々非々の方針を持し、「着実公平」な態度を持している、とした。また、憲政会が「多数党の衆を恃で非理なる行動」をとるにいたったので、政府は議会を解散するのやむなきにいたったのである、と述べた。総選挙に対する寺内内閣の態度は、こうしてはっきりと示された。ついで四月に行なわれた総選挙においては、憲政会は大敗を喫した。これに対し政友会は議席を激増して第一党の地位を回復した。なお国民党は議席を若干増加した。この総選挙にあたって寺内内閣は独自に無所属候補者を立てることを試みたが、それらは相当数当選し、彼らはついで維新会と称する政派をつくった。そして、政友会とこの維新会とは合計で過半数を制することになった。

寺内内閣は、この年六月に臨時外交調査会を設置した。それは「天皇に直隷して時局に関する重要案件を考査、審議」することを目的として、宮中に設けられ、委員には国務大臣としての礼遇が与えられた。その委員を銓衡する過程において、寺内内閣は世界戦争下の前途多難予測を許さない国際情勢に対処するには国論の一致をはかることが必要であるとして、原、加藤、犬養の三党首にも調査会への参加を求めた。これに対して、原、犬養は受諾したが、加藤は外交の処理は内閣の責任においてなさるべきであり、内閣以外に天皇に直属するこのような機関を設けることは、国務大臣を事実上掣肘するおそれがある、として参加を拒絶した。結局、同調査会は総裁に寺内首相、委員には本野外相、後藤内相、大島陸相、加藤海相、平田東助、牧野伸顕、伊東巳代治《みよじ》、原敬、犬養毅の九名が任命された。これらの中で、平田は山県系勢力の代表的政治家の一人であり、貴族院を動かす大きな力をもっていた。また牧野は薩派を代表し、伊東は枢密院を代表する意味で起用されたのであった。こうして、この臨時外交調査会の設置によって、寺内内閣は当時わが国の政治を動かしている諸勢力との間に連絡をつけ、それによってみずからの基礎を補強し、かねて標榜してきたその「挙国一致」に幾分の形を与えることに成功したということができる。

ところで、犬養が外交調査会に入ることにより、寺内内閣に対して協力的態度を示したことは、当時の世上の激しい論難を招いた。しかし、この当時にいたる犬養の言動は、策略にみちたものであった。国民党を率いる彼はさきに第三八議会においてはみずから主唱して憲政会などとともに政府不信任案を提出した。しかし、それが上程されると、犬養はその不信任演説において述べて、寺内首相が一党一派と提携せず、誠心誠意で国政に当れば何人も支持すると考えたのは迂遠であって、現実には行なわれえない。寺内内閣が列国および中国の疑惑を招くような在来の対華外交方針を改めたことはよろこばしいが、しかし、日中親善のための積極的な具体策は未だ示されていず、それは、弱体なこの内閣のなしうるところではない。現下の「大革新の時機」にあたっては全国の「精力、精神」を結集して「大計画」を樹立すべきである。それがためにはこの「孤立無援」の内閣ではあまりにも心細い。それ故に、われわれは現内閣を信任しえない、と称した。犬養のこのような演説は憲政会側を驚かせ、啞然たらしめた。しかも、ついで解散になると、その直後、彼は国民党の「別盃会《べっぱい》」の席上演説して、わが党は三〇年の歴史をもつ。在来金力と権力とによって侵害されてきた党の地盤を回復することは、わが党の権利である。この解散を機会に、われわれは右の目的の下に侵害者であった政憲両党と極力戦うことを宣言すると述べた。こうして、不信任案に関して結んだ憲政会との間の提携を彼は破棄したのである。犬養の端倪すべからざるこのような行動の根底にあったものは、憲政会(同志会)に対する年来のぬきがたい憎しみであり(1)、彼としては政府不信任案提出によって総選挙を招来させ、それによって憲政会が大隈内閣下において築いた勢力を覆し、国民党の党勢の挽回をはかろうとしたのであった。犬養は、その持前の権変、謀略の才をこうして縦横に発揮したのである。

（1）　本書、一八頁、参照。

ところで、総選挙後寺内内閣は前述のように臨時外交調査会を設置するにいたったが、これは寺内首相に対する三浦梧楼の進言に由来する。三浦は寺内に対してかねて好意を寄せており、彼は寺内内閣に対中国外交の立直しを行なわせるうえに原、犬養を協力させたいと考えた。(1) 同時に彼としては、かねて親しい犬養が上に述べたような行動の結果、寺内内閣との関係で困難な地位に陥ったのを救済したいと考えた。(2) 三浦の調査会設置の進言は、これら二つの動機によるものと思われる。それにしても、さきに内閣不信任案を提出した犬養が、外交調査会に入るにいたったことは、当然世の非難をこうむらざるをえなかった。犬養は当時、外交調査会の設置は当面の切迫した問題を挙国一致で解決するための実際上の必要にもとづいたものであるとして、その委員受諾について弁解したが、それには説得の力はなかった。

(1) 『観樹将軍回顧録』、四五六―七頁。古島、『一老政治家の回想』、一七二―三頁。

(2) 原はその日記の大正六年五月一四日の条で、過日犬養が三浦梧楼を訪問したとして、「国民党は、政府に反対せざる事を内々政府に告げて其歓心を得て、選挙に便利を図りたれば、臨時〔議〕会に於て不信任案を出せば政府に対して不信となり、去りとて何かの口実なければ政府の賛成も出来ず、進退に窮して煩悶中なれば、何か自己の立場を作る為めに企て居るものなり」と記している。また、五月二七日の条には、後の外交調査会の構想を寺内から漠然とした形でき、これを「犬養の活路を開く為め」のものにすぎない、との感想を記している。さらに、六月二日に寺内首相は原、加藤、犬養を招いて外交調査会設置のことを説明し、委員として参加することを求めたが、原はその日の日記に「寺内の発案は三浦の注意に出たるものにて、其三浦は犬養の差金に出で、犬養は是にて臨時議会に於ける立場を作る訳なる事、余の推測せし通なり。故に犬養は賛成を躊躇せざるのみならず、寧ろ進んで之を希望する様に見えたり」と記している。

第二節　ロシア革命とシベリア出兵

寺内内閣が成立をみた当時、中国では袁世凱の死のあとをうけて黎元洪が大総統の地位にあり、彼のもとで段祺瑞《だんきずい》が国務総理として内閣をつくっていた。そして、形の上では、いわゆる南北妥協が一応成立していたものの、黎・段を戴く北京政府の基礎は甚だ不安定であり、いわゆる南方派はその内部に対立を孕みながらも北京政府と対峙する形勢にあった。このような中で、一一月(大正五年)外相に就任した本野一郎は寺内首相に意見書を提出し、その中で述べて、今日世上の対中国外交を論ずるものの中には、中国をわが国の保護国にすべきであるとか、あるいは分割すべきであるとか、また甚だしきにいたってはヨーロッパにおける戦乱のこの機会に乗じてわが国に併合すべきであるとか主張している。けれども、これらの論はいずれも行ないえない議論である。けだし、ヨーロッパにおける戦乱の機を利用してたとえ一時これらを実現しうると仮定しても、作り出したその状態を将来にわたって維持できるだけの実力は、わが国にはない。世上には、ヨーロッパ諸大国は今次の戦争によって疲れはて、わが強大な軍事力に抗しえないとなすものもある。しかし、この論は頼むべからざるものを頼むものであり、ヨーロッパ諸大国はこの戦争によってまったく衰えるとは考えられず、その国力が回復した暁にはわが国が中国に対してとった行動を放置せず、共同一致してわが国に当るにいたることは、明々白々である、とした。(1)一国の外相がその意見書にこのように述べていることは、当時のわが国内諸方面の対中国外交意見の一斑をよくうかがわせるものがある。二一ヵ条要求の後にも、こうして、わが国内では中国侵略の野望は衰えをみせず、依然激しく燃えつづける有様であった。

(1)「対華方針に関する本野外相意見書」(外務省編、『日本外交年表竝主要文書』、上巻、昭和三〇年、四二一―四頁)。

さて、段祺瑞の政府は財政的逼迫にいたく苦しんでおり、その政権の基礎強化、とくに南方派討伐をしきりに欲しつつも如何ともなしえず、しきりに外国からの融資を切望していた。しかし、ヨーロッパ諸国には当時融資の余裕はもとよりなく、アメリカの金融界も自国および連合諸国の軍需産業への融資にとかく追われていた上に、一九一七年(大正六年)二月にはアメリカはドイツと国交断絶、四月には対独開戦に進むことになる。このような中で、段祺瑞としては融資先をわが国以外に求めえない状態に陥るのである。そこで、寺内内閣は段政府に援助を与えることによってこれを傀儡化し、それによりわが国の勢力を中国に拡大、強化しようと考え、このいわゆる援段政策の下に、大正六年から同七年にかけて日本興業銀行、朝鮮銀行、台湾銀行という三特殊銀行に中国に対する一連の借款を供与させ、その額は合計で一億四五〇〇万円に達した(1)。この借款については、寺内首相の許に出入していた西原亀三が重要な役割を演じたので、その関係から一括して俗に西原借款とよばれている。これらの借款(世界戦争に参加した中国の戦争遂行を援助することを建前にしたものを除き)は、名目的にはすべて経済借款であったが、しかし、実は段派への政治的援助を意図し、経済上の採算を度外視したものであった。そして、段祺瑞の政府もこれらの膨大な借款をその名目上の使途にはほとんど用いずに、政権補強のために使用した。しかも、一部を除いてこれらは、結局は元利の支払不能に陥り、寺内内閣は起債して以上三銀行を救済しなければならないことになるのである。

（1） なお、このような対中国融資は、寺内内閣下の当時のわが国が後述のように巨大な戦時景気の中にあり、国際貸借において貸方勘定がとみにふえて、正貨保有量が激増していたことによって可能になったのであった。

ところで、連合諸国はかねてから中国が連合国側に参戦することを希望していた。それは主としては、中国の膨大な人的資源を兵士としてあるいは労働者として連合国側の戦争遂行に動員することを考えてのことであった。しかも、段祺瑞内閣およびこれと結んだ北方軍閥もまた参戦を希望していた。それは、彼らとしては参戦することにより連合国側から融資の便宜をえて、それによって国内におけるその地位、勢力を強化しようと考えてのことであった。けれども、わが国は中国の参戦についてはあくまで反対の態度をとった。それは、中国が参戦すれば、将来の平和会議で中国は当然発言権を獲得することになり、そのことは平和会議におけるわが国の立場を多難なものにすると考えたのによると思われる。

ところが、その後わが国は右の方針を変更し、一転して中国に対して参戦を勧説するようになった。それは、西原借款の最初のものが成立をみたのと相前後して寺内内閣が英、仏、露、伊の諸国との間に個別的に秘密協定を結んだ（一九一七年〔大正六年〕二―三月）ことの結果であった。この頃ヨーロッパにおいては、連合諸国はドイツの熾烈な潜水艦戦にいたく苦しみ、軍艦を地中海に派遣してドイツ潜水艦の攻撃に対し連合国船舶を護衛するようわが国に申し入れた。そこで、この要請をめぐって交渉が行なわれた結果、わが国側は右の申入れを受諾するとともに、その代償として以上の四国は連合国側の勝利の暁にひらかれる平和会議においてわが国が山東半島のドイツ権益および赤道以北の太平洋におけるドイツ領諸島に関して提出する要求を支持することを約束した。さきに二一ヵ条要求をめぐる交渉を通じて、わが国は山東半島のドイツ権益(膠州湾租借権を除く)の処置に関してあらかじめ中国の承認を獲得したことはすでに述べたごとくであるが、今この件について以上四国の了解をもとりつけたのである。そして、このような了解を獲得したこととの連関で、わが国は中国を連合国側に参戦させるよう努めることを四国に対して約束したのであった。

なお、ついでわが国はこの協定にもとづいて駆逐艦を地中海に出動させ、上記の任務にあたらせた。(1)この軍事行動は、わが国にとっては僅少な犠牲を意味したにすぎなかったが、しかし、これによって連合国側としては少なからぬ利益をえた。

(1)　インドの歴史家パニカーは述べて、第一次世界戦争をアジアの立場からみれば「ヨーロッパ国際社会内の内乱」であったということができる。アジアの諸国がある段階でこれに参加したのは、ヨーロッパ諸国の一方の陣営、すなわち、連合国側の要請または煽動によるものであったとし、日本海軍の地中海出動の歴史的意味を述べて、「ヨーロッパの軍艦が一六世紀の初め以来アジアの海を支配していた間は、ヨーロッパの水面にアジアの軍艦が立ち入ったことはかつてなかった。なるほどカイルディン・バルバロサ(Khairuddin Barbarosa)の下でトルコの大海軍が地中海を一時制圧したことはあった。しかし、それは実はレヴァント(Levant)の艦隊であって、アジアの艦隊ではなかった。一五一〇年にアルフォンソ・アルブケルケ(Alfonso Albuquerque)とともに始まったインド洋および太平洋における西洋の海軍力の優越は、対馬海峡の戦いにおいて初めて真に挑戦をうけた。つぎの段階は、ドイツ太平洋艦隊の掃蕩されたことである。そして、それから二年の後、アジアの艦隊が海上作戦を行なうためにヨーロッパ水面の正に中心部に入りこんだのである」(Panikkar, K. M., Asia and Western Dominance, new ed., 1959, p. 223.)としている。

このような中で、アメリカはこの年一月ドイツが無制限潜水艦戦を再開したのに対してついに対独国交断絶を行ない(二月)、同時に全中立諸国に対して世界平和のため同様の措置をとるよう要請し、中国はこれに応じてドイツに対して国交の断絶を通告した(三月)。しかも、段祺瑞らはついで対独宣戦に進もうとした。ところで、彼らの参戦の意図は上に述べたような内政的考慮に発するものであり、それだけに参戦問題を原因として中国が政治的混乱に陥ることも充分に予想された(1)。わが国が山東半島のドイツ権益に関して以上四国の了解を獲得したのち、中国の参戦に賛成するにいたったのは、実はその一面では、参戦にともなって中国内部の不安定が現出することは、以上のような援段政策の目的を推進する上からむしろ有利であると判断したのによると思われる。ところが、段祺瑞らが対独宣戦を行なおうとすると、はたして国内は紛糾するにいたり、これまでの南北妥協はついに崩壊した。そして、黎元洪に代った新大総統馮国璋《ふうこくしょう》の下で中国はドイツに宣戦して連合国側に参加したものの(八月)、南方派は広東に独立政府を樹立し(九月)、こうして中国の政治的統一はまたもまったく失われ、爾来、段一派の北京政府はこの内乱状態に対処することに追われて、参戦は全く名目的なものになってしまった。

（1）　アメリカは、本文に述べたように、中国が対独国交断絶を行なうことを要望した。しかし、中国の政治的統一が持続し、中国内の派閥抗争が引きつづき鎮静の状態を保つことを重要視し、その見地から中国の参戦をむしろ欲せず、その旨を駐華公使ラインシュを通して中国政府に伝えたのであった(Reinsch, op. cit., p. 268. なお、p. 256.)。

参戦以後、段祺瑞らは戦争参加を理由に連合諸国から融資を仰ぐことを期待したが、しかし、それは実現せず、そこで北京政府としては依然わが国からの融資に専ら依存する結果になり、西原借款の名で総称される諸借款がひきつづき行なわれ、「外国の金がかくまでに糸目をつけずに北京に散布されたことは、曽つてない」[1]有様となった。こうして、寺内内閣の援段政策は推進された。しかし、わが国がこの膨大な融資を通じて中国に鞏固な立場を着々と築き上げようとしつつあるのに対して、アメリカ、イギリス、フランスの諸国は強い不安と危惧とを抱いた。そして、アメリカは戦前の対華六国借款団(Six-Power Consortium)に代わるものとして新たに英、米、仏および日本からなる四国借款団をつくり、これに対中国融資にあたらせることを提議したが、そのための交渉は難航し、結局、当面の対策にはなりえずに終った。[2]寺内内閣の援段政策は、しかし、このような国際的反発をひき起しただけではなかった。段祺瑞らはわが国からの借款によって調達した金の大きな部分を南方派討伐の費用に充当したので、南方派は段らがわが国に融資を仰いでいることに激しい非難を浴びせた。そして、この批難は多分に彼らの党派的立場からなされたものであったにせよ、二一ヵ条要求以来大きく目ざめるにいたった中国人の民族感情によって強く支持されたことは、見逃しえない。

(1) MacNair, H. F. and Lach, D. F., Modern Far Eastern International Relations, 2nd ed., 1955, p. 149.

(2) この新借款団が成立をみたのは、世界戦争終結後の一九二〇年(大正九年)一〇月のことであった。

さて、世界戦争下における日米間の緊張の増大が、すでに前内閣下で八・四艦隊建造計画を決定させたことは上に述べたとおりであるが、寺内内閣は総選挙後の第三九議会で七ヵ年計画に立った海軍費追加予算案を成立させ、それによって、八・四艦隊完成の見通しがここに確定された。しかもその後、寺内内閣は次の第四〇議会において大正七年度予算案を成立させたが、同予算案においては前議会で承認された拡張計画を修正して、大正七年以降向う六ヵ年計画をもって八・六艦隊を建設することに改められた。これによって、海軍拡張は今や未曽有の大規模なものになった。そして、これにともない、国家歳出において軍事費の占める比重も急激に上昇して、大正七年度には四三・三パーセント、同八年度五一・八パーセント、同九年度五五・〇パーセントに上る有様になるのである。ただ、当時わが国は戦時景気の最中にあった関係上、この膨大な海軍拡張計画に対して財界からはさして反対の声はあげられなかった。他方、当時アメリカ海軍部内においては、将来における太平洋艦隊の創設が構想されるようになった。そして、一九一七年(大正六年)一月にはアメリカ海軍省参事院(General Board)は対日戦争にそなえるうえから、アメリカとしては日本の二倍の海軍力を保有する必要のある旨を表明するにいたった(1)。世界戦争がヨーロッパを主たる舞台として激しく進展している中で、こうして、極東においては中国政策をめぐって日米の間には「冷たい戦争」が激化しつつあり、それは両国のこのような海軍計画の中に最も端的に象徴されたのである。

（1） Wheeler, G. E., Prelude to Pearl Harbor, The United States Navy and the Far East, 1921-1931, p. 72.

寺内内閣は、援段政策を推し進めて、中国にわが国の勢力を拡大することを強力に試みながらも、日米関係の険悪な状態に対して無関心でいることはもとよりできなかった。一九一七年(大正六年)一一月におけるいわゆる石井・ランシング協定(Lansing-Ishii Notes)は、このような日米間の国交を調整しようとして行なわれた企てにほかならない。寺内内閣はこの年六月、石井菊次郎(前外相)を特派大使に任命してアメリカに送った。これは、日米間の戦争協力について打合わせをなすことを表面上の目的にしたものであったが、実際にはそれまでに駐米大使佐藤愛麿《よしまろ》とアメリカ国務長官ランシング(R. Lansing)との間に行なわれた会談内容を背景として交渉を行ない、(1) 両国間の国交調整をはかることが、その使命とされたのであった。(2) 八月に着米した石井大使一行はアメリカ側の手厚い歓迎の中に迎えられ、ランシング国務長官との間に交渉が重ねられた後、つぎのような内容の公文交換が行なわれるにいたった。それは第一には、日米両国は中国の領土保全、中国における門戸開放・機会均等の原則を尊重することを声明し、第二に、両国は「領土相近接する国家の間には特殊の関係(Special Relations)を生ずることを承認す。従て、合衆国政府は日本国が支那に於て特殊の利益(Special Interests)を有することを承認す。日本の所領に接壌せる地方に於て殊に然りとす」というものであった。

(1)　この年一月に佐藤大使はランシング国務長官と会見して、駐華アメリカ公使ラインシュが満州における鉄道建設について日米両国の提携を実現しようとしている件につき、アメリカ政府の意向を尋ねたが、そのときランシングは答えて、ラインシュのそのような計画についてはアメリカ政府として指令を出したことはないと言い、アメリカは日本が満州に特殊利益をもっていることは承認している。そのことは公式に声明したことはないが、これまで事実上認めてきており、アメリカは日本のそのような利益を侵害するごときことを一切する考えはない、と述べた。

(2)　石井菊次郎が特派大使に任命された直後(六月)佐藤大使はランシング長官に覚書を手交した。それは述べて、日本は中国と特殊かつ密接な関係を経済上また政治上もっており、そのことをアメリカ政府は久しい以前から理解している。かつ一九一五年(大正四年)三月一三日にブライアン国務長官も珍田(捨巳)駐米大使に対する覚書において右の事実を承認し、中国におけるアメリカ人の活動が政治的性質のものであったことはかつてないと述べた。ついては、アメリカ政府が今日ブライアン国務長官の右の声明を再確認し、かつ中国問題に関してアメリカのわが国に対する友好的態度を重ねて表明するならば、それは日米両国の友好の上に貢献すること大であろうと述べた。なお、佐藤大使がこのとき言及したブライアン国務長官の覚書というのは、二一ヵ条交渉に関して発せられたものであり、当時アメリカは中国に対してきわめて同情的であるとともに、この二一ヵ条交渉の結果、中国におけるアメリカの利益が侵害されることを強くおそれていた。そこで、右の覚書でアメリカはわが国に対して激しい抗議を行なったのである(既述)。しかし、その覚書の中には、同時に、山東、南満州および東内蒙古に関する日本の要求に対しては、アメリカとしては主義のうえから、また中国との間の条約の関係から当然反対であるが、しかし、アメリカは「領土の隣接により、日本と以上の諸地域との間に特殊の関係(Special Relations)の生ずることを卒直に認め……」という字句がふくまれていた。そこで、佐藤はランシングに対して右の字句の再確認を求めたのであった。これに対して、ランシングは翌月に正式に回答して、ブライアン国務長官がかつて述べたところをこの際再確認することによってアメリカ政府の意図に関する疑惑が取り除かれることは望ましいことである。しかし、ブライアン長官は当時日本の二一ヵ条要求を容認しえないことをも述べたのである。また、その覚書は日本が中国全体と政治的、経済的に特殊かつ密接な関係(Special and Close Relations)をもつことを表明または承認したものではない、と述べた。

ところで、この石井・ランシング協定が発表された後、その解釈について日米間で意見を異にすることがやがて明らかとなった。すなわち、わが国側では一般には、この協定によってアメリカはわが国の中国に対する特殊的地位を認めたものとし、したがってまた、二一ヵ条要求にもとづく日中間の条約、取決めに関してもアメリカの承認をえたものと解し、この協定をもってわが国外交の大きな成功として歓迎した。なお、諸国の間でも、この協定は日本が中国において絶大な利益をもつことをアメリカが承認したものとする見方がひろく行なわれた。(1) しかし、アメリカ側では、この協定中の上記の第一点を日本に再確認させたことにきわめて大きな意義をみとめ、第二点については、「特殊利益」とは経済的利益を意味し、政治的なそれをふくまず、したがって、別段積極的な意味はないと解した。取決めの字句の曖昧さに由来する両国解釈のこのような大きな相違は、この協定を日米間の国交調整に結局は役だたぬものにしてしまった。(2)

(1)　La Fargue, op. cit., p. 117.

(2)　ビュエルは上院外交委員会聴聞会の記録を引用しつつ以下のように述べている。聴聞会でランシングは、日本の「特殊利益」とは他国と接近していることから生ずる「特殊利益」を意味する。それはアメリカがカナダまたはメキシコについてもつ利益と同じ種類のものを指す。石井・ランシング協定はいかなる意味でも二一ヵ条要求を承認したものではない、と説明した。たしかに、それがアメリカ政府の立場であった。しかし、ランシングは「特殊利益」の語についてのアメリカ側の解釈に石井を同意させることができなかったのであった。ランシングは石井に述べて、もしも「特殊利益」とは「卓絶した利益」(Paramount Interest)を意味するというのなら、これ以上協議することはできない。いかなる国でもなんら特殊の特権を要求することはできない、といった。しかし、「特殊利益」の意味について、両人の間にそれ以上に意見の交換は行なわれなかった。そして、上院議員ボラー(W. E. Borah)がランシングに、石井は特殊利益の語についての貴下の解釈を採用したのかと質問したとき、ランシングは否と答えざるをえなかった(Buell, R. L. The Washington Conference, 1922, p. 42, Note 3.)。

さて、この大正六年(一九一七年)三月にロシアには「二月革命」が起ったが、石井・ランシング協定の結ばれた一一月にはさらに「一〇月革命」が勃発して、その結果ボルシェヴィキが政権を掌握するにいたった。そして、このソヴェト政権は、ついで独墺側と交渉して翌年三月にはブレスト・リトヴスク(Brest-Litovsk)講和条約を締結し、戦局から離脱した。ところで他方、一〇月革命以来、旧ロシア帝国内の諸地方にはさまざまの立場に立つ反ボルシェヴィキ勢力が蜂起し、その結果、ロシア内部には大規模な内乱状態が現出することになった。

このようにしてロシアに世界革命の実現を目指す共産主義政権が成立したことは、当時の世界に巨大な衝撃を及ぼすにいたった。そして、わが国の場合、地理的に接近した旧ロシア帝国にそのような政権の誕生したことは、支配層にとっては天皇制の将来に対する真に容易ならぬ脅威の発生を意味するものと考えられた。また、このロシア革命とともに日露協商は一片の反故紙と化した。すでに日英同盟はアメリカとの関係ではまったく頼みがたいものになっており、また、日米関係はすでに述べたように険悪な様相を呈しつつあり、それだけにわが国にとっては日露協商の重要性は増大し、戦後世界に対処するわが国外交の重要な基軸としてそれに大きな期待が寄せられてきたのであった。したがって、日露協商の消滅は支配層をまったく困惑させ、国際的孤立感にとらえられる有様になった(1)。またさらに、ソヴェト政権が独墺側に屈して苛烈をきわまる内容のブレスト・リトヴスク条約に調印したことは、将来ドイツの勢力がソヴェト政権をふくめてひろく旧ロシアの上に及ぶ可能性を、当時国際的に取沙汰させ、そのこともまたわが国側を不安に駆り立てずにはいなかった。このようにして、ロシア革命はわが国支配層にふかい恐怖、困惑、不安を抱かせることになった。

（1）　大正七年五月二七日の『時事新報』は、同月一日発行の『ニュウヨーク・アウトルック』に、「元東京アドヴァタイザー記者」メーソンと寺内首相との会見記が掲載されていることを報じて、その内容を紹介しているが、『時事新報』は付言して、メーソンによると、この会見の際に首相の発言は鶴見(祐輔?)が筆記したうえ、首相、内相、外相に提出し、首相がこれに手を入れたうえ、「適当なる学者」が翻訳したとのことであると記している。この紹介記事によると、メーソンが寺内首相に対して日独同盟の可能性について尋ねたのに対し、首相は答えて、それは一にまったく目下の戦争がどのような形で終るかにかかっている。戦後の日本は「絶対孤立の地位」に安んじることはできない。それ故に、もしも国際状況上必要な場合には、ドイツを同盟国にえらぶこともあるかもしれない。但し、現在の情勢から判断するかぎりでは、そのようなことになるとは考えられない。日本と連合国との関係は、戦後もまたなんら変ることなく継続するものと信じる、と述べたというのである。寺内首相の以上のような発言が正確なものであったとすれば、彼のこの言葉もまた、この前後に支配層の間に漂っていたわが国の国際的前途に対するふかい危惧を象徴するものということができよう。

このように、ロシア革命の結果として共産主義が、あるいはドイツの勢力が極東にひろく波及してくることをおそれた支配層は、そのような事態の現出を阻止しようとして苦慮するとともに、彼らは逆にそのような可能性を大陸へのわが国の勢力拡大の機会に転化しようという機敏さをも示すにいたった。その一つの現われは、一九一八年(大正七年)五月に中国との間に結んだ日華陸軍共同防敵軍事協定[1]であり、他の一つはシベリアへの出兵であった。まず前者であるが、それは陸軍、とくに参謀本部によって推進された。陸軍は初め共産主義またはドイツの勢力の東漸に対する共同防衛を名として広汎な軍事同盟を中国との間に結ぼうと企てた。しかし、中国側は日本が共同防衛の名目の下に軍隊を中国に入れ、そのまま駐兵するにいたることをおそれて応ぜず、そこでわが国側はやむなく譲歩した結果、以上の協定となった。それは秘密協定の形をとり、ドイツの勢力が旧ロシア領にひろがり「極東全局の平和及び安寧」を危くするおそれのあるのに備え、また日中両国としてその負っている参戦義務を履行するうえから、「共同防敵」にあたることをその目的に掲げ、この建前の下に両国軍事当局は作戦に関し軍事専門家の相互交換を行なうこと、所要の兵器、軍需品、およびそれらのための原料を互いに供給すること、軍事行動上必要な地図の交換をなすこと、その他を定めている。わが国側としては、このような協定を通して中国軍事力を制御し、西原借款と相まって中国を領導しようと企てたのであった。

(1)　これとほぼ時を同じくして日華海軍共同防敵軍事協定も結ばれた。しかし、陸軍に関する協定に比してその重要性は低い。

つぎに、シベリア出兵であるが、そもそも、日露戦争後わが国内の一部では将来沿海州を、あるいは、さらにひろく「バイカル湖以東」を獲得し、それによってロシアの「脅威」を除去すべきであるとの論がしきりに叫ばれてきた。ところが、ロシア革命が起り、それにともなう内乱は拡大して、シベリアへも波及するにいたった。また他方、一〇月革命後、ソヴェト政府下のロシアが独墺側と単独講和を結ぶことが予想されるようになって以来、イギリスおよびフランスはロシアの戦局離脱によって東部戦線が消滅した暁には、独墺側が東部戦線の兵力を西部戦線に移動し、その結果、西部戦線の戦況は連合国にとって最悪の事態に立ちいたることを危惧するにいたった。そこで、連合国は北ロシアのムルマンスク(Murmansk)に兵力を上陸させ(一九一八年〔大正七年〕三月)ついでアルハンゲル(Archangel)を占領し、南においてはオデッサ(Odessa)、その他黒海沿岸の諸港を占領した。これらの軍事行動により、連合国は一つにはドイツが西部戦線に兵力を移動させるのを牽制するとともに、なお一つには、この出兵を通じてロシア国内の反革命諸勢力に支援を与えてソヴェト政府の転覆をはかろうとしたのである。しかも、イギリス、フランスの両国は以上と同じの目的の下に、わが国とともにシベリアに出兵することを計画した。わが国側においても、とくに軍部、財界方面では、英仏のこの要望に応じてシベリアに出兵し、過去長年の上述の夢を実現するとともに、共産主義またはドイツの勢力の東漸に対する防波堤を築くべきであるとの論がしきりに唱えられた。しかし、アメリカは一つには内政不干渉主義の立場から、なお一つにはとくにわが国が出兵を機会にシベリアに対する野望の実現を企てることをふかく警戒して、シベリア出兵計画に強く反対しつづけた。

ところが、一九一八年(大正七年)七月にいたって、アメリカは連合与国に対して主としてシベリアにおけるチェク・スロヴァク将兵を救援するためにウラディオストク(Vladivostok)に共同出兵をなすことを提議するにいたった。(1) それは、一つには、アメリカもまた出兵することによって、英、仏、日の諸国の対露干渉の企てを牽制しようと考えてのことであった。これまでアメリカの反対を考慮して出兵を差控えてきた寺内内閣、また軍部はアメリカのこの提議を大いに歓迎し、派遣すべき兵力についてアメリカと交渉を行なった。その際、アメリカはわが国側の野心を警戒して当初は両国各七千名を送ることを主張したが、結局譲歩してわが国の派遣兵力を一万ないし一万二千名とすることに同意した。かつ、わが国側はチェク・スロヴァク軍救援の必要上情勢の如何によってはウラディオストク以外のシベリアの地域に増援軍を送ることについてもアメリカの了解をとりつけた。こうして、わが国は八月ウラディオストクに兵力を上陸させた。そして、同時に宣言を発して、出兵の目的はチェク・スロヴァク軍の救援にあるとし、「帝国政府は一意露国人民と恒久の友好関係を更新せむことを希図するを以て、常に同国の領土保全を尊重し、併せて其の国内政策に干渉せざるの既定主義を声明すると共に、所期の目的を達成するに於ては政治的又は軍事的に其の主権を侵害することなく速に撤兵すべきことを茲に宣言す」となした。そして、わが国につづいてアメリカ、イギリス、フランス、イタリーおよび中国の諸国も出兵するにいたった。

（1） チェク(Czechs)、スロヴァク(Slovaks)の両民族は過去久しくオーストリア・ハンガリーの統治下にあったが、世界戦争の勃発とともに彼らの間にはこの機会に連合国側の援助をえてその民族的独立を実現しようと企てるにいたった。そして、開戦当時オーストリア・ハンガリーの国外にあった多数のチェク・スロヴァク人は義勇軍を組織して連合国側に参加し、ロシアに在住していたものでロシア軍に参加するものも続出した。またさらに、オーストリア・ハンガリー軍に徴集されたチェク・スロヴァク将兵の中には、東部戦線に従軍中に脱走してロシア軍に投じたものも少なからぬ数に上った。ところが、ロシア革命が起り、ついでソヴェト政府が独墺側と単独講和を結んで戦局を脱すると、当時ロシア軍に属してウクライナ地方にあったチェク・スロヴァク将兵は、シベリアを経由してウラディオストクに出、アメリカを経てヨーロッパに渡り西部戦線の連合軍に参加することを考え、そのような計画の下に彼らはやがてシベリアを東進することになった。これを知ったドイツはソヴェト政府に対して、チェク・スロヴァク将兵のこの企てを阻止するよう強硬に要求し、しかも、ソヴェト政府としてもまた、これら将兵が国内の反革命派に加担するにいたることをおそれた。そこで、シベリア各地のボルシェヴィキは、彼らの東進を妨げ、またその武装を解除して抑留あるいは追放しようと試みることになった。その結果、シベリアの処々ではチェク・スロヴァク将兵とボルシェヴィキとの間に衝突が頻発する有様になった。このような事態をみて、アメリカは連合諸国に対しシベリアに共同して出兵し、チェク・スロヴァク将兵を保護し、彼らのシベリア脱出に援助を与えるよう提議するにいたったのである。

なおこれより先、シベリアにおいてセミョノフ(G. M. Semenov)の率いる反革命軍が敗れて、ボルシェヴィキ軍(赤軍)はこれを追撃して北満州に侵入する形勢になったことが伝えられた。それとともに、わが国は日華共同防敵軍事協定を援用して、満鉄沿線に駐屯していた兵力を出動させて北満州を占領するにいたった。これは、わが国軍隊のウラディオストク上陸とほとんど時を同じくする。

ところで、わが国はその後まもなく兵力を増強して、これを沿海州(Maritime Province)、黒竜江州(Amur Province)、後《ザ》バイカル州(Transbaikal Province)に展開するほか、北満州においては東支鉄道沿線に配置し、こうして、シベリアおよび北満州におけるその兵力の合計は実に七万二千名に上るにいたった。そして、この巨大な軍事力を通じてシベリアにおいては反革命派の政権樹立工作に支援を与え、北満州においては東支鉄道を完全にその掌中に収めようと試みるのである。

第三節　時代転換の兆し

さて、わが国は世界戦争の機会をとらえて大陸にその勢力を進出、拡大させようとして、以上のようにしきりに焦燥しつづけたが、他方、この世界戦争は、わが国内に直接または間接に大きな波動を及ぼし、それと連関してさまざまの注目すべき動きが現われ、それらは新しい時代の始まりを告知するものとして当時うけとられた。

そもそも、世界戦争の開幕によってヨーロッパの広汎な地域に戦雲が渦巻くにいたったとき、わが国の対ヨーロッパ貿易は一旦激減し、かねてからのわが国経済界の不況は一時は一段と深刻になった。けれども、その後とくに大正五年からは事態は急転し、わが国は巨大な戦時景気を迎えることになった。これは、一つにはヨーロッパの先進資本主義諸大国が参戦とともにその生産力をあげて戦争遂行に投入しなければならなくなり、いきおいこれら諸国は国際市場から退場し、代ってわが国がアメリカとともにそのあとに進出するようになったのによる。第二には、ヨーロッパ諸国が戦争遂行上必要な軍需物資をわが国に対して大量に発注するにいたったことによる。これらの結果、わが国の貿易は大正四年以降は輸出超過をつづけることになり、貿易外受取超過額も激増を重ねて、わが国は大正九年には約二七億七千万円の債権国となった。世界戦争勃発の年である大正三年当時には約一一億円の債務国であったことを考えれば、それはまことに驚くべき変化であった。(1)

(1)　楫西光速・加藤俊彦・大島清・大内力、『日本資本主義の発展Ⅲ』、昭和三四年、五二七頁。

このようにして現出した大きな戦時景気は、いわゆる成金を続出させた。そして、彼らの傍若無人に豪奢を競う有様は世人を驚かせ、あるいは顰蹙《ひんしゅく》させた。(1)しかも他方、この戦時景気の中で正貨の夥しい流入、輸出のめざましい増加は国内物資の不足をひきおこすことになり、これがため物価は急角度をもって上昇を重ね、大正三年の物価指数を一〇〇とすれば、それは大正四年には一〇三、大正五年には一四四、大正六年には一七九、大正七年には二三〇に達するにいたった。このような事態は、当然民衆の生活を激しく圧迫することになり、労働争議も大正五年から左のように激増する有様になった。(2)そのこともまた、巨大かつ急激な変化といわねばならない。(3)

	件数	参加人員
大正三年	五〇	七、九〇四
四年	六四	七、八五二

五年　一〇八　八、四一三
六年　三九八　五七、三〇九
七年　四一七　六六、四五七

（1）「船成金」「鉄成金」「銅成金」「株成金」など。たとえば、久原房之助《くはらふさのすけ》は戦争下に久原商事株式会社を設立して巨利を獲得し、三井・三菱を圧する勢いを示した。その頃の夏に久原は一等車を借り切って花氷を積み入れ、それに乗って塩原に避暑した。また「船成金」の一人、勝田銀次郎は神戸の料亭に内外の「名士」三〇〇人を招いて贅をきわめた宴会を催し、招客各人の膳のところにガラスの箱をすえ、明石から取りよせた生きた鯛をその中に泳がせて、人びとを啞然たらしめた。なお、この種のさまざまの挿話を世にまき散らした「成金」たちのきわめて多くは、しかし、世界戦争終了後たちまちに没落し、世上から姿を消した。
（2）労働争議が頻発するにいたったのについては、戦時景気の下で企業の規模大の拡張が行なわれて大工場に働く労働者の数の増加したこと、また重化学工業の急激な発展にともなって労働人口における男子労働者数の割合が上昇したことも考え合わさねばならない。
（3）大正四年末に、河田嗣郎《かわたしろう》は論じて、社会問題を階級間の利害の衝突と解するなら、社会問題はわが国では英仏独などと違って未だ「緊切窮迫の問題」になっていない。社会問題の普通の形は、労資間の問題である。わが国でも階級的分化は相当進んだが、「未だ社会運動の目醒しきものなく、社会問題の意義の未だ重要を加へ来らざる」理由は、「民主的傾向」

の未発達と労働者の階級的自覚の不充分とにあるとし、つづいて述べて、しかし、大正に入ってからは政治、学問、技術、文学のうえからみても「民主的傾向」は驚くくらいに伸び始めている。それ故に、経済上においても労働者の自覚が進み、社会運動が起るようになることは、期待し予想することができる、となした(河田嗣郎、「大正の社会問題」、『新日本』所載、大正四年一一月号)。大正五年以降における労働争議の激増が、それ以前との比較においていかに大きな変化を意味するものであるかは、たとえば、このような評論を通しても想像することができよう。

ところで、労働組合は大正三年においては全国で六を算えるにすぎず、大正七年でも一一にとどまった(1)。この前後を通じて最大の労働組合であった友愛会も、その会員数は大正七年においても三万人にすぎず、かつ労資協調主義を標榜していた。それ故に、労働争議の以上のような激増は、多分に生活の逼迫に原因する自然発生的のものであったといってよい。なお、都市における労働不安のこのような激しい高揚は農村をも刺激し、小作争議も大正七年以来はそれ以前に比して著しい増加をみる有様になった。

（1）楫西ほか、『日本資本主義の発展Ⅲ』、七〇九頁、所掲の表。

以上このような経済的、社会的情勢を背景に、知識人を中心にデモクラシーのための啓蒙運動が活発に行なわれだすにいたった。この運動において、その具体的目標とされたのは、政党内閣制および普通選挙制の実現であった。『中央公論』の大正五年一月号に掲げられた東京帝国大学教授吉野作造の「憲政の本義を説いて其有終の美を済《な》すの途を論ず」と題する論文は、当時の世上に大きな反響を呼び起したが、この論文はデモクラシーのためのこの啓蒙運動の烽火としての意味を歴史的にはもつものであった。大正七年一一月に内務省警保局が刊行した『我国に於けるデモクラシーの思潮』も述べて、「大戦開始に依り欧米諸国に於てデモクラシー論いよ〳〵隆《さか》んとなりし影響を受け、我国に於ても、次第に之等の論議多く、殊に大正五年一月吉野博士が『中央公論』誌上民本主義に関する大論文を発表してより後は苟も記者、思想家にして民本主義を論ぜざるものは其存在を疑はる丶かの観あるに至れり」(五八頁)としている。デモクラシーのためのこの啓蒙運動に参加し、活躍したひとびととしては、ほかに大山郁夫、北沢新次郎、鳥居赫雄《てるお》(素川《そせん》)、長谷川万次郎(如是閑《にょぜかん》)などの名をあげることができる。知識人によって叫ばれるにいたったデモクラシーの主張が当時世人の間に共鳴をよびおこしたのは、主として、戦時景気の下で民衆の生活条件が甚だしく逼迫し、それにつれて民衆の間に現状打開を要求する空気が高まるにいたったことによる。しかしまた、連合与国の戦時宣伝の影響も無視しえない。連合国側は開戦以来この戦争をもって独墺の専制《デスポティズム》政がひき起したものであるとし、この戦争に勝利を獲ることによってデモクラシーを世界に樹立し、それによって将来の国際平和を確立しなければならないと称した。そして、一九一七年(大正六年)四月アメリカが連合国側に参戦して以来は、この戦争をもって「デモクラシーのための戦争」であるとする宣伝はいよいよ活発に行なわれる有様であった。

なお、見逃しえないことは、一九一七年(大正六年)のロシアにおける二月革命によってロマノフ(Romanov)王朝の絶対君主政は没落し、ロシアにおいてブルジョア・デモクラシーが一旦実現をみたが、ロシアのこの政変はわが国で進められてきたデモクラシーのための啓蒙運動を活気づけることになった。当時、吉野作造は述べて、専制政府は外観こそ堂々としているが、内実は脆い。清朝しかり、今回のロシア皇帝の場合もまた似ている。戦前のドイツもロシアとあまり差はなかったが、しかし、現皇帝が「非凡の英雄」であるので辛うじて国民の尊崇を保持している。けれども、戦争の結果によってはその帝位の将来は予想を許さないとし、国家の安泰と皇室の繁栄とを望むものは、専制政治の夢から醒めねばならない、と論じた(1)。大山郁夫も述べて、このたびのロシアの革命は自由主義の勝利であるとし、われわれは新政府が困難を克服して革命の目的を貫徹し、内治・外交に成功を収めることを祈る。警察的専制主義の本城たるロシア官僚の破滅は、世界の民主化傾向の勝利を物語るものであり、たとえ新政府が失敗してもロシアの民主化は必至である。二〇世紀の文明はもはや「警察国家主義」の永続を許さない、と論じた。(2)なお、在来リベラルな立場に立ってきた『東洋経済新報』は当時その社説で論評して、革命の結果ロシア皇帝は今日悲境に陥ったが、それは皇帝を取巻いてきた官僚の責任である。彼らの独善主義が専制を招き、皇帝を国民の怨の的にした。わが国官僚団、ことに山県、寺内はロシアのこの実例に鑑みて三思せよ、と述べたが、(3)新聞雑誌中にはロシア革命に託してわが国政治の民主化の必要を痛論したものも、一、二にとどまらなかった。(4)

(1) 古川学人、「露西亜の政変」、『中央公論』、大正六年四月号。古川学人は、ペンネームである。

(2) 大山郁夫、「世界の民主化的傾向と露西亜最近の革命」、同誌、同号。

(3) 「露国は尚戦ひ得る乎」、『東洋経済新報』社説、大正六年三月二五日号。

(4) 前掲の内務省警保局刊『我国に於けるデモクラシーの思潮』には、大正六年中に、ロシアの二月「革命の影響を受けたりと認めらるるものにして禁止処分せられし」新聞雑誌の名称、論説の要旨等の表が掲げられている(七四―六頁)。それによれば、たとえば、『河北新報』は「露国革命の教訓、官僚派剿滅の秋」と題する社説(四月一日号)において、わが国政界は国民の期待に反して私利私欲をほしいままにしている嫌いがあり、これがために国政の運用円滑を欠き、国民の要求は実現の機をえず、その有様は宮廷支配下の革命前のロシアに似ている。ロシア国民の壮挙に感動したわが国民は必ずや近く決断するものとわれわれは信じる、と論じた。また、雑誌『東洋』(四月一〇日刊行)の「露国の政変と憲法政治の将来」(隈渓学人)は述べて、わが国は専制的立憲政治の下にあり、憲法はあっても、人民の自由、権利は明確に保障されていないとし、ロシアの政変を引用して隣国はすべて共和制を採用している中でわが国ひとり帝国として世界に卓出している。けれども、政治的にみれば、人民の自由、権利を尊重、確保するという点ではかえって隣国に劣っているおそれがある、と主張した。さらに、『北海タイムス』(八月二三日号)に掲げられた関巳代策の「民主化の必然性」と題する演説は、ロシア革命、ドイツにおける社会民主党の運動を説明し、デモクラシー思想を危険視するものは実は自己の地位を擁護しようという意図に立つものであるとして、元老打倒、軍備撤廃、普通選挙の実施、国民の総意にもとづく政治の実現を要求した。

つぎに、前述のような労働不安の急激な高まりは、労働者問題、社会問題に対する世人、とくに知識人の関心を強くよび起すことになった。大正五年『大阪朝日新聞』に京都帝国大学教授河上肇の『貧乏物語』が連載され、ついで翌六年それは書物にまとめられて刊行されたが、この書物が世上にひろく読者を獲ちえたのも、実にこのような背景においてであった。さらに、大正六年(一九一七年)のロシアにおける一〇月革命の勃発、それにつづくボルシェヴィキの政権掌握は、わが国の人心にさまざまの意味で巨大な衝撃を及ぼした。

そして、大正七年(一九一八年)頃からヨーロッパの社会主義思想および運動のことが知識人によってしきりに新聞、雑誌に紹介されるようになった。

ところで、わが国の社会主義運動は明治四三年(一九一〇年)のいわゆる大逆事件以来、きびしい取締、迫害の下で極度の不振、沈滞に落ちこみ、「長い冬」の時代を過してきたのであったが、世界戦争勃発の翌年にあたる大正四年九月に堺利彦はこれまでの雑誌『へちまの花』に代えて雑誌『新社会』(月刊)を発刊することにした。そして、その最初の号(第二巻、第一号)の巻頭に「小き旗上《はたあげ》」と題した一文を掲げた。それはいう、「鬨《とき》を作つて勇ましく奮ひたつと云ふ程の旗上では勿論ないが、兎にかく是でも禿《ち》びた万年筆の先に掲げた、小さな紙旗の旗上には相違ありません。先《まず》は落人《おちうど》の一群が山奥の洞穴に立籠つて、容易に敵の近づけぬ断崖を恃みにして、蕨《わらび》、葛《くず》の根に餓《うえ》を凌ぎ、持久の策を講ずると云ふ、みぢめではあるが、且は聊《いささ》か遠大の志しを存する、義軍の態度であります。従つて、明日や明後日に山を下つて、敵の戦線に逆襲を試みると云ふ企てもなく、又それだけの実力もない。……只遠近の同族と纔《わず》かに相呼応して、互に励まし慰さめつゝ、おもむろに時機を待つの決心は、可なりに堅く致して居る積りである。……若し夫れ、来つて此山寨《さんさい》に投じ、或は遥かに此孤軍を援けんとする者があるならば、戦術の相違、軍略の差異、それらは今深く争ひだてをする必要はない。只大同に従て相共に謀れば善いと信じて居る」(1)。この雑誌には堺のほか高畠素之、山川均、山口義三（孤剣）、荒畑勝三（寒村）、石川三四郎、片山潜、その他が執筆した。そのような顔触れに示されているように、『新社会』はひろく社会主義の立場に立った雑誌として出発した。(2) そして、大正八年に入って改めてマルクス主義を標榜するようになった。

（1）堺利彦のこの一文について、荒畑寒村は後年つぎのように評している。「その『遠近の同族と纔かに相呼応して、おもむろに時機を待つの決心』と言っているのは、今までの態度とあまり変らぬ感がなくもないが、しかし、いわゆる『売文社の引札代り』として『へちまの花』を発行していた隠忍雌伏の時代に比すれば、明らかに一歩の前進であるには違いない。時機を待つという人間は大抵、その時機が来ても腰を上げないものであるが、一寸でも伸び得る機会があれば直ちに一寸だけ伸び、そして更に一尺伸びる機会を待つのが堺先生の特性であった。そういう自由に伸びることの困難な時代にあっては、しばらく小異を捨てて大同につくことも必要、むしろ不可避と先生は信じていたのであろう。いずれにせよ、私はこの『小さき旗上げ』を見て、白髪を染め緋縅《ひおど》しの鎧を着て馬を陣頭にすすめる老武者の心意気を感ぜずにいられなかった」（荒畑寒村、新版『寒村自伝』、上巻、昭和四〇年、二二七頁）。

（2）『新社会』の刊行されるに先だって大正三年一〇月に荒畑寒村、大杉栄は月刊『平民新聞』を発行したが、ほとんど毎号発売禁止となったすえ廃刊した。ついで、大正四年一〇月から荒畑、大杉らは雑誌『近代思想』（第二次）を発行したが、同誌もまた発禁処分の連続で、わずかに四号をもって大正五年一月廃刊された。

また、山川均は大正六年以来、吉野作造、大山郁夫、室伏高信《むろぶせこうしん》、北昤吉《きたれいきち》らのいわゆるブルジョア・デモクラシー論をとり上げて、マルクス主義の立場から激しく論難、攻撃する評論を公にし、デモクラシーのための啓蒙運動に挑戦を試みた。(1) さらに、大正六年四月の総選挙に際しては堺利彦は東京市から立候補し、政府のきびしい抑圧、干渉をこうむりつつ選挙運動を行なった。結局わずかに二四票を獲得したにとどまったが、しかし、社会主義者の立候補はかつて明治三八年に木下尚江が東京市から補欠選挙に立って以来のことであり、世の注目をひいた。

(1) これらの論文は、その著『社会主義の立場から』(大正八年)に収録されている。

以上のようにして、これまで屏息《へいそく》状態を余儀なくされてきた社会主義者たちは、今や生気を帯びて徐々に動き出すにいたった。そして、一九一七年(大正六年)におけるロシア革命が当時の社会主義者たちの心をゆり動かし、彼らを激しく鼓舞し、社会主義運動のこの復活を強力に促進することになったことは注目されねばならない。山川均は後年に当時のことを回想して、ロシア革命の勃発した頃その実情はなかなか判らず、大多数のひとびとはレーニンの名も知らなかった。しかし、とにかく革命が起って帝政が倒れたというだけでも、非常に感動した。「今まで革命、革命ということは、しょっちゅう読みもし言ってもきたんですけれども、革命とはどんなものか、どこにもそういうものはないのですから、本当にこれは観念的なものです。この革命が現実に示されたのですからね。これは非常な影響を与えたわけです」。「私自身にしても、受けた影響は、生涯のうちでも最も大きな影響だと言っていいでしょう」。「イギリス労働党のアナイリン・ベヴァンがロシア革命の報道が初めてきた時、イギリスの労働者は街上で相擁して泣いたと言っていますが、日本でもそのとおりです。私は、そのころ荒畑〔寒村〕君とやっていた労働組合研究会でロシア革命の話をしたのですが、どうも涙が出て話ができなかったことがあります、それほど感激を与えたですね。われわればかりではなしに、その当時の社会主義的な思想を持っていた者で、影響を受けなかった人はないでしょう」[1]。

（1）　山川菊栄・向坂逸郎編、『山川均自伝』、昭和三六年、三六九―七〇頁。

荒畑寒村もまた、その自伝に記している。ロシアで二月革命が起った当時、われわれはこの革命の性質、労兵会、新政府を組織した政党についてはほとんどなにも知らなかった。社会革命党と社会民主党との区別は知っていたが、メンシェヴィキ、ボルシェヴィキなどはおそらく誰もがこのとき初めてきいた名称であったであろう。ケレンスキー、レーニン、トロツキーなどの名を知っている者は、ほとんどなかった。しかし、とにかくロシアに革命が起り、「今まで歴史を読んでその概念を得たに過ぎない本ものの革命が、私たちの生活している世紀の現実となったのだ。この報道に感奮興起した在京の同志約三十名は、メイデー記念会を開いた席上、ロシア社会党に向って革命の成功を祝するとともに、速かに帝国主義戦争を中止せんことを勧告する決議文を作製し、代表者堺利彦の名で外国社会党の機関紙を通じてロシアに送った(1)」。

(1) 荒畑、新版『寒村自伝』、上巻、二二八—九頁。

さて、世界戦争の帰結は当時もなお到底予測を許さず、また戦後の世界がどのようなものになるかは何人にとっても全く想像しえず、しかも、ロシア革命の波紋はひろがりつづけており、そのような中で国内には「成金」、その他戦時利得者の続出するとともに、他方では労働不安の高揚、小作争議の頻発、デモクラシーのための啓蒙運動の進展、社会主義運動復活の兆しが現われるという事態は、支配層の間にふかい不安、恐怖の念をそそらずにはいなかった。大正六年六月、山県有朋は公爵徳川家達(貴族院議長)に華族教育に関する意見書を送ったが、その中で述べて、「現今世界を挙げて軍事に従ひ、国力を尽して存亡を争へり。戦後に於ける列国の形勢は未だ俄に予断すべからざるも、思ふに容易ならざる影響を全世界に波及すべく、其の間に処して国力旺盛にして民意健剛なるの国は即ち栄へ、国力万弱にして民意廃頽せるの国は滅亡すべきの一事に至りては、何人と雖《いえど》も之を非認すべからざるなり。而も幸にして帝国の地位遠く戦線の外に在り。直接其の惨禍を蒙らざるも、一時之が為め経済上の変態を生じて、物質的暴利あるに眩惑し、挙国蕩々として浮華に走り安逸に酔はんとす。此の如くして、戦後に於ける狂瀾怒濤は何を以て防ぎ何を以て抗せんとする乎。加之《しかのみならず》明治初年以来誤り伝へられたる社会主義的の迷想の旧説は、殊に支那及び露国の革命ありてより往々にして名を衒《てら》ひ事を好む者に依り多く下層無知の階級に伝播せらるるの傾向なしとせず。彼等無識無産の輩徒らに甘言に迷ひて未だ必しも各国各々建国の因あるを知らず、立国の体あるを弁ぜず、而して此の迷想の盛なるや、欧米諸国に於て既に自ら危懼《きぐ》恐惶《きょうこう》、其の国体、政体の依安する所に惑へるを識らざるなり」とし、また記して、「今日世道頽唐、放縦の言、功利の説蕩々相盪し、甚しきは君主制を疑ひ、軍国主義を非議し、其の国家の泯滅《びんめつ》を招くを知らざる者あり」としている。[1]

（1）　大山編、『山県有朋意見書』、三四八―五二頁。

また、寺内首相は大正六年五月に地方官会議におけるその訓示において述べて、国民思想は時勢とともに必然に変化する。しかし、「近時言論界の風潮は太《はなはだ》しく放漫に流れ、好で危激の言論を弄し卑猥の記事を掲げて国民の思想を誘惑し、延《ひい》て国体の本義を誤り皇室の尊厳を汚し淳朴の風俗を壊《やぶ》らしむるの虞なきを保せず」とし、言論の自由はもちろん尊重すべきであるが、「苟も国体を破壊し秩序を紊乱し人心を蠱惑《こわく》するが如きの記事、論説」は厳重に取締らねばならない。「殊に昨冬以降言論界は列国の間に勃発せし政変(ロシアにおける二月革命を指すものと思われる―著者)を引援して往々我国体に論及するものあり」と述べ、地方当局者はよろしく人心を善導して安寧秩序の保持に努めるよう要請した。寺内首相はまた、同年一〇月に全国警察部長会議が東京でひらかれた際に警察部長らを官邸に招き、その席上演説して、わが国は交戦国の一つでありながらも、戦争の中心から遠いため直接戦禍をこうむることなく、むしろ戦時景気を迎えて国民はややもすれば戦争を忘れ、「奢侈浮華の風」がひろがり、また「世界大勢の赴く所間々《まま》民主思想を謳歌するが如きの傾向」なくはない。地方行政の局にあるものは、すべからく国民を指導して「勤倹質実」の風を奨励し、忠君愛国の精神を鼓舞し、思想を堅実ならしめるように努めねばならない。近時さまざまの社会問題が発生し、ストライキが処々に起っているのは、「最も憂慮の至り」に堪えない。平素より工場主・労働者間の相互理解をはかっておくならば、決してこのような事態になることはない、と述べた。

支配層が抱いた不安感、恐怖感はまことにふかく、それは狼狽をさえ内に秘めたものであった。たとえば、大正七年に大正天皇とイギリス皇帝との間の元帥号交換のためイギリスから使節が来日することになったが、この件について寺内首相は原敬につぎのように述べた。「元帥号御交換の使節に付ては、最初は英国より政事家を送るの内議に付、夫れは妙ならず。彼等の主義の伝播も困るに付内々断らせたるに、英国も之を改め、コンノート殿下に文武の大官を付すると云ふに付、其事に協定せり」(1)（圏点は著者）。しかし、民主主義の風潮に強い危惧の念を抱いた点では、この年秋に組閣して「平民宰相」ともよばれた原敬も決してその例外ではなかった。大正六年三月、彼は三浦梧楼に語って、ロシア革命に鑑みて「超然論者」（超然内閣論を唱えるひとびと、の意―著者）も夢を覚さねばならないといいながらも(2)、同年一〇月三浦にむかって「将来民主主義の勃興は、実に恐るべし。是れは余も官僚も同様に心配する所なるが、只官僚は此潮流を遮断せんと欲し、余等は之を激盛せしめずして相当に疏通《そつう》して大害を起さゞらん事を欲するの差あり」（圏点著者）と述べ(3)、また前月には後藤内相に「民主々義の何時とはなく蔓延するに付、皇室の事に付ても内々心配し居らざるべからず」と内話したりした(4)。

（1）『原敬日記』、大正七年四月二二日の条。
（2）同日記、大正六年三月二二日の条。

（3）　同日記、同年一〇月二二日の条。
（4）　同日記、同年九月一三日の条。

さて、戦時景気下の物価騰貴の進む中で、大正六年春からは米をはじめ麦などの穀物、その他の食料品、燃料等の生活必需品の騰貴がとくに著しくなった。穀物についていえば、物価騰貴の大勢は、商人の投機熱を強く刺激することになったが、その結果、これまで比較的割安であった穀物がこの頃にいたって投機の対象となり、しかも、商人の買占めで煽られた穀価は地主の売惜しみを誘発し、それによって価格はいよいよ上昇する有様になった。大正七年三月から四月にかけて、『東洋経済新報』は「饑饉物価」と題する長文の社説を掲げてこのような事態を次のように痛論した。開戦以来昨年八月までは金属、ならびに、織物とその原料品の騰貴が最も著しかったが、その後は穀物、その他の食料品の値上りが最も甚だしい。物価が国民の日常生活に及ぼす影響という見地からみれば、このことは重大である。現に「日として生活難を理由とする自殺、棄児、窃盗の報道を見ぬことなき有様。否、右と同様なる或は類似せる悲惨なる事実にて世上に報道せられずに終れるものは、恐らく幾十倍、幾百倍に達せることであらう。別言せば、此の饑饉物価の結果一部の有産者階級及び投機者階級に成金を生じつつあれど、小百姓、小商人、小役人、労働者、教員、会社雇人等、社会の大多数を占むるものは、生活難に追はれて日に日に墓場に押付けられつゝあるものと謂はねばならぬ。実に由々敷い事象ではないか（1）」。

（1）「饑饉物価」、『東洋経済新報』社説、大正七年四月五日号。

このような情勢の中で、寺内内閣は大正六年九月に「暴利を目的とする売買の取締に関する件」（農商務省令）（暴利取締令とよばれた）を公布して、米、鉄、石炭、綿糸および綿布、紙類、染料、薬品について暴利を目的とした売買（投機および売惜み）を取締ることを試み、さらに翌七年二月には農商務省令をもって米、麦、小麦粉の輸出を許可制とし、同四月には地方長官に対して、農民が米の売惜みをしないよう指導することを命じ、また同月「外国米の輸入等に関する件」（勅令）（外国米管理令とよばれた）を発布した。これらの措置も、しかし、米、その他の穀価が暴騰をつづけるのを抑制する力に乏しかった。

そのようにして大正七年八月に入ると、富山県下新川郡魚津町の漁民妻女の立上りを端緒として、米騒動とよばれる騒擾が連鎖反応的に諸地方に続発し、それは鉱山地帯を別としても東京以下の三六の市、一二九の町、一四五の村に及び、参加人員は合計実に約七〇万人に上った。これらの騒擾においては、街頭に現われた群衆は米屋を始め炭屋、八百屋、呉服屋など日常生活品をうる店を襲撃し、「戦時成金」、その他富豪の家を襲い、その他さまざまの暴行が演ぜられた。これに対して、政府は事態を警察力だけでは到底抑えきれず、軍隊を出動させて鎮定にあたらせた場合も少なくなかった。なお、この米騒動の最中において、皇室から御《ご》内帑《ないど》金《きん》三〇〇万円が下賜されたほか、岩崎家、三井家は各一〇〇万円、また代表的戦時成金に算えられていた鈴木商店は五〇万円、山下亀三郎は三〇万円の寄付を申しでた。また、この騒擾関係者の検挙および処罰は峻烈をきわめた。これらの事実も、この米騒動が支配層に与えた激しい衝撃を象徴するものにほかならない(1)。

（1） 米騒動が収まってから約一ヵ月半後、当時すでに首相となっていた原敬は山県に語って、「此間の米騒動に三百万円御下賜ありたるは難有事ながら、如何にも狼狽せられたるが如き感があり。如此事は将来は注意を要すべしと云ひたるに、山県も同感にて、自分も左様に云ひたる事ありと云へり」とその日記に記している（『原敬日記』、大正七年一〇月九日の条）。

米騒動は、物価暴騰によって窮迫に駆り立てられた民衆の間から湧き起った自然発生的な騒擾であり、背後にこれを指導する組織は存在せず、したがって、政治的性格を欠いたものであった。それにしても、しかしこの米騒動は、民衆が政治においてもはや軽々に無視しえない存在であることを支配層に改めて強く意識させずにはいなかった(1)。

（1） 当時友愛会会長であった鈴木文治は、自伝の中で述べて、「米騒動と労働運動とは、一見何の関《かか》はりもないやうに見える。米騒動は一時限りの飢民の暴動で、労働運動は永続的な自覚せる労働階級の解放運動である、其間に何の聯絡があらうかと。併《しか》し乍《なが》ら事実は決してさうでない。米騒動は民衆に『力』の福音を伝へた。労働階級に自信を与へた。多数団結して事に当れば、天下何事か成らざらむと。即ち米騒動は無産階級の自卑心を一掃した。自屈心を払拭した。そして、力強い自信力と自尊心とを与へた。米騒動は、我国労働運動の拍車となつて其活躍を前へ推進めた。加之、現に米騒動の最中に所在労働争議が勃発して、見事なる成功を収めて居る」としている(鈴木文治、『労働運動二十年』、昭和六年、一六三頁)。

米騒動がようやく鎮静に帰した翌月、寺内首相は病の故をもって内閣総辞職を行なった(大正七年九月)。この総辞職は米騒動とは直接の関連はなかった。前にふれたように、寺内は組閣以来自己の判断にもとづいて政局にあたろうとし、施政について山県と緊密な連絡をとってその助言を求めようとせず、また山県の意向を遵奉する態度をもとらなかった。このことは、山県を強く不満にし、寺内と山県との関係は次第に疎隔、冷却することになった。そのような中で、山県は寺内に対して内閣の改造をくり返し要望したが、寺内はこれに応ぜず、山県がついにそれを強要するに及んで、寺内は内閣総辞職を行なうにいたったのである。

第三章 「世界の改造」とわが国

第一節 パリ平和会議

寺内内閣が瓦解すると、山県・松方・西園寺の三元老(1)は協議のうえ、西園寺の発議によって原敬を後継の首班に奏薦するにいたった。以上三人の元老のうち、その発言が最も重きをなしていた山県有朋は、かねてから次期首相の問題についてしきりに考慮をめぐらしていた。けれども、彼は自己の系統の後進者の中に政権を担当すべき適任者を容易に見出しえず、しかも、彼は原とのこれまでの接触を通じて原を高く評価するようになっていたのである。すでに述べたように、原は政友会総裁就任以来山県をしばしば訪問して会談し、意志疎通をはかることを熱心に努めてきた。彼としては山県と正面から対立し、また山県系勢力に対して一途に挑戦することは、政友会を政権に近づける所以ではないと考え、できうるかぎりそれを避けた。そして、山県系勢力と妥協しつつその間に政友会の党勢増大をはかる一面、山県との接触を通じて山県を説得して了解をつくり出すことに力を注いだ。この対山県工作は大きな効果を収め、寺内組閣の直後頃からは山県は原にむかって、自分と貴下とは政治上の意見においてまったく一致している、というようになった。けれども、同時に山県は貴下が政党内閣をよいとする一事だけには同意しえないといい添えるのをつねに忘れなかった。山県はこれらのことを原に対してだけでなく、彼の許に出入する側近者にももらした。ところで、この「一事」が山県にとってはきわめて重要な意味をもつことを知る原は、山県がはたして彼を将来内閣首班に推すか否かについて疑惑を抱かざるをえなかった。こうして、大正六年秋に高橋是清にたいし「内閣授受の問題は、山県の存在中は予期し得べきものに非らず(2)」と語った原は、寺内内閣末期の大正七年七月にも政友会の領袖横田千之助に「後継内閣の事は山県は出来る丈けは政友会に政権の帰する事を妨ぐべく、百計尽きたる後にあらざれば余を推薦する如き事なし」といわざるをえなかった(3)。そのような原は、過去そのとってきた山県にたいする宥和方針はもはや限界点に到達したのではないかとも考え、焦ら立つことになった。現に、横田との右の会談の際語って、以上の次第であるから、「後継内閣の事などは、眼中に置くの必要なし。如何なる内閣にても来るべし。其内閣官僚系ならば、全力を挙げて之を打破すべし。此時は憲政会とも提携すべし。斯くする時は、官僚系を一掃して政局の一新を来たす事を得べしと思ふ……」「去りながら如此手段は、必らずしも国家に利益の事のみに非らずと思ふに付、可成《なるべく》は其荒療治なくして政局を一新する事を希望す。但官僚等悟る所なければ、不得已《やむをえず》ここに出づるの外国家を救ふの手段なし」(4)といった。

（1）　元老大山巌は、大正五年一二月に没していた。
（2）　『原敬日記』、大正六年九月一四日の条。
（3）　同日記、大正七年七月二〇日の条。なお、七月二七日、九月四日の条。
（4）　同日記、大正七年七月二〇日の条。

他方、山県が前述のように次期首班たるべきものを自己の系統の間に見出すことができない中で、大浦兼武、平田東助、清浦奎吾、寺内正毅など代表的な山県系政治家の間では原をほかにしては後継首相としての適任者を見出しえないと考えられるようになっていた。そこで、寺内内閣がいよいよ総辞職を行なったとき、山県は結局、原を奏薦することに同意するにいたったのである。

こうして、ついに組閣の勅命をうけた原は、陸軍、海軍、外務の三大臣を除く全閣僚を政友会員から起用して、当時の憲法および慣行の下での典型的な政党内閣を組織した（大正七年〔一九一八年〕九月〕。この原内閣はかつて明治三一年に憲政党を基礎として組織された第一次大隈〔重信〕内閣（いわゆる隈板内閣）につぐ政党内閣であった(1)。また、平民で首相に就任したのは、このときの原敬が最初であり、その故に、世上で「平民宰相」とも綽名されることになった。さらに、政党の党首でありかつ衆議院に議席を有して組閣したのも、原が最初であった。これらの点で、原内閣の成立は、注目に値する出来事であったということができる。

（1） 明治三三年に伊藤博文が政友会を創立した直後にその第四次内閣を組織したが、その際彼も陸、海、外の三相を除く閣員には政友会員を挙用した。けれども、それら閣僚六名の中で三名は政友会創立にあたってその傘下に合流した憲政党の党員であり、政党政治家としての経歴をもつひとびとであったが、他の三名は伊藤の政友会組織とともにこれに入党した伊藤系官僚出身者であった。その後、伊藤のあとを襲って政友会総裁に就任した西園寺公望は前後二回にわたって組閣したが、それらの際、政友会員からは第一次内閣の場合は二名、第二次内閣のときは三名を閣僚に起用したにとどまり、したがって、ともに政友会内閣とはいいがたいものであった。

成立した原内閣は、つぎのような顔触れであった。
首相原敬、外相内田康哉《こうさい》、内相床次《とこなみ》竹二郎、蔵相高橋是清、陸相田中義一、海相加藤友三郎、法相原兼任(後、大木遠吉)、文相中橋徳五郎、農相山本達雄、逓相野田卯太《うた》郎《ろう》。

原組閣の翌月、『中央公論』の巻頭論説「原内閣を迎ふ」は論じて、原内閣は「天下の勢に促されて出現せる最初の内閣」であるから、われわれはこれを歓迎する。これまで元老、「軍閥」が政党とともに天下を三分し、政党は過去久しく前二者の頤使《いし》に甘んじ、少なくもその威力に圧せられてきた。けれども、時勢は変化して止まず、「世界的潮流の波動」はいつか政党の勢力を大いに増大させ、その結果、原内閣は生まれた。われわれがこの内閣を歓迎するのは、原総裁の識見に信頼するためでも政友会の政策に賛成するためでもない。滔々たる世界の潮流の中で戦後経営がいかなる理想にもとづいてなされねばならないかが明らかなとき、政党政治が一日も早く確立することをひたすら望み、他を顧みる余裕がないからである。原内閣としては政権の座につくことを可能にした世界的潮流を理解し、これに順応した政策をとり、国民を満足させねばならない、と述べた(1)。たしかに、原内閣の出現が時代的背景とも関連をもつことは、否みえない。たとえば、原が組閣したとき、彼と親しかった時事新報記者・前田蓮山《れんざん》は原に会い、山県が貴下を奏薦することによく同意したものだといったところ、原は無雑作に「米騒動だな。あの時、若しわが党が、煽動でもしてみ給へ。大変なことになつてゐたにちがひないよ。官僚内閣の無力なことが、山県にも、よく呑み込めたのだ」と答えた。[2] 米騒動から山県がうけた衝撃のきわめて大きかったことを考えるとき、[3] 原のこの観察はおそらく誤っていないであろう。この挿話も、それ故に、以上の点を象徴するものといってよいと思われる。

（1）『中央公論』、大正七年一〇月号。
（2）前田蓮山、『原敬伝』、下巻、昭和一八年、三六六頁。
（3）山県は世界戦争下においてわが国内に現出した前述のような社会・経済情勢にたいしてふかい憂慮を抱いた。これまでみずから「一介の武弁」と称し、経済などのことは不案内であるといっていた彼は、経済問題に強い関心を寄せるようになった。しかも、ついでおこった米騒動が彼に与えた衝撃は甚だふかく、爾来、彼は物価、とくに米価を極度に気にし、原内閣成立後も原にたいしてくり返しその懸念を述べ、米価の公定、外米を輸入して廉売することなどを勧告し、原が彼の憂慮や対策に同意しないことについて不満をもらす有様であった。山県の秘書官であった入江貫一はこの頃のことを次のように回想している。「欧洲大戦争の影響を受け、経済上の大変態を来したに付ては、公(山県)は非常に此点に付ても憂慮し、先づ実業家、学者又は政府当局の者に就いて経済上の実状と変遷との研究を初められた。其の熱心は実に驚く計りで、明けても暮れても物価高低の事計り、遂に其の為めに神経衰弱を起された位だつた」(入江貫一、『山県公のおもかげ』、増補版、昭和五年、四一頁)。

原内閣の誕生はまた、元老にたいする政党勢力の上昇を示すものとある程度はいえよう。しかし、具体的に考えるならば、原が首相として権力の座に就きえたのは、すでに述べたようにその周到、巧緻な対山県工作に負うことが甚だ大きく、これをいいかえれば、背後に結集した世論の力によって山県および山県系勢力を譲歩させて、政権を獲ちえたのではない。組閣の勅命をうける二日前、原は西園寺にむかって、「余は内閣組織成らば其日より反対も起る事と思ひ、又山県等にも出来得る丈《だ》け好感を計るべきも是れも当にはならず。故に世の所謂太く短くやる決心をなすべし」と語っていることは、[1]注意に値する。山県との妥協によって政権に就いた原は、このように、その政権の維持が山県との今後の関係にかかっていることを充分意識していたのであった。

（1）『原敬日記』、大正七年九月二五日の条。

首相に就任したとき、原は六三歳であったが、親任式の直後、彼は前田蓮山に対して次のように語った。「大変歓迎を受けて、ありがたいわけだが、余り吾輩に期待すると、失望するぜ。これでも、もう十年早く推薦に預かつたら、相当働けたと思ふがね。年を取ると、いろ〳〵と周囲の事情が複雑になつてね。方々に引つかゝりがあるし、悪く言へば、情実纏綿《てんめん》だからな。なか〳〵身動きが自由にならん。余り期待すると失望するぜ[1]」。しかし、彼は精悍の気にあふれていた。[2]

（1）　前田、『原敬伝』、下巻、三六五頁。
（2）　首相就任後、ある夜に昔の司法省法学校時代の同窓生の集りがあったが、その席から帰って来た原は、待ち合せていた児玉秀雄（賞勲局総裁）に「何うも今夜の集りは不愉快だつた」。「だつて君、面白くもあるまいぢやないか。話といふ話が皆な申合せた様に自分達の孫の話ばかりなんだ。久々で集つた同窓が孫の話なんかする位なら、いつそ芸妓なんか喚ばないで、僕の家に来たら宜いと云つてやつたよ」と甚だ不満にたえない口ぶりであった、という（『原敬全集』、下巻、昭和四年、一一四〇―一一頁）。

さて、「平民宰相」原敬の内閣は、時代の新しい気運を背景に生まれ出た政党内閣として、はたして世の期待に応えうるものであったであろうか。原組閣の日に、『朝日新聞』は論じて、原が政党内閣を組織することを歓迎する。彼のつくる内閣は政党内閣の試金石である。それ故に、もしも失政を行なうならば、政党内閣にたいする世人の信用は失われ、憲政の進歩は遅れるであろう、と戒めた。[1] 同じ日に『東京日日新聞』もまた述べて、爵位なき原が政党内閣をつくることは喜ばしい。政党内閣は新しい試みであるが故に、国民は新しい期待をかけている。それだけにまた、この内閣の施政になんら新味のみられない場合には国民の失望もいっそう大であろう。新内閣は党人を抑えて、「一図に党利党福を図る如き弊」を絶たないならば、国民の反抗を招き、現在一旦後退した官僚勢力を乗ぜしめ、内閣は瓦解するであろう。しかも、政党内閣に対する国民の信用が失われるにいたれば、立憲政の進歩を阻害すること、実に大であると警告した。(2)

（1）「原総裁大命を拝せん」、『朝日新聞』社説、大正七年九月二七日。
（2）「政党内閣出現—公明正大なれ」、『東京日日新聞』社説、大正七年九月二七日。

原内閣が成立して約一ヵ月半ののち、ヨーロッパにおいてはドイツは降伏し（大正七年〔一九一八年〕一一月）、世界戦争はここに連合国側の勝利をもって終結をみるにいたった。そして、翌大正八年一月からパリにおいて平和会議がひらかれることになり、わが国は西園寺公望を首席とする全権委員団をこの会議に派遣した。

会議の開かれるに先だって、英、仏、伊、米四国間の協議の結果、平和会議においてはわが国は以上の四ヵ国と合せていわゆる五大国(Big Five)の一つとして処遇されることになり、そのことは平和会議の最初の総会（一九一九年〔大正八年〕一月一八日）において承認された。平和条約案の起草は当初は英、仏、伊、米およびわが国の五大国からの代表各二名を出して構成された一〇人会議(Council of Ten)を中心にすすめられたが、その後、しかし、進捗をはかる必要から、一〇人会議に代えてイギリス首相ロイド・ジョージ(Lloyd George)、フランス首相クレマンソー(G. Clemenceau)、イタリー首相オルランドオ(V. E. Orlando)およびアメリカ大統領ウィルスン(W. Wilson)からなる四人会議(Council of Four)が設けられ、爾後それが条約案起草の中心となり、その下に右四国の外相とわが国代表とからなる五人会議(Council of Five)が設置されることになった(1)。

(1) このような改組に際して、右の新しい会議体は首相または元首から構成される関係上、日本代表を加ええないとわが国側に説明され、また同時に、右四大国代表によるすべての決定は日本側の同意をえたうえで確定的なものにする旨も伝達された(Fifield, R. H., Woodrow Wilson and the Far East, the Diplomacy of the Shantung Question, 1952, p. 114.)。

ところで、過去四年余にわたる大戦争の惨禍を経験した当時のヨーロッパにおいては、今や戦火こそ消えたといえ両陣営に分れて戦ってきた交戦諸国相互の間には旧敵国にたいする従来の白熱した敵対感情は容易に鎮静にむかわなかった。しかしまた他方、この大戦争の終結をみた機会に世界に新しい国際秩序が樹立され、それによって国際平和が将来にわたって永く保障され、戦争の悲惨、不幸がふたたびくり返されないことをひたすら渇望し、念願してやまない気持が人心にあふれていた。それ故に、戦争下一四ヵ条宣言、その他の声明によって新しい国際秩序の建設を世界に呼びかけてきたアメリカ大統領ウィルスンが平和会議に列するためヨーロッパに到着すると、彼はあたかも救世主の到来のように諸国人心から熱狂的な歓呼を浴びた。また彼の主唱の下に国際連盟が創設されることになったとき、この新しい国際平和機構にヨーロッパの一般のひとびとは絶大な期待をよせてやまなかった。これらもまた実に以上のような当時の雰囲気を象徴するものにほかならない。

しかし、戦争終結後のわが国内の空気は、これとは著しく異なっていた。わが国は交戦国の一つでありながらも、主戦場であるヨーロッパから遠く離れていた。また、この大戦争によって損害をこうむり犠牲を払ったことときわめて軽微であった。それのみならず、この戦争は既述のように極東においてわが国に勢力拡大の機会を提供し、またさらに、わが国経済界に実に空前の好景気をもたらしたのであった。そこで、世界戦争がようやく終結をみたとき、ヨーロッパ諸国と異なってわが国内には平和の回復に対する歓びの爆発はまったくみられなかった。(1)また開かれる平和会議に将来の国際平和を担保すべき新しい国際秩序の創設を期待する気持も、切実な形では存在せず、むしろパリ平和会議をもってわが国の「国民的利益《ナショナル・インテレスト》」を推進すべき機会として端的に割り切るきわめて冷ややかな現実主義的、打算的態度が支配的であったといってよい。(2)なお、ロシア革命によってロシアが戦局を退いたのち世界戦争が連合国側の圧倒的勝利に終ったことは、英米両国、アングロ・サクソン民族が今後の世界政治において覇制的地位を占めることになるであろう、との観測をわが国内で生じさせることになった。(3) しかも、すでに世界戦争の当初から、この戦争をもってテュートン族とスラヴ族との衝突とみて、世界史は人種闘争を軸として展開しつつあり、したがって、将来は白色人種対黄色人種の抗争が歴史の日程に上るものとみて、それを危惧、恐怖するものも決して少なくなかった。(4) そこで、これらの事情も、パリ平和会議にたいして前述のような態度をとることを少なからず助けたと思われる。

（1） 徳富蘇峰は大正九年に公にしたその著『大戦後の世界と日本』の中で論じて、「欧米列強」はこのたびの戦争に「足掛け五個年に亙り国を賭して戦へり。其の前半に於ては第一等の観客たりし米国も、大正六年四月以来は殆ど必死の努力を以て其の中に投ぜり。而して当初より名義上の参加者たる我国は、始終を通じて寧ろ観客たりし也。誤解する勿れ、我国は袖手傍観《しゅうしゅぼうかん》したりと。青島の役は勿論、海軍の地中海及び太平洋、印度洋に於ける活動、若しくは陸軍の西伯利《シベリア》に於ける労苦は、吾人固より之を識認し、之を感謝す。然も、此足掛け五個年を通じて、我が国民は、未だ一日も戦争気分には為り得ざりし也」(五―六頁)とし、「世界的大戦争は、日本国民に黄金の雨を降らせたり。……従来金渇病の患者たりし日本国民は、此の黄金の雨に何れも皆な潤へり。否な少くとも潤へるものと感ぜり。世界列強の不幸、厄運を余所にして、不景気知らずの日本、商売繁昌の日本、世界得意先の千客万来の日本は、一切の事を打ち忘れて、何れも戦争大明神と高歌、抃舞《べんぶ》」（三―四頁）した。そのような状態の中で、戦争は休戦となった。そこで、「戦争大明神と崇め奉りたる我が日本帝国も、休戦条約の沙汰を聞いては殆ど猿が木から落ちたる状態」になった（八頁）としているが、以上の言葉は当時の国内一般人心について述べたものとして誤っていない。

（2）　吉野作造は『中央公論』（大正八年一月号）に「何ぞ国際聯盟に加入するを躊躇する」と題する論説の中で述べて、わが国一部のひとびとは国際連盟が創設されても、それは二、三の大国の道具になりはしないかとおそれており、そのような考えは政界上層部にも甚だひろく抱かれている、と指摘している。そして、同誌三月号の巻頭言「国際聯盟に対する国民の覚悟」も同博士の筆になるものと推測されるが、それは述べて、国際連盟の創設にあたってわが国世上には三つの「俗論」が存在する。その一つは国際連盟成立の暁にはわが国はさまざまの不利益をこうむるとの論であり、その二は国際連盟は欧米の二、三の大国の利益のために運用され、小国の権利は踏みにじられるであろうとの論であり、第三は国際連盟の意図するところは歴史に徴するも実現不可能であるとする論である、としている。また、わが国の国際連盟加入後に田川大吉郎は論じて、わが国は連盟に参加して、「一方の旗頭、花役者」だが、国民ははたして加盟しているのか、また加盟を希望しているのか、不明である。連盟に反対なのではないかと疑われる節もある。国民は連盟の趣旨を理解し、これに共鳴し支持しようと決意しているのか。新聞、雑誌は如何。疑問なくはない。政府も国際連盟の趣旨を国民に理解させようと努めているのか。国民が連盟を理解し、協力するのを希望しているのか。これもまた疑わしい、と述べている(田川大吉郎、「民衆的気分を欠く政情」、『東洋経済新報』、大正九年一二月四日号)。これらの評論において指摘されている事実からもまた、平和会議当時のわが国内の空気を想像することができよう。

(3) なお、徳富蘇峰は先に引用した『大戦後の世界と日本』の中で述べて、戦争下のわが国内のイギリスびいきのひとびともドイツびいきのひとびとも「戦争の終局は、五分五分にあらざれば、先づ四分六分の引分けと認め居たり。……然るに思ひきや、七分三分は愚か、中欧同盟国は、殆ど全滅に瀕し、アングロ・サクソンの両大国は、全く戦場の主人公となり了れり。独逸贔屓者の驚きは勿論の事、英国贔屓の者も、実は斯迄に目覚ましき勝利とは、予期せざりし也。彼等の心底を打明くれば、余りの意外に、聯合軍万歳の声も、発し得ぬ程にてありき」(九頁)としている。

(4) わが国内で抱かれた人種戦争への警戒、恐怖は、過去欧米の一部で唱えられてきた黄禍論(Yellow Peril)のある意味でのカウンタ・パートとみることができよう。

さて、わが国全権団は、平和会議の全期間を通じて自国に直接利害関係のある問題以外について発言することはまれであり、「平和再建にあたっての沈黙したパートナー」(Silent Partners of the Peace)であった。(1) このこともパリ平和会議にたいするわが国内の以上のような空気を考えるとき、象徴的ということができよう。

（1）Bailey, T. A., "Woodrow Wilson and the Lost Peace", Wilson and the Peace Makers, 1947, p. 271.

それでは、平和会議においてわが国代表はなにを主張し、いかなる成果を獲得しえたであろうか。第一は、赤道以北の太平洋におけるドイツ領南洋諸島、すなわち、マーシャル(Marshall)、マリアナ(Mariana)、カロライン(Caroline)の諸群島の処分問題であった。わが国側は一九一七年に英、仏、伊、露の諸国との間に個別的に締結した秘密協定以来これらの諸島をわが国の領土に編入することを期待してきたのであったが、平和会議では審議の結果、ウィルスンの主張にもとづいて以上の諸島は他の旧ドイツ領植民地と同様に国際連盟からの委任統治の下に置くことになり、わが国がその受任国となった。これはアメリカとしては一つの妥協的解決をはかったものといえよう。すなわち、ウィルスンはかねてからわが国と上記四国との間に結ばれた秘密協定にアメリカは拘束されないとしていた。かつ、以上の諸島はグァム(Guam)島のアメリカ海軍基地、フィリピン群島、アメリカ本土を結ぶ水路に近接している関係から、日本がこれら諸島を領有することは、アメリカにとっては軍事的にきわめて好ましくないと考えられた。そこで、以上の諸島を日本の支配下に置くことを認めながらも、連盟からの委任統治という形をとることにして、国際連盟規約上日本がこれら諸島を軍事基地化しえないようにし、それによってわが国が以上の諸島を足場としてアメリカに軍事的脅威を及ぼしえないようにしたのである。(1)

(1) これらの南洋諸島は、主として珊瑚礁から成る火山性の島嶼で、コプラ(椰子油の原料)、燐鉱、砂糖などを若干産出するにとどまり、経済的価値にはきわめて乏しかった。

ドイツ領南洋諸島の帰属問題がこのような形で解決をみたのち、ついでわが国代表は平和会議に付置された国際連盟委員会(League of Nations Commission)に人種平等案を提出した。わが国側は、国際連盟が創設される機会に国際連盟規約中に「諸国民の平等は国際連盟の基本原則である故に、締約国は連盟加入国の国人たる一切の外国人に対してできうる限り速かにあらゆる点において平等かつ公正な待遇を与え、人種または国籍の故に法律上または事実上いかなる差別をもしないことに同意する」という条項を挿入するよう提議した。この人種平等論は、主としては、移民にたいする差別的取り扱いの撤廃、移民の自由を将来要求するための拠点として主張されたものであり、そのかぎりにおいては「国民的利益《ナショナル・インテレスト》」の主張であった。しかしまた、この提案の背後には、世界戦争を経ることによってアジアにおいて国際的比重を増大し、アジアの大国としての地位を確立したことにたいする誇負もあったのである。さらになお、この人種平等の提唱は、この前後にわが国内で唱えられていた前述の人種戦争論ともある程度連関すると思われ、人種平等案は、そのような人種戦争を予防したいという含みをも持っていたと考えられる。

ところで、わが国の提出したこの人種平等案は、中国をはじめ有色人種、少数民族の間において強く歓迎、支持されたが、アメリカおよびオーストラリアはアジア人移民にたいして制限立法を行なってきている関係上まったく難色を示し、イギリスもその統治下に膨大な有色人種を抱えている関係からオーストラリアの主張を支持することとした。そこで、この人種平等案をめぐって平和会議は紛糾を来たし、そのような中でわが国側は譲歩して、国際連盟規約の前文に締約国は「諸国民の平等およびその国人に対する公正な待遇という原則を承認し」の一句を入れるよう求め、かつ全権委員の一人牧野伸顕は説明して、この提案が採択されても、それは連盟加入国にたいして移民に関する措置につきなんらの義務をも負わせるものではない旨を述べた。この譲歩案はついで委員会の採決に付されたが、その結果、賛成一一、反対六であった。しかし、議長の地位にあったウィルスンは満場一致でないという理由の下に不採択を宣言し、ついにこの案も葬られた。

なお、わが国側がパリ平和会議にこのように人種平等案を提出して、その採択を要求して折衝を重ねている中で、わが国の統治下にある朝鮮においては三・一運動(万歳騒動)とよばれる独立運動が爆発した(三月)ことは、皮肉な巡り合わせであったといわねばならない。[1] この三・一運動は、朝鮮における民族解放運動が大衆運動の形態をとるにいたった最初のものであった。それは一面ではウィルスンの民族自決主義の唱導によって刺激されたものであったが、根本においては、過去多年にわたるわが国の苛烈な植民地統治にたいする朝鮮人の鬱積した憤懣の激しい噴出であったのである。しかも、その憤りの中には朝鮮人にたいする日本側の公私にわたる徹底した差別待遇、さらにまたふかい侮蔑感もふくまれていたのである。

(1) 明治四〇年（一九〇七年）に韓国皇帝高宗（李太王）は当時ヘーグ（Hague）でひらかれた第二回国際平和会議に密使を送り、列国に訴えて韓国の完全独立を回復しようと企てた。これを知ったわが国側は激昂して、皇帝を強要して退位させたのであった。この李太王は大正八年一月に没し、その葬儀が三月三日行なわれることになったが、孫秉熙《そんへいき》らはこの機会に朝鮮独立運動を推進することを画策し、同月一日彼らの起草した独立宣言が京城の公園で、青年により朗読されるとともに、その青年のよびかけによって老幼男女の群衆の間から独立万歳の叫びがわき起った。そして、この事件を導火線として独立運動はたちまちにして朝鮮の各地に波及拡大し、その間において朝鮮総督府に意見書が提出されるとともに、パリのウィルスン大統領および各国代表に請願書を送ることが企てられた。この運動は、朝鮮全土についてみれば、激しい弾圧を浴びて七月以降には大勢としては鎮静にむかった。朝鮮総督府の調査によれば、三月から一二月末日までに京城をはじめ各地で検挙された人員は合計一万九五〇〇名にたっし、運動参加者の数は一〇〇万人に上ったものと推測されている(朝鮮総督官房庶務部調査課、『朝鮮の独立思想及運動』、大正一三年、九六頁)。

こうして、人種平等に関するわが国側の主張が敗れたのち、平和会議はいわゆる山東問題をめぐって緊迫した局面を現出することになった。わが国側は平和会議において、一九一五年(大正四年)の日中条約と一九一七年(大正六年)の英、仏、伊、露の諸国との間の秘密協定とを基礎に、山東省のドイツ権益(主として膠済鉄道および鉱山)の譲渡ならびに青島に専管居留地を設定することを中国側に要求し、これらが承認された場合にはわが国は膠州湾、その他の地域から撤兵し、それら地域を中国に返還する旨を述べた。しかし、これにたいして、中国全権団は断乎として反対した。中国側は主張して、一九一五年の日中条約は強圧によって調印を余儀なくされたものであるから無効であるとし、また中国が一九一六年(大正五年)に連合国側に参戦した際にドイツとの間の既存の条約一切の破棄を宣言した故に、山東省のドイツ権益はそのとき以来法的にはすでに中国に帰属しているとした。そこで、日中両国の全権委員の間にはここに激しい論争が展開されるにいたったが、この間にあって、イギリスおよびフランスは前述秘密協定の関係上わが国側の主張を支持した。なお、イタリーはフィウメ(Fiume)問題の処理について不満を抱いて、当時平和会議から一旦脱退していた。これにたいして、ウィルスン以下のアメリカ側は中国にたいしていたく同情的であった。それは、アメリカが右秘密協定の当事国でなかったことのほかに、日本側の援用した一九一五年の日中条約は二一ヵ条交渉の産物であったことによるものである。

ところで、わが国側は以上の主張を固守してあくまで譲ろうとしなかった。そして、その強硬な態度から推して、その要求が容れられない場合には、平和会議脱退を辞しないものと観測されるにいたった。そこで、紛糾し行詰ったこの局面の収拾は、ウィルスンの判断にかかる形になった。このような難局に直面したウィルスンは、逡巡した末ついにわが国側の主張を容れた。当時、彼としては日本の要求をもしも斥けるならば、日本は平和会議を脱退するものと判断し、さきにイタリーが脱退したあと、今また日本がそのあとにつづくならば、平和会議はおそらく破綻し、それとともに彼が主唱し、彼が絶大な期待をかけている新しい国際平和機構(国際連盟)創設の計画もまた挫折するものと考えたのであった。[1] そこで、ウィルスンとしてはたとえいかなる犠牲をこの際に払おうとも、そのような事態に立ちいたることはあくまでも回避すべきであると決意した。彼は当面日本の主張を認め、しかも、将来、国際連盟の手でそれを是正しうることを想い自ら慰めたのであった。[2]

(1) Bailey, op. cit., pp. 278–9.

パリ平和会議でウィルスンの側近として彼を助けたベーカー(R. S. Baker)は、山東問題を以上のように収拾したウィルスンが当時ベーカーに語ったことについてつぎのように記している。「彼は言った。この解決は、汚らわしい過去の中から作り出しうる最善のものであった。……唯一つの望みは、世界をまとめ、日本をもふくむ国際連盟をつくり、そして、その後に、日本との関係ばかりでなく中国にひとしく利権をもっているイギリス、フランス、ロシアとの関係についても中国人が正義を獲得するように努力することである。もしも日本が〔平和会議における山東問題の処理に不満を抱いて〕引揚げたならば、日露独同盟が生れる危険があり、そして、世界はこれまで以上に大きな規模で旧来の〈勢力均衡〉へと立戻ることになったであろう、彼は、彼の下した決定がアメリカにおいて不評であるであろうということ、中国人が激しく失望するだろうということ、日本人は勝利を獲たと思うであろうということ、彼が自己の主義を裏切ったと責められるであろうということを、知っている。けれども、それにもかかわらず、彼としては無政府状態と旧き軍国主義への復帰とに抗して世界秩序と世界組織とのために努力しなければならないのだ」(Baker, R. S., Woodrow Wilson and World Settlement, vol. II. 1923, p. 266.)。

(2)　Bailey, op. cit., p. 281.

さて、平和会議において山東問題がとり上げられるにあたり、中国の学生団体、実業団体、その他からはパリの中国全権団にたいして支援、激励のメッセージ、電報等が殺到する状況を呈したが、わが国側の要求がついに承認されたことが一たび伝えられると、中国の人心はたちまち民族的憤激に沸騰する有様となった。五月四日、北京では約三千人の学生が立上り、「外に国権を争い、内に国賊をこらせ」、二一ヵ条条約廃棄、平和条約調印の拒否、山東省利権の回収、等を標語に激しい抗議運動を行ない、警官と激突して、逮捕者を出したが、この事件を端緒としていわゆる五・四運動が中国全土にわたって嵐のように展開するにいたり、ひとり学生層のみならず、商工業者、また苦力《クーリー》までもふくむ労働者大衆も立上って参加し、日貨排斥、罷市《ひし》、ストライキの波は各地に奔騰する有様となった。そして、当時の日本商品のボイコットは中国にとどまらず、遠く南洋、アメリカの中国人の間にまで広がった。彼らはこうして抗日の意志を表明するとともに、「親日派」と目されてきた曹汝霖(交通総長)、陸宗輿《りくそうよ》(幣政局総裁)、章宗祥《しょうそうしょう》(駐日公使)を裏切者としてその罷免を北京政府に迫るにいたった。(1) 以上の運動において、これを推進するうえで学生たちの演じた役割はきわめて大きかったが、しかし、運動は多分に自然発生的性質を帯びていた。北京政府はこのような事態にたいして、強権をもって事態の鎮静をはかろうと試みたが、しかも、結局効なく、ついに譲歩して、曹汝霖以下を免職し、また山東問題に関する前述のような解決をふくんだ対独平和条約(ヴェルサイユ条約)に調印を拒否するにいたった(六月)。この五・四運動がもつところの歴史的意義は、きわめて大きい。「中国はその歴史上初めて目ざめ、その政府から特定の譲歩を戦いとった。そして、その教訓はふかく沈澱した。指導者たちは、この一つの行為がきわめて小さな始まりにすぎないことを自覚していた。けれども、重要なことは、それが始まりであったということであった」[2]。そして、国際的な面からいいかえるならば、「民族的一体感の成長、さらに又、中国に強要された屈辱的な一方的な諸条約からの解放はひとえに中国自身の努力にまつほかはないという確信――これらは、この国に世界戦争がもたらした最も広大かつ重要な成果であったことは疑ない」[3]。

（1）曹汝霖および陸宗輿は二一ヵ条要求の交渉責任者として、章宗祥は西原借款の責任者として売国奴とみられたのである。
（2）Reinsch, op. cit., pp. 372-3.
（3）La Fargue, op. cit., p. 235.

この五・四運動が終ったのちも、日貨排斥をふくむ反日運動は、民族意識に大きくめざめてきた中国人心を背景についに慢性化することになった。ヴェルサイユ平和条約の成立後、わが国側は山東問題について中国とさらに交渉を行ない、その解決をはかろうとしきりに試みた。しかし、中国側はこれを一貫して拒否した。それは、将来の国際情勢の変化をとらえ列国の助けをかりて有利な解決にたっしようとしたものと考えられる。

パリ平和会議における山東問題の以上のような処理は、他方アメリカの世論にも大きな衝撃を及ぼした。由来わが国の対中国政策、とりわけ二一ヵ条要求は、中国をめぐる日米帝国主義の対立を背景に、中国にたいする好意的、同情的空気をアメリカの人心の中につくり出してきた。それだけに山東問題の処置はアメリカの世論を一方ならず激昂させた。そして、諸新聞は、「山東の犯罪」、「山東強奪」、「許されざる不正義」と評し、山東を「極東のアルサス・ロレーヌ」とよび、わが国を「盗品の所持者」などと痛難した。かつ、ウィルスン大統領の責任を激しく糾弾する声もしきりにあげられ、野党である共和党はそのような世論を煽ることをしきりに試みた。ヴェルサイユ平和条約がついでアメリカ上院において批准を拒否されることになったのは、一つにはこの条約の一部をなした国際連盟規約に大きな原因があるが、なお一つには実に同条約における山東問題についての以上のような処理に由来する。

パリ平和会議の翌年一一月に、カリフォーニア州においては新しい外国人土地法(The Alien Land Law)が州として制定されたが、その背後には、山東問題をめぐって高まるにいたった反日感情もまた存在していたのであった。一九一三年(大正二年)に同州で外国人土地法が制定されて以後、世界戦争の勃発によって同州での日本移民排斥運動も幾分下火になったものの鎮まるにはいたらず、そのような中でいわゆる写真結婚の問題はとかく論議の対象となっていた。そして、戦後にパリ平和会議でわが国が人種平等案を提出したことは、アメリカ、とりわけ日本移民が主として居住する太平洋沿岸諸州の人心を少なからず刺激することになった。そして、これと前後してカリフォーニア州では日本移民排斥を目的とした新立法の動きが高まるにいたった。そこで、大正八年(一九一九年)一二月、わが国は幣原《しではら》(喜重郎《きじゅうろう》)駐米大使を通じて、日本政府としては翌一九二〇年二月以後は写真結婚によって渡米しようとする日本人女子にたいしては旅券を発給しない旨をアメリカ政府に伝え、形勢の緩和をはかろうとした。しかし、結局その効なく、カリフォーニア州では前述のように新しい外国人土地法が成立した。それは、アメリカ市民権をもちえない外国人の土地所有権を一年に、農地の賃借を三年に制限していたのを改正して、土地の所有および農地の賃借を今後は一切許さないことを定めたものであった。なお、日本人はアメリカへの帰化を申請しても受理されないことは、一般によく知られていた。こうして、この新立法によってカリフォーニア州における日本人移民に対する圧迫はますます加重されることになった。

さて、さきに寺内内閣がいわゆる援段政策をとったのにたいして、原内閣は前内閣のこの方針を改めて、中国の内乱を助長することになるような借款および資金供与は中止し、南北両派の妥協実現を促進することとした。(1) そして、大総統徐世昌の下で南北統一の動きが生じると、わが国は英、仏、米、伊の諸国と共同して南北和平を勧告したが(一九一八年〔大正七年〕一二月)、しかし、上海でひらかれた南北和平会議は、結局失敗に終った。その後、一九二〇年(大正九年)七月に入ると、安福派(段祺瑞、徐樹錚《じょじゅそう》ら)と直隷派とは衝突し、このいわゆる安直戦争に勝利を収めた直隷派は、奉天派と結んでついに北京政府の実権を掌握するにいたった。わが国は寺内内閣下では段と特殊関係を結び、段を通じて北京政府にたいして大きな勢力を及ぼしていたのであったが、原内閣は以上の方針の下に同戦争にたいしても中立方針をもって臨んだのであった。原内閣の対中国政策は、要するに政治的、軍事的手段を通して中国に勢力を拡大するいき方から、その重点を経済的浸透に移したものと考えられる。そして、このような転換は一つには過去の対中国政策によって生じた国際的摩擦を緩和することを必要と考えたためであり、なお一つには二一ヵ条要求以来中国にめざめつつあるナショナリズムを考慮してのことと推測される。

(1) 小幡酉吉伝記刊行会、『小幡酉吉』、昭和三二年、一二八—九頁、参照。

世界戦争終結後の日米関係は、すでに述べたところからも明らかなようにその前途は多難であった。そのような中で、アメリカの主唱にもとづいて一九二〇年(大正九年)一〇月に日、米、英、仏の四ヵ国の銀行団によって中国にたいする新しい国際借款団が成立をみた。さきに一九一三年（大正二年）にアメリカは当時の六ヵ国借款団を中国の独立保全のうえからみて好ましくないとして脱退し、その後、世界戦争末期の一九一八年（大正七年）七月に日、英、仏の三国にたいして対華新借款団の設立を提議した。しかし、四国間の協議は容易に意見の一致をみるにいたらず、交渉がつづけられた末、一九二〇年（大正九年）にいたってようやく上記の新借款団が組織されることになった。そして、それとともに、すでに具体的に進捗しているものを除き、中国政府または地方政権に対する、またはこれらが保障する事業団体に対する現在ならびに将来の借款契約で公募による分は、政治的目的、産業的目的のいずれに属するものたるとをとわず、すべてこの借款団に移し、借款団を通じて行なわれることになった。アメリカはこのような借款団を設立することによって、今後諸国が借款を通して中国に勢力範囲を新たにつくり出すことを阻むとともに、中国の政治的統一と安定の実現とを促進しようとしたのであった。この新借款団の構想は、元来は寺内内閣の援段政策に対抗する意図に発したものであり、したがって、それはわが国が融資を通して中国に勢力を扶植、拡大しようとしてきたことにたいする反撃の意味をもつものでもあった。またそれ故に、この借款団成立にいたる交渉において、わが国側はわが国が特殊利益をもつ南満州および東部内蒙古を借款団の活動範囲から除外するよう強く要求した。しかし、英米両国はそれをもって中国の独立および領土保全の建前と相容れないものとし、あくまでも拒否した。そこで、わが国としてこの新借款団に参加しないことは、かえってさまざまの重大な不利益を招くことを考え、結局、三国から借款団は日本の経済的生存または国防の安全に影響を及ぼすような活動は行なわないという保障を獲て、満蒙除外の主張を放棄して妥協した。その結果、わが国側が以上の取決めにもとづいて新借款団に提供することになった借款計画の多くは、実は二一ヵ条要求をめぐる交渉でわが国が獲得したところのものであった。このことは、注目されねばならない。その点においては、アメリカはこの借款団組織を通じて二一ヵ条要求によってわが国が中国から獲ちえたものを部分的に切りくずすことに成功したのである。

さて、すでに述べたように、寺内内閣下においてわが国は連合与国とともにシベリアに出兵したのであったが、とくにアメリカはわが国がこの出兵を機会にシベリアに勢力を築こうと企てているのにたいして当初から強い警戒の態度を持した。そして、このことも、戦後にかけての日米関係をとかく冷やかなものにした重要な一因であった。そのような中で、これまでウラディオストクにむかって移動してきたチェク・スロヴァク将兵は、一九一九年(大正八年)一二月からいよいよシベリア引揚を開始する運びとなり、それとともにシベリアへの連合諸国の共同出兵の名目は達成に近づくことになった。しかも他方、翌一九二〇年(大正九年)一月にはこれまで連合国側から支援を与えられてきたコルチャク(A. V. Kolchak)政権は赤軍に敗れてついに没落した。なお、このコルチャクは、シベリアにおける反革命勢力の中でかつて最も有力な存在とされてきたのであった。こうして、ヨーロッパにおいて連合諸国によって企てられた反革命的国際干渉が一九一九―二〇年にかけて失敗に終ったのとあたかも照応して、極東のシベリアにおいてもまたコルチャクの没落を機としてその企ては挫折することになった。このような情勢の中で、まずアメリカはシベリアから撤兵することを決定し(一月)[1]、ついで諸国も続々これに倣うにいたった。

(1)　アメリカ政府は一九二〇年(大正九年)一月九日付の幣原駐米大使宛覚書において、シベリア出兵の目的の一つであったチェク・スロヴァク将兵救援は今や実現の運びとなった。また第二の目的であった「自治政府の樹立若は自衛に関する露国民の努力を支援する」件については、東部シベリアの政情および「一般的状況」が目下甚だ不安定であり、これがため「自治政府樹立に関する露国民援助の希望」にたいして、これ以上軍事的援助を与えることは、かえって事態を混乱させて、シベリア地方の秩序回復を遅らせるであろう。それ故に、この第二の目的は駐兵によっては達成しえないと思われる。そこで、アメリカはチェク・スロヴァク将兵の最初の「主要部隊」がウラディオストクより乗船した直後からアメリカ軍の撤退を開始する、旨を通告した。

しかし、これにたいしてひとりわが国のみは同年三月声明を発して、シベリアに引きつづき駐兵する旨を明らかにした。この声明は述べて、わが国の出兵はチェク・スロヴァク将兵の救援を目的としたものであり、したがって、これら将兵の引揚完了のうえはわが国もまた撤兵すべきである。しかし、わが国のシベリアにたいする「地理的関係」は列国とは異なり、とくに極東シベリアの「政情」は直ちに満韓地方の「情況」に波動を及ぼすのみならず、シベリアに在住する多数のわが国居留民の生命財産の安全にも影響を与える。それ故に、わが国としてはにわかに撤兵を行なうことはできない。わが国はロシアに対してなんら「政治的野心」を抱いてはいない。したがって、「我が接壌地方の政情安定して満韓地方に対する危険除去せられ、我が居留民の生命財産を安固ならしめ、交通の自由保障せらるるに至らば」、できうるかぎり速かにシベリアから撤兵するであろう、となした。なお、原内閣はこの声明を発するに先だって同月、閣議でシベリアの事態に処すべき根本方針を議定し、外交調査会の議に付して決定したが、それは駐兵の継続について以上と同趣旨の理由づけを行ない、右の理由にもとづいて派遣軍は今後「守備線」を縮小し、後《ザ》バイカル州および黒竜江州から撤退し、右の兵力を大体において東支鉄道沿線、および、沿海州のウラディオストク地方に配置し、これらの地域の交通、治安を維持し、満州および朝鮮にたいするボルシェヴィキの行動を阻止しつつ今後の情勢の推移をみる。なお、ニコライエフスク(Nikolayevsk)は南樺太防衛上の要地であるので、同地には駐兵を継続する、とした。しかし、わが国がこのようにシベリアにひとり依然として駐兵をつづけることにしたことは、これまでわが国がシベリアにその勢力を浸透させようとして反革命派援助を執拗に試みてきたこととの連関で、列国をしてわが国の野望について強い疑惑を抱かせることになった。

わが国を除く諸国が、こうしてシベリアから撤兵することになったとき、そのことはシベリアにおけるボルシェヴィキを一段と鼓舞するとともに、その勢力を著しく増大させる結果になった。このような情勢の中で、同年三月ニコライエフスクのわが国守備隊とボルシェヴィキの別働隊と称するものとの間に武力衝突が起り、守備隊は衆寡敵せず敗れ、同地のわが国領事館は砲火を浴び、多数の居留民は虐殺された。しかも、その後わが国側が同地に救援軍を送ることになると、彼らはさらに日本人虐殺をくり返し、市街に火を放った上で逃れた(五月)。ニコライエフスク事件(尼港事件)とよばれるものが、これであり、この事件で犠牲となった邦人は、居留民では副領事をふくむ三八三名、将兵では三五一名といわれている。この事件が起ると、わが国側は宣言を発し、この事件について交渉すべき相手方政府が当面存在しないので、将来正統な政府が樹立されてこの件の満足な解決をみるまで北樺太、およびサガレン州(Sakhalin Province)内の所要地点(ニコライエフスク、その他)を占領することとした。わが国がニコライエフスク事件を機会に、このような保障占領を行なうにいたったことは、列国の注目を集めた。それは北樺太、その他サガレン州の若干地点の支配は極東水域における日本の戦略的地位を著しく強化するものであり、また、北樺太は石油および石炭の埋蔵豊富をもって知られていたからである。こうしてわが国の侵略的意図についてまたも新しい国際的疑惑が抱かれることになった。そのような疑惑は、しかし根拠のないものではなかったのである。(1)

(1)『原敬日記』、大正九年六月二五日の条によれば、この日、原首相は田中陸相を招致して、かねて内談したとおり北樺太の必要地点を占領する旨を発表し、「実際はアレキサンドリー港を占有し、之には将来領土となすの方針を以て半永久の計画をなし……」てはどうかと述べたところ、田中はこれに同意した。そのあと原首相、内田外相、加藤海相、田中陸相は協議して、大体田中と談合したようなニコライエフスク事件処置案を「内定」した、とある。そして、ついで右内定のとおり取り運ばれた。なお、同年六月の内田外相の駐米大使宛訓令中には、アメリカ政府が北樺太占領に関して、日本に「領土獲得の計画を有するや否の点に付質問せば、露国正当政府樹立の後同政府と商議し得る場合に至らざれば、帝国政府に於て今日予め善後処分に関する条件を定め難かるべき旨程能く説明し置かれたし」(外務省編、『日本外交年表竝主要文書』、上巻、五一三—四頁、参照)とある。

さて他方、コルチャク没落後やがて四月には東部シベリアに極東共和国(The Far Eastern Republic)の樹立が宣言された。この極東共和国は、モスコオのソヴェト政府の支持を背後にもち、その目的は緩衝国家として、シベリアをとくに日本に対する関係で保全することにあり、そこで共産主義の立場をとらず民主的共和国を標榜した。そして、その後極東共和国は過去わが国側が支援してきた反革命派セミョノフの軍を撃破し、一二月には東部シベリアは日本軍の駐兵地域を除き同共和国の下に統一されることになった。

第二節　高揚する国内不安

第一次世界戦争は、前にふれたように原内閣の成立後まもなく連合国側の勝利をもって終った。そして、戦争の終結は、わが国経済界のこれまでの戦時景気に終止符を打つことになった。しかし、それがために生じた不況は、翌年四、五月でひとまず終り、そのあとには戦時を上回るような好景気をわが国経済界は迎えることになった。それは、巨大な戦禍をこうむったヨーロッパ交戦諸国にとってその経済的立直りは到底容易ではなく、これがためそれら諸国の世界市場への再登場が遅れ、その関係からわが国戦後貿易の前途が当面大きくひらけたこと、またわが国が戦争下で国際的に得た債権による正貨の流入によって信用の膨脹をみるにいたったこと、などにもとづく。

このような好景気の中で、原内閣は成立以来のインフレーション政策を続行し、これがために物価は高騰をつづけることになった。なお、原内閣が資金貸出によって輸入増進を推進したことは、国内物資の供給減少を招き、それもまた物価の上昇を著しく助長することになった。原内閣がインフレーション政策をとり、物価にたいしてさして関心を示さなかったのは、通貨の収縮が地方の地主、都市の商工業者、またひろく有産者層一般の大きな不満を買うことを顧慮してのことであった。しかも、野党たる憲政会もまたひとしく有産者党であった関係上、物価問題を真剣に取り上げようとはせず、その地方遊説においてもこの問題にふれるのを避ける有様であった。

ところで、世界戦争の終結に先だって、ロシアにおいては革命によりロマノフ(Romanov)王朝が倒れ、オーストリア・ハンガリーにおいては帝国の分裂と革命とによってハプスブルグ(Habsburg)王朝が滅亡し、ドイツにおいても革命によってホーヘンツォレルン(Hohenzollern)王朝は没落した。古き由緒と伝統とを誇ってきたヨーロッパの三大王朝は、こうしてその姿を消した。しかも、つづくパリ平和会議においていわゆる世界の再建が企てられ、さらにはまた戦後のヨーロッパ諸国においては、一方では政治の民主化が大きく進展するとともに、他方、労働者運動は凄まじい勢をもって高揚する有様であった。このような世界情勢を背景にして、わが国内では寺内内閣の下で既述のように動き出した知識人の運動は、戦後さらに一段と活発化することになった。そのような中で、大正七年一二月には平和主義・民主主義のための啓蒙運動を行なう団体として黎明会が生まれた。それは、吉野作造、大山郁夫、新渡戸稲造、三宅雄二郎(雪嶺)、福田徳三、左右田《そうだ》喜一郎、五来欣造《らいきんぞう》、穂積重遠《ほづみしげとお》、姉崎正治、朝永三十郎、森戸辰男、高橋誠一郎、渡辺銕蔵《てつぞう》、その他のひとびとをその会員としたものであった(1)。また、翌大正八年八月には改造同盟と称する団体がつくられた。これは、この年の平和会議の際にパリに滞在していた若干の新聞記者、少壮政治家たち(2)が当時ヨーロッパ諸国の内部に激しく高揚しつつある国内改革への気運に大きな衝撃をうけ、また世界の立直しに当るべきパリ平和会議でのわが国外交を無気力、無能として痛憤し、激動する世界情勢に対処してわが国の改造、再建を行なうことを焦眉の急務であると語り合った。これが端緒となって、帰国後これらのひとびとの若干の発起によって新聞記者、政治家、学者などの参加をえてつくったものである(3)。この団体に関係したひとびとが、わが国の改造について重点としたところは各人同一ではなかったが、改造の第一段階として普通選挙の実現を要求する点では一致していた。そこで、この改造同盟の主たる活動は普選のための啓蒙運動となった(4)。

（１）　一月一八日その主催で第一回講演会をひらいた際に会の設立趣旨書を聴衆に配付したが、

それは述べて、このたびの世界戦争が専制主義、保守主義、軍国主義に対する自由主義、進歩主義、平和主義の戦争であったことは、改めて説くまでもない。今後世界の諸国民はこの戦争で莫大な犠牲を払った結果として今や真の「文明的生活」に入る希望をもつにいたったものといえよう。しかし、希望にみちたこの戦後の講和の時期は、同時にまたさまざまの「反動的危険」を孕んでおり、われわれはこの際極力この危険を取り除き、「社会進展の気運」を促進せねばならない。そこで、同志相集まってこの会を組織し、「一個の社会的新運動」を開始することにした、としている。そして、会の綱領として次の三ヵ条を掲げた。「一、日本の国本を学理的に闡明《せんめい》し、世界人文の発達に於ける日本独特の使命を発揮すること。二、世界の大勢に逆行する危険なる頑冥思想を撲滅すること。三、戦後世界の新趨勢に順応して、国民生活の安固充実を促進すること」。

(2) 馬場恒吾、中野正剛、小村俊三郎、亀井陸郎、長島隆二、永井柳太郎、などであった。

(3) その趣意書には、わが国政治家は経済組織を改革して国民生活の安定をはかる先見の明を欠くのみならず、準備なくして参戦し、抱負なくして平和会議に臨んだ。こうして、わが国のなすところは世界の大勢に合致せず、これがためにわが国は国際的孤立に陥ったばかりでなく、国際的圧迫をこうむろうとするにいたった。このようになったのも、結局において政治・経済・社会制度に根本的欠陥のあることによる。われわれはこれを是正するために改造同盟を結成し、つぎの一一項目の実現を期する、とし、「(一)普通選挙、(二)華士族、平民の差別撤廃、(三)官僚外交の打破、(四)民本的政治組織の樹立、(五)労働組合の公認、

ばせる趣に似てをる」とし、最近で出版界を「驚倒」させたのは河上博士の『社会問題研究』であり、「この分冊的著書の最大の誇とも云ふべき点は、デモクラシーの時代をマルクスの時代へ推し進めたことである。即ち我が読書界の中心題目をデモクラシー論からマルクス研究へ移す上に一線を劃したことである」。「社会主義に関する有ゆる《あら》出版物、労働問題に関する諸種の出版物は、いづれも此の劃線を基点として世に現はるゝに至つた。昨秋以後の読書季節に在ては、デモクラシーの名題を帯びた新刊書は正しく読書界の中心勢力を成してゐた。然るに半年後の今年の初夏に我が読書界を飾つた新緑の衣は、マルクスの名であつて、デモクラシーは最早旧套に属した観がある」。『社会問題研究』の創刊号が六万部売れると、出版業者はもはやデモクラシーなどという問題には目もくれず、マルクス、社会主義を扱ったものを競って出版する有様になった。高畠素之訳『マルクス資本論解説』などは、三日にして二万部を売りつくしたといわれる。山川均を中心とした新雑誌『社会主義研究』の創刊、米田庄太郎の『輓近社会思想の研究』の刊行、堺利彦の六年前の訳書『社会主義倫理学』の重版、ついには「田島〔錦治〕博士といふ斯界の老学者の名を冠した『近世仏独社会主義論』なる、三十六、七年前の米国経済学者の翻訳然たる旧著に二度の勤めをさへさせるに至つた」。出版界のこのような傾向は、おそらくわが国読書界の要求、思想界の傾向に原因するものと思われる、とし、近来は建部《たけべ》遯吾《とんご》、徳富蘇峰、上杉慎吉などのようなかつての「読書界の人気者」、「著作界の第一流」であったようなひとびとは、「近来殆んど何等の権威ある著作を公にし得ぬことに為つた」とし、「読書界」の以上のような大きな変化の根底には実は「世界思潮」があるのである、と論じた。なお、この評論は、その著『世を拗ねて』(大正八年)に収録されている。

さて他方、世上では普通選挙を要求する空気は高まりつつあり、普選運動は知識人や一部政治家による啓蒙運動の域をはなれて、今や民衆運動としての性格を帯びるようになった。しかし、そのようになっても、世上の一部には普通選挙を嫌悪し恐怖する論も依然として唱えられていた(1)。このような中で、大正八年三月一日には日比谷公園で普選を要求する国民大会がひらかれたが、その参加者は五万人に上った。会後一万をこえるひとびとが隊伍を組み市中を行進した後、二重橋前で万歳を三唱したが、これは、わが国における示威運動の最初であったといわれている(2)。

(1) この前後の時期を通じて普選運動において大きな役割を演じた一人に今井嘉幸《よしゆき》をあげることができる。彼は一時は衆議院に籍をもったが、普選のために彼は長年その努力を傾けた。今井は大正八年一月に黎明会の第一回講演会において「頑冥思想より観たる普通選挙」と題する講演を行なっているが、その中で当時「頑冥者流」が普選に反対しているその論拠を逐一紹介しておりそれは興味がある。今井は述べて、まず第一に普選は共和国において行なわれるものであり、君主国には不適当である。すなわち、普選はわが国体に合致しないとの論がある。第二は普通選挙論には「危険思想」がふくまれているとなす者である。第三は、普選は西洋人の思想で、「大和民族」には適用すべからざるものであるとの論で、これは「全く偏屈なる感情論」であるが、このような考えを抱いているものが案外少なくないのには驚く次第である。しかし、以上の諸説は多く論ずる価値のないものである。ところで、「尤もらしき思想」として往々出会うのは、次のようなものである。第一は、普通選挙論は天賦人権論に由来しており、しかも、天賦人権論は政治上、法律上誤謬である、となすものである。第二は、普選を実施すれば、「衆愚煽動の弊」を生じるとして反対するひとびとである。さらに世上には普選尚早論というものがある。この種の論者は、わが国の教育の程度が欧米先進国にも劣っていないのを無視して国民の知識程度を未だ低いとしている。あるいはまた、本来なら普選実現のため立上るべき労働組合が治安警察法に阻まれて発達しえないでいるのを度外視して、わが国内に普選要求の声は未だないとしている。そして、それらをもって尚早論の根拠としている、と述べている。今井はこの講演の中で、これらの普選反対論あるいは尚早論に一々反駁を試みている。

なお、今井のこの講演は『黎明会講演集』(大正八年三月刊)に収められているほか、その著『普選を中心として』(大正一〇年)に収録されている。

(2)『東洋経済新報』(三月一五日号)は、「日本最始の大示威運動」と題する社説においてこの催しについて論じているが、その中で述べて、三月一日の示威運動は、民衆の間における普選への要求の激しさを示すものである。東京でのこの種の運動の参加者は学生がもっとも多いのが普通であるが、しかし、当日は政府の干渉もあって学生は案外に少なく、多数は

「商人」、「番頭」、「職工」、「勤め人」であり、年齢的には二四、五歳から三四、五歳までのものが多く、四〇歳を越え五〇歳に近い「商人」、「紳士」も混入していた。集ったのは野次馬でなかったから、示威運動も平穏かつ秩序だっていた。由来政府、警察は民衆が政治的目的で団体をつくり、街頭で運動することを嫌ってきた。それ故に、このたびも彼らはさまざまな干渉を試みた。文相は各学校にたいして学生の参加を差し止めるよう訓令を出した。また、警視庁は三月一日が労働者の休日なので、労働者を参加させまいとして主催者側にたいして日取り変更を強く要求し、かつ学生、労働者を参加させぬよう命じた。そればかりではない。参加者の氏名を予め届出ること、腕章に赤色を用いず白色が望ましいこと(理由は、赤色は革命の象徴であるということにあった)、印刷物を配付せぬこと、楽隊を付せず、合唱せず、楽器および旗は使用せぬこと、銀座通りのごとき雑沓した街路を通らぬこと、演説せぬこと、議会へは三〇人以下の代表者のほかは赴かないことなど、合計で一七ヵ条の要求を出した。しかし、幸にも主催者側はこれを拒否し、三月一日は労働者の休日でかつ土曜日である、労働者、学生の参加を望んでこの日にしたのであり、労働者、学生こそこの運動を行なうことを最も望んできたのである、このような大規模な民衆運動の場合に参加者の氏名を予め知ることは困難である、腕章は行列を整理するためのものであるから一見認識できる色がよく、その点で白色は不適当である、楽隊、唱歌、旗なども大衆運動には秩序維持のうえから不可欠である、示威運動は威力を示すものであるから、銀座のごときところで行なってこそ意味がある、警視庁が禁止または解散させるなら、それは自由であるが、われわれとしては所信に従って強行する、と答えた。主催者側の態度がこのように強硬なので警視庁は結局譲り、労働者、学生の参加もとくに勧誘したものでなければ認める。参加者氏名の事前届出は要求しない、腕章は白色でも赤色でもよい、銀座を通ることは認める、ということにした。しかし、それでも主催者側が一向に譲歩しようとしないので、ついに警視庁側は岡(喜七郎)警視総監が病気であったという理由の下にさきに提出した要求の全部を撤回した。こうして、示威運動は主催者の当初の考えどおりに行なわれ、それは秩序正しく平穏になされた。民衆の「知識」は今や向上したのである、と述べている。

『東洋経済新報』の右の社説中の事実関係に関する記述がどの程度まで正確であるかは今日明らかにしえないが、しかし、当時の事情、雰囲気をある程度物語るものとして注目に値する。

ところで、他方この年八月三〇日から友愛会は第七周年全国大会をひらいた。この大会で、これまでの地域的組合を今後は漸次職業別、産業別の全国組合に整理、統合することが決まり、その結果、友愛会は労働組合ではなく労働組合の全国的連合体に改められることになり、名称も大日本労働総同盟友愛会と改称された(1)。そして、この大会において議定された宣言は述べて、「人間はその本然に於て自由である。故に我等労働者は如斯宣言す。労働者は人格である。彼はたゞ賃金相場によつて売買せらる可きものでは無いと。彼はまた組合の自由を獲得せねばならぬ。……殊に機械文化が謬《あやま》れる方向に我等を導き去つて以来、資本主義の害毒は世界を浸潤し、生産過剰と恐慌は交々《こもごも》至り、生産者はその工場より追はれ、然らざるも彼は一個の機械の付属品としてその生理的補給を繋ぎ得る程度の賃金に甘んぜねばならぬこととなつた。故に生産者は如斯宣言す。我等は決して機械では無いと。我等は個性の発達と社会の人格化の為めに、生産者が完全に教養を受け得る社会組織と生活の安定と自己の境遇に対する支配権を要求す。……世界は産れ変る。そして、日本をのみ残して前へ前へと進む。故に我等日本の生産者は世界に向つて如斯宣言す。日本の労働者も国際連盟とその労働規約の精神に生き、地球が凡て平和と自由と平等の支配する所で有る為めには、我等も殉教的奮闘を辞するものでは無い」とし、「主張」としてつぎの二〇項目を掲げることになった。「一、労働非商品の原則、二、労働組合の自由、三、幼年労働の廃止、四、最低賃金制度の確立、五、同質労働に対する男女平等賃金制の確立、六、日曜日休日(一週一日の休養)、七、八時間労働及一週四十八時間制度、八、夜業禁止、九、婦人労働監督官を設くること、一〇、労働保険法の発布、一一、争議仲裁法の発布、一二、失業防止、一三、内外労働者の同一待遇、一四、労働者住宅を公営にして改良を計ること、一五、労働賠償制度の確立、一六、内職労働の改善、一七、契約労働の廃止、一八、普通選挙、一九、治安警察法の改正、二〇、教育制度の民本化」。

（1）翌年一〇月の第八周年大会で「大」を削除、日本労働総同盟友愛会と称することになり、さらに大正一一年一〇月の第九周年大会で、友愛会の三字を削り、日本労働総同盟と改称した。

友愛会は、この当時においてもなお創立以来標榜してきたその労資協調主義を放棄するにはいたらなかったものの、第七周年全国大会において採択された上述のような宣言および「主張」は、友愛会が今ややようやく戦闘的色彩を身につけ始めていることを示すものであった。[1] そして、それとともに注目すべきことは、前記の二〇項目の「主張」の一つに普通選挙を掲げたことであり、爾来、友愛会はいよいよ高まりつつある普通選挙運動へ参加することになったのである。[2]

（1）荒畑、『寒村自伝』、上巻、二四二頁。なお、友愛会の創立者であり、かつ当時まで会長の地位にあった鈴木文治は、その回顧録の中においてこの第七周年全国大会で議定された宣言および「主張」について述べて、「世間ではこれを称して、友愛会が協調主義をかなぐり捨て、闘争主義に推移したのだといふ。或はさうかも知れない。併し友愛会も幾度か実践的経験を嘗めた結果、漠然たる協調論では到底立つて行けないことを自覚して居た。実をいふと、私自身の精神上に内部革命が起りつゝあつた。端的にいへば、私は社会改良主義より社会主義に移りつゝあつた」としている（鈴木、『労働運動二十年』、昭和六年、一八三頁）。

なお、堺利彦は生田長江《いくたちょうこう》とともに来賓としてこの大会を傍聴し、会議第一日の夜の懇親会では求められたテーブル・スピーチを行なった。友愛会は当時まで社会主義者とかかわりをもつことをその運動上官憲との関係で不利を招くとして避けてきた。そのことを考えれば、第八周年全国大会にはその点でも変化が認められたということができる。堺は「友愛会大会傍聴の記」という一文を『新社会』に掲げたが、それには、当時の友愛会の模様が記され、またこの大会にたいする彼の批評が述べられている点で興味ふかい。この文中で堺はいう。大会第一日は友愛会本部のある芝の統一教会内でひらかれた。「午前十一時開会。各支部から選出された二百人ばかりの代議員が婦人をも交へて着席してゐる。壇上には黄色に紫の房をつけた組合旗が、座長席の左右に十旒《りゅう》ばかりづゝ並べ立てゝある。其の旗竿の頭は皆な槍の穂先になつてキラキラと光つてゐる。議場の光景は可なりの緊張を示してゐる。やがて会長鈴木文治君が議長席に就く。忽ちコツーンといふ強い響が場内に伝はる。拍手が一斉に起つて、其あとがシーンとなる。議長がギャヴェル（議長槌）で卓を叩いて、開会の知らせをしたのである」。まず鈴木君が会長として挨拶を述べ、大正元年に創立されて以来本会は今七周年を迎えた。今回の大会をわが国労働運動史上意義あるものにしたいといい、そのあと鉄工組合の三木が地方代議員に対し歓迎の辞を述べ、神戸連合会の鈴木がそれに対する答辞を述べた。それで、第一日午前の部は終った。「総ての作法、形式がスッカリ西洋流に出来てゐるのが面白かつた」。午後議事に入るに先だって、「賀川（豊彦）君が『運動歌』の合唱をやらうと云つて、場の一隅のボールドを指ざした。それには白墨で『目ざめよ、日本の労働者……』という四、五節の唱歌が書いてある。『関東の方《かた》はまだよく覚えておゐでにならんでせうが』といつて賀川君が音頭を取る。蓋し歌は賀川君の作で、関西では既に専ら行はれてゐるのである。歌の結尾の『フレー！　フレー！　ユウ！　アイ！　カイ！』といふ所に力が籠つて、会衆は自らそれに酔はされたらしかつた。賀川君が三度ほど繰り返して歌わせるうちに、関東側のひとびともその譜に慣れたらしかった。わたくし(堺)は、そのとき思い出した、「我々の社会主義運動の卵も、此の統一教会(ユニテリアン教会)で暖ためられた。当時の社会主義者中にはクリスチャンが多かつた。日本の社会主義はクリスチャンの間から生れたと云つてもい丶。従つて、最初我々の集会で歌はれた唱歌なども、どこやらクリスチャン臭い所があつた。然るに、友愛会が矢張クリスチャンたる鈴木君の手に依つて此の同じ会堂の内に成長し、同じくクリスチャンたる賀川君がクリスチャン臭い(と私には感じられる)唱歌をはやらせてゐるのは、実に面白い因縁である。只だ社会主義が其後段々に温順なるクリスチャン臭を脱して来たと同じ径路を友愛会が取るかどうか、それは今後の問題である」としている。

堺はまた、この第一日の議事で友愛会の改称が決まったことを評して、新名称である大日本労働総同盟友愛会という「大日本」には「国自慢」の「厭味」を感じた。しかし、「労働総同盟」と称せずにいられなくなったところにその「抱負」がうかがわれる。また、この改称案説明の際に鈴木君が、現在でも自分は「徹底的の意味に於いてなら資本労働の協調を信ずる」といったのは、印象的であった。「徹底的」という言葉の意味ははっきりしないが、しかし、「兎にかく鈴木君が『労資協調』の看板を其儘に持続し得なくなつた所に、少からぬ意味がある」。そして、「他日更に一層の進歩を見る事を待ち望む」と評している。なお、差支えのため第三日には出席しなかったが、同日議決された二〇項目から成る「主張」をみると、「産業国有の主張、産業共同管理の主張等はまだ此中に現はれて居ないが、普通労働組合の主張としては先づ最も進歩的なものと云はねばならぬ。殊に注意すべきは普通選挙の一項で、友愛会として之を言明したのは大奮発と云ふべく、従つて早速その実行運動に着手するとなれば、今後の普通選挙運動は大なる勢力を得るわけである」と評している。なお、この文章は彼の評論集『恐怖・闘争・歓喜』(大正九年)に、また『堺利彦全集』第五巻(昭和八年)にも収録されている。

(2) 堺利彦は前註に引用した文章の中で、友愛会が普選運動の推進力になるということになれば、「労働運動の政治化、政治運動の労働化、政治運動と労働運動との結合といふ一新現象が、初めて茲に発生するのである」と述べて、大きな期待を寄せている。但し、山川均、荒畑寒村、その他当時の多くの社会主義者は、いわゆるブルジョア・デモクラシーにたいして批判的立場をとり、労働者階級へのその影響を遮断することが社会主義革命を促進することになるとの見解を抱いており、したがって、彼等は普通選挙問題についても消極的態度を持したのであった。

さて、以上のような国内情勢は当然に支配層を強い不安に駆り立てずにはいなかった。

しかも他方、物価は大勢において騰勢をつづけ、米価のごときもたとえば米騒動から一年後の大正八年八月には当時をはるかに上回る有様となった。大正八年一〇月江《え》木《ぎ》千之《かずゆき》、阪《さか》谷芳郎《たによしろう》以下の貴族院各派代表は原首相を訪ね、政府の物価政策の不充分を述べ、速かに適切な措置をとって国民生活の安定をはかるよう要望した。原はこれを了承して、今後の努力を約束したが、彼はこの会談についで日記につぎのように記している。「江木、阪谷色々の弁を弄したる中に人心不安を喋々するに因り、余〔原〕は貴族院にては今にも騒動の起る様に観察せられ居るやと反問せしに、否《しか》らずと江木返事せり。余は是迄現内閣の取り来りたる顚末を告げて、政府は何事もなさゞる様に認めらるゝは意外なりと云ひたるに、一同否らずと云ふ。色々談話の末帰るに臨んで余より、諸君の御話中には思想の変化云々を繰返されて不安を訴られたるが、如此問答ありたりと云ふ事其事が既に危険を招く虞あり、お互に此事は此座限りの事として他に洩らさゞる様にしては如何と言ひたるに、一同御尤なり。吾々も其積なりとて同意して去れり(1)」。原のこのときの発言は、若干政治的考慮を交えたものと推測されるが、しかし、両者の間の以上の応酬が原をふくむ支配層の不安感を物語るものでもあることは、明らかである。さきに米騒動で大きな衝撃をうけた山県有朋は、爾来物価、とくに米価また米穀不足を憂慮してやまず、原に対してもそれらについての懸念をくり返し述べ、米価の公定、募債によってでも外米を輸入して廉売するこ

となどをしきりに勧告し、原が彼のそれらの意見をとり上げないのにいたく焦慮し、不満をもらしたりした。(2)

(1)『原敬日記』、大正八年一〇月四日の条。

(2) 同書、大正八年一〇月一三日、同一九日、同二五日、一一月六日、一二月八日、同二三日、同九年三月二六日の条。松本剛吉、『政治日誌』、大正七年一二月二日、同八年九月一八日、同二六日の条。

入江貫一の記すところによれば、米騒動後、山県は国民が協力して各〻が一割の米を節約すれば、三四百万石の不足は充分補えるとし、「先づ自家の飯米を米七分麦三分となし、之を常食と為したるのみならず、如何なる来客にもそれ以外は出さなかつた。而もそれは最後の病気まで持続して決して変へしめなかつた」という(入江、『山県公のおもかげ』、九七―八頁)。これによっても、山県が米の問題につきいかに異常な執心をもって原に勧告を試みたかを想像することができよう。

原は大正八年一二月に山県を訪ねた際、山県にむかって「物価問題に関しては、直接之が為めに騒擾起るべしとは思はざるも、思想界の変化に関しては何事を生ずるも計られざるに付、警視総監、憲兵司令官、衛戍《えいじゅ》総督等の間に協議し、万一の事あるも着々方針を誤らざる事となす」旨を伝えているが、(1)いわゆる思想問題の前途について彼は不安を禁じえなかった。そのような原は田中陸相から、在郷軍人が恩給では生計を立てえない窮状にあり、それは「体面に関するのみならず、露国の如此軍人等より大事を誤りたる例もある」ので、速かに恩給を引上げるようにしたいというのをきき、それを了承した。(2)また、田中が波多野(敬直《よしなお》)宮相に対して在郷軍人救済の趣旨で御下賜金を仰ぎたいと申し出たのにたいし、原はそのあと宮相に会い、右の申出は「至極尤の事」であり、「田中等の恐るる所は、軍人等が下等民と投合して過激主義に感染する様にては国家の大事なれば、恩命之あるは然るべし」と述べて、斡旋し、(3)この御下賜金交付はついで実現をみた。(4)原はまた、戦後わが国においてキリスト教がひろがりつつあることにたいしても憂慮を抱いた。彼は「儒教、仏教皆な日本化したるが如く、耶蘇教も日本化する様子なりしも、何分外国宣教師によりて宣伝さるると又欧洲大戦の影響として人心の動揺を来たしたる際なるに因り、将来如何なる情況を呈せんも知るべからず」と考えたのであった。(5)このような考え方の持主である原はまた、当時の一部学者の主張も徒らに売名あるいは奇をてらって唱えるものと受取られ、彼はそれらを苦々しく憂慮、嘆息すべきこととした。(6)このように、原はいわゆる思想問題を彼なりに重大視しつつも、しかし、それにたいする有効な策を見出しえないのに甚だ苦しんだ。あるときには山県にその苦衷を述べ、「何か気付あらば内示を希望す」といったが、山県もこれに答えて、自分も苦慮しているところであり、あるいは学者たちを集めて相談しようかとも思っているといい、原は「到底一事一端を以て其の効を奏すべきに非らざれば、有ゆる手段を取るの外なし」と述べた。(7)

(1) 『原敬日記』、大正八年一二月二八日の条。

(2) 同日記、大正八年一月八日の条。なお、その際に原は田中に、在郷軍人たちはなるべく地方に行って小学校教員になるとよい。「数ケ月練習せば、教員は勤まる」であろう。こうして、恩給と俸給とを併せ得られるようにすれば彼らにもよく、「子弟の教育に身を委ぬる事」になれば、「地方の為めにも教育の為めにも宜しからん」と述べた。田中もこれに大いに賛成し、早速に文相とその件を協議することにすると答えた。原のこの示唆は翌年に実現をみた。当時『東洋経済新報』はこの措置を論じて、その目的の一つは明らかに予後備軍人の「生活難」の救済にある。「陸軍省と文部省とは、小学校の教員室を救貧院と間違つては困る。世の中に何が一番大切な仕事かと云ふて、小学教師に勝るものはない。陸軍で使用に堪へぬ人間が小学教師になれるとは、教育に対する何たる侮辱であらう」と評した(『東洋経済新報』「小評論」、大正九年六月一九日号)。

(3) 『原敬日記』、大正八年一〇月二二日の条。

(4) 同日記、大正八年一一月八日の条。

(5) 同日記、大正九年一〇月九日、同一四日の条。

(6) 大正九年一月、当時東京帝国大学経済学部助教授であった森戸辰男が同学部機関誌『経済学研究』に「クロポトキンの社会思想の研究」を発表して、それは筆禍事件を起したが、この件について原は「近来大学教授が売名の徒となりて、途方もなき意見を発表するの弊風も生じ居れば」捨ておきがたいと平沼(騏一郎)検事総長に語り(『原敬日記』、大正九年一月一二日の条)、ついで起訴処分に決定したとき、「近来教授等如何にも無責任にて、国家の根本を考へざるが如き行動多きに因り、国家の前途に甚だ憂慮すべしと思ふ。因て此際断然たる処置を取る事となせり」と日記に記している(大正九年一月一三日の条)。また、同年四月には前京都帝国大学教授で弁護士を開業している勝本勘三郎が来訪、いろいろ意見を述べた中に「財産相続税を十分に取りて、財産の平分を計るべしと云ふ共産主義類似」の主張もふくまれていたが、「毎々学者らしき連中、如此奇激の言をなせり。山県の言分には非らざれども、学者国を誤る虞なきに非らざるべし。痛歎の事なり」と記している(同日記、大正九年四月二八日の条)。また、日記の同年九月一七日の条に、閣議で大木法相が「慶応義塾教授青木某、外交関係の雑誌に不敬罪と称する罪名の不適当なる事、及び、万世一系と称する如きは誇とするに足らずとの論文を掲げた」ので、起訴するほかないと述べ、そのように決定した。「近来学者などが如此建国の根本に触るゝ言論をなすは、多くは名をてらう者なれども、甚だ妙ならざる事に付国家は其瀰漫を防ぎ、厳に処分する事不得止次第なりと思ふ」と記している。

(7)　『原敬日記』、大正九年一一月一二日の条。

さて、デモクラシーのための啓蒙運動、また普選運動の目ざましい展開、労働者運動の活発な進展、また社会主義思想の著しい台頭の中で、支配層の間では天皇制の前途についてもまた少なからぬ危惧の念が抱かれた。[1] 原は、膨大な皇室財産について世上一部でこれを問題としているのを憂慮し、山県もまたこの件に関して原にしきりにその意見を述べたりした。山県はこの際皇室財産中の株券を全部処分して、公債のみにする方が世人からのとかくの論をまぬかれる上から望ましいとした。[2] 原は世上で皇室の歳入が莫大のようにいうのは「誠に恐多し」としながら、株券、その他の収入を公共事業、慈善事業に用い、「皇室の富まるゝは国の富なりとの観念を国民に起さしむる様にならば、何程多額の御収入あるも決して之を議する者なかるべし」とした。そして、その旨を波多野(敬直)宮相に申し入れたりした。[3]

(1) ドイツが連合国側に降伏した直後の大正七年一一月一五日に、森鷗外は奈良から賀古鶴所《かこつるど》宛書翰に次のように記した。「……一昨十一日正倉院より退出し少し市中を歩きしが、其時は休戦訂約の時にて、帰寓晩餐の時が砲声絶たる時なりしこと後に至りて相判り候。独帝亡命も事実なるべく候。……それはそれとして、今や帝王の存立せるは、日本と英吉利とのみと相成候。於是乎政党内閣(議院政治 Parlamentarismus)は必然の結果として生じ来るべく、普通撰挙(allgemeines Wahlrecht)も或は避くべからざるに至るべきかと忖度仕候。勿論米大統領が勝戦の勢を借りて民政主義 Demokratie を世界に弘通せしめんとするは此方向の有力なる後援となり可申候。此状況を考ふれば、平和会議の利害くらゐは小事たるかの感有之候。幸か不幸か我々は実に非常なる時に遭遇したる者と奉存候。老公(山県を指す—著者)などは定而御心痛之事と拝察仕候。只今よりの政治上の局面は、下す所の石の一つ〳〵が帝室の運命問題に関するを覚え候。小生輩は金馬門の隠居所(東方朔)より政治家諸君の御手腕を拝見可仕と存居候……」と記している(『鷗外全集』、著作篇、第三三巻、昭和二八年、五二三頁)のも、本文に記したような状況の中においてであり、そして、それは当時の支配層内部の空気をある程度象徴するものということができよう。

(2)『原敬日記』、大正七年九月二五日、同八年一〇月二五日、同一一月六日、同一〇年六月二一日の条。

(3) 同日記、大正七年一〇月八日、なお、大正七年九月二五日、同八年一一月六日、同一〇年六月二一日の条、参照。

戦争終結以来わが国内に現出するにいたった前述の諸情勢は、支配層を不安感に駆り立てながら、そのような中で原内閣はいかにこれに対処することになったであろうか。原首相は大正八年七月に臨時法制審議会総裁穂積陳重《のぶしげ》、同副総裁平沼騏一郎に対し「維新已来我先輩の尽力にて何事も政府は一歩先に進み改良をなし来れり。故に余も此趣旨を取るべし。人民より迫られて始て処置を取る様にては、国家の為めに憂ふべき事なり」と「内談」した。(1) けれども、そのような言葉にもかかわらず、右についての原内閣の施策は実際には貧困であり、物価、米価についてなんら強力な方策をとろうともしなかった。しかし、原内閣がすでに述べたようなインフレーション政策を放棄しないかぎり、それはむしろ自然であろう。高騰しつつある物価の重圧に苦しむ国民生活のために、そのとった措置としては、公設市場の設置奨励(大正七年一二月の地方長官宛内相通牒)、購買組合設立の奨励、また住宅建築の促進などのための低利資金貸付などをあげうるにすぎない有様であった。

(1)『原敬日記』、大正八年七月一〇日の条。

戦後高揚する労働不安にたいしても、原は首相として強い警戒の念を抱いた。彼は大正九年一月四日その「新春所感」の中で述べて、およそいかなる事業も皆国家的意義をもっており、したがって、労資としてはたんに利害の衝突により「勝手に」ストライキ、ロック・アウトに訴えることは、国家、社会にたいして相済まぬことと考うべきである。労資がそれぞれ自己の利益を主張することは当然であるが、しかし、「国家も亦其の利益を主張する」。「結局国家、資本家、労働者三方の協調を必要とするので、協調は資本家、労働者双方の社会・国家に対する義務と云つても差支なからう」といっている。以上の言葉は抽象的には、労資関係に対する国家権力の中立性を主張したものといえよう。[1] けれども、原は当時世上でその撤廃が強く要求されていた治安警察法第一七条については、同条は

「労働者並に資本家を保護する法律に付之を廃止する必要なし」と考えていた。(2) また、大正八年五月に労資融和をはかることを目的とした民間団体として信愛協会(後の財団法人・協調会)を設立する件が閣議に上ったとき、(3) 彼は「大体妨げなき事」であるが、この計画が発表されると「労働者側は動もすれば勢力を暢るの影響ともなる事に付、此協会は十分有力なるものたらざるべからず」と述べた。(4) このような見解の持主である原が、上に述べたように労資関係に対する国家権力の中立性をいう場合、その国家権力が現実には何者のために発動されるかは、甚だ明瞭といわねばならない。それ故に、労働不安にたいしても原内閣が社会政策をもって立ち向う態度をとらず、「治安対策」の観点からこれに対処したこともまた、自然の結論というべきであろう。

（1）　治安警察法第一七条は二項から成り、次のとおりである。第一項は「左の各号の目的を以て他人に対して暴行、脅迫し、若は公然誹毀し、又は第二号の目的を以て他人を誘惑若は煽動することを得ず。一、労務の条件又は報酬に関し協同の行動を為すべき団結に加入せしめ、又は其の加入を妨ぐること。二、同盟解雇若は同盟罷業を遂行するが為、使用者をして労務者を解雇せしめ、若は労務に従事するの申込を拒絶せしめ、又は労務者をして労務を停廃せしめ、若は労務者として雇傭するの申込を拒絶せしむること。三、労務の条件又は報酬に関し相手方の承認を強ゆること」。第二項「耕作の目的に出づる土地賃貸借の条件に関し承諾を強ゆるが為相手方に対し暴行、脅迫し、若は公然誹毀することを得ず」。

この第一七条は当時までその運用によって労働争議、小作争議等に苛烈な弾圧を加えてきたものであり、労働者運動、農民運動の側からその廃止がくり返し強く要求されてきたのであった。

（2）『原敬日記』、大正八年一一月一一日の条。

（3）床次内相は大正七年一二月に、労働不安の対策を救済事業調査会に諮問し、これにたいして社会事業調査会（右調査会の後身）は翌大正八年三月に、労資協調をはかる適当な民間団体を設立することが必要である旨を答申した。なお、この調査会には財界代表者もふくまれていた。そこで、床次内相はこの答申にもとづいてその趣旨に立った信愛協会という団体を設立するよう斡旋したい旨を閣議で提議したのであった。

（4）『原敬日記』、大正八年五月三〇日の条。

本文に引用した日記の字句からも推測できるように、原は協調会の設立について少なからず慎重であり、警戒的であった。友愛会長鈴木文治の後年の回顧によれば、協調会設立にあたって床次内相の依頼で斡旋役を引受けた渋沢栄一は、鈴木に発起人の一人に加わり、できれば将来理事または評議員になってほしいと申し入れた。これにたいして鈴木は、（一）協調会が労働組合に対する態度を明確にし、治安警察法第一七条の撤廃ならびに労働組合法の制定が必要であることを同会として提唱すること、（二）政府と協会との関係をはっきりさせ、同会が純然たる独立の団体で政府から何ら操られるものでないことを明らかにすること、（三）協調会の理事は第三者は別として、少なくも労資を同数とすること、（四）協調会の事業内容から労資間の調停、仲裁などを省き、労働者問題の調査、研究、教育などに関する事項だけに限ること、(五)協調会という名称は世上の誤解を招いているから「社会政策協会」と改めること、その他に一ヵ条、合計六ヵ条を承認することをその参加の条件とした。しかし、渋沢はそれらの条件を協調会に認めさせることは至難であると答えたので、鈴木は参加を拒絶した(鈴木、『労働運動二十年』、一九〇―五頁)。渋沢のこのような回答は、協調会がどのようなものであったかを暗示している。それと同時に、そのような協調会に対してさえその設立に慎重、警戒的であった原の思想も容易に推測することができる。

いわゆる思想問題について、原首相が有効な対策がないとして苦慮したことは上に述べたとおりであるが、大正八年三月に床次内相は地方長官に訓令を発し、戦後経営の重要性を説き、「民力涵養」のうえから最も重要と考える条項を列挙し[1]、その達成をはかるため地方長官において「最善の努力」をつくすよう要請し、世の注意をひいた。内務省によって企てられたこのいわゆる民力涵養運動の重点は思想善導にあり、しかも、その標榜したところは陳腐、常套的であった。

(1)　それは、「一、立国の大義を闡明し国体の精華を発揚して、健全なる国家観念を養成する事。一、立憲の思想を明鬯《めいちょう》にし自治の観念を陶冶して、公共心を涵養し犠牲の精神を旺盛ならしむる事。一、世界の大勢に順応して鋭意日新の修養を積ましむる事。一、相互諧和して彼此共済の実を挙げしめ、以て軽進妄作の憾《うら》みなからしむる事。一、勤倹力行の美風を作興し、生産の資金を増殖して生活の安定を期せしむる事」というのであった。

第三節　普選運動の挫折とその前後

原内閣は、組閣後最初の第四一議会(大正七年一二月—同八年三月)に選挙法改正案を提出して、これを成立させた。改正の主眼点は、第一には、有権者資格としてこれまで直接国税年額一〇円以上を納付していることを必要としたのを改めて、三円以上としたことである。その結果、有権者数は約二八〇万人となり、在来に比して倍加することになった。しかし、この改正によって新たに選挙権を得たものの大部分は、従来一〇円以下の地租を納めていた自作農層であった。第二には、従来の大選挙区制に代えて小選挙区制を採用したことである。原は第二次西園寺内閣当時に、内相として選挙法を改正して小選挙区制を実施しようと企てたが、そのときは三党鼎立論を持論とする山県の了解をうることができず、失敗に終った。(2) この当時以来、大政党に有利な小選挙区制を実現して衆議院における政友会の勢力を確乎たるものにすることは、原にとってその宿望であった。しかも、これがためには山県の了解をとりつけることが必要であると考えた。ところで、世界戦争の末期に寺内内閣下で知識人によるデモクラシーのための啓蒙運動が活発に展開され、世上に普通選挙論が次第に喧しく唱えられだす中で、山県はこのような民主主義の風潮を憂慮し、かつ、もし普通選挙が実施されるならば「雲助政治」になるとして、普選を嫌悪してやまなかった。(3) そこで、寺内内閣下で原はそのような山県にたいして、選挙権をある程度拡張しないならば、普通選挙論が世上に勢をえて到底阻止しえなくなると説き、また同時に、少数代表の役割をもつ大選挙区制の下では少数の急進的意見の持主が当選して、議会の演壇を通して世上を煽動することが可能であり、それ故に、普選論のひろがるのを抑えるうえからも小選挙区制に切り替えるべきである、と説いた。(4) 原が組閣後まもない第四一議会に前述のような選挙法改正案を提出し、山県系勢力の優勢な貴族院をも通過してその成立をみたのは、山県に対する原の以上のような説得工作が効を奏したことを示すものである。原はこうして、民主主義の風潮、普通選挙にたいして山県の抱いている強い嫌悪をも利用して、政友会にきわめて有利な小選挙区制を実現することに成功したのである。原内閣が選挙法改正案を第四一議会に提出したとき、国民党の犬養毅は「此案が通過したら、向ふ十年は原の天下と覚悟せねばならぬ」と歎息したが、(5) それは根拠のない言葉ではなかった。

(1) 山県は由来政党によって政治が左右されることを嫌悪した。そのような彼は、小党に有利な大選挙区制によって「御用党」としての第三党を育成し、この第三党を二大政党の間に介在してキャスティング・ヴォートを握るものにし、そのような三党鼎立の状態の中で非政党政治家がこの第三党を操縦して二大政党を抑制しつつ施政にあたることを理想とした。彼は大選挙区制の将来にそのような期待をかけつつ当時に及んだのであった。

（2）小著『山県有朋』、昭和三三年、一一七―九頁参照。

（3）「工藤十三雄回顧談」（入江、『山県公のおもかげ』、四二八頁）。

（4）『原敬日記』、大正六年四月二日、同七年三月三〇日の条。

（5）古島、『政界五十年・古島一雄回顧録』、一二二―三頁。

さて、この第四一議会後、世上においては普選への要求はますます高まりつつあった。このような中で、野党である憲政会および国民党は相前後してついに普通選挙制の実施をその政綱に掲げるにいたった。(1) これは、主としては普選の実現を標榜することによって世上のひろい支持を獲得し、政友会に対抗してその党勢拡大をはかろうという党略的打算によるものであった。そして、両党は大正八年一二月に召集された第四二議会にそれぞれ普通選挙法案を提出した。憲政会案は、選挙資格を満二五歳以上の男子で独立生計を営むものにし、中選挙区制を採用していたが、国民党案は満二〇歳以上の男子と定め、大選挙区制を採ろうとするものであった。なお、憲政会の場合、このときにいたるまでは、党内には普選問題をめぐって即行論と尚早論との激しい対立があり、総裁である加藤高明はこの両論を抱えつつ党の統一を保持することに苦慮してきたのであった。また、普選実施がもたらす政治的変化について見通しが立たず、その点でふかい不安を抑えることができなかった。そのことは、普選を政綱に採用する際に加藤が党幹部に語って、普選の実施がそれを主張した憲政会に有利な結果をもたらすと楽観することはできないといい、グラッドストーン(W. E. Gladstone)の言葉をかりて、普選実施は To leap into the darkness(闇の中に飛びこむ)を意味するといったことからも、推測することができる。(2) 以上が普選に対する憲政会の内情であった。(3) 国民党の場合は、普選実施の結果が未知数的であることから、過去長年の不振に悩む同党の前途が普選によって打開されることを期待してついに決意したものと考えられる。(4)

(1)　さきに第四一議会に際しては、憲政会および国民党はそれぞれ独自に選挙法改正案を提出した。それらは何れも不成立に終ったが、選挙資格の点ではともに直接国税年額二円以上と定めており、両党は制限選挙の立場に立っていた。同議会において、今井嘉幸(正交倶楽部)、坂本金弥(新政会)らは国民党の村松恒一郎ら六名の議員、その他の署名をえて普選法案を一旦提出した。しかし、後に賛成の署名を撤回するものが生じたため議題とはならなかった。しかも、国民党は以上六議員の右の行動をもって党規律を紊《みだ》したものとして除名処分に付した。それ故に、憲政会および国民党が普選をその政綱に採用したのは、急転換を意味する。

(2) 伊藤、『加藤高明』、下巻、三四三―四頁。

(3) 憲政会が提出した普選案は、有権者の年齢制限を二五歳以上とし、かつ独立の生計を営むことを条件としており、また、その施行を次の総選挙からと定めていた。しかし、この法案を起草する過程において初めは実施期日を大正一四年以後としていた。しかし、党内の普選論者の反対により大正一〇年一二月三一日と改め、ついでまた次の総選挙からと修正した。これらは皆、本文に述べたような党内事情と関連するものと考えられる。

(4) 犬養毅の演説「帝国の危機」、『犬養木堂氏大演説集』、昭和二年、所収。なお、犬養、「総選挙観」、『解放』、大正九年六月号、参照。

さて、この当時にいたるまでに世上の普選運動はいよいよ気勢を高めてきた。そして、大正九年一月末には普選期成同盟会、友愛会、信友会、[1]日本交通労働組合、普通選挙期成関西労働連盟以下の合計五二の団体によって全国普選連合会が結成され、これによって、これまで普選運動を行なってきた全国諸団体の大同団結が実現をみた。ついで二月に入ると、青年改造連盟の主催の下に普選促進のための国民大会が三万人の参加の下に両国の国技館でひらかれ、今期議会において普選法案の成立を期する旨を決議したあと、楽隊を先頭に「嗚呼国民は目醒めたり。男子も女子も要求す。普通選挙の実行を。……」という普選促進歌や労働歌などを歌いながら二重橋前広場にむかって示威行進を行なったが、沿道からこれに参加したものも多く、その数は五万に上り、行列は一里半の長さに及んだ、と報ぜられた。また、普通選挙期成関西労働連盟は代表を上京させ、貴衆両院議長に普選即時実現のため努力するよう要望するほか、憲政会および国民党の本部を訪れて、両党が普選実現のために小異をすてて協力するよう申し入れ、さらに普選に対して未だ態度を明らかにしていない小会派および無所属の議員を歴訪して、普選支持を強く要請した。これらの運動にも刺激されて、全国の各地では普選実現を目ざした民衆運動は一段と活発化し、二月一一日の紀元節には上野、芝の両公園で普選獲得を叫ぶ国民大会が開催され、この両大会に参加した群衆は会後示威行進を行なって日比谷公園で合流し、その数五万人にたっしたといわれている。

（1）　信友会は印刷工の労働組合であった。

このように世上騒然とした空気の中で普選法案は第四二議会に上程され、委員会に付託された後、二月二六日には本会議の審議に付された。この日、野党院外団、普選運動を進めてきた各種団体の関係者などに加えて夥しい群衆が議会に押し寄せ、警官隊と対峙して喊声をあげる中で院内の審議は進められたが、憲政会の斎藤隆夫、政友会の小川平吉がそれぞれ賛否の演説を行なった後、原首相は登壇して政府の反対意見を述べ、その直後に解散の詔勅が発せられた。ついで原内閣は解散理由書を発表し、その中で述べて、昨年選挙法の改正を行なってから未だ一年も経ていず、かつ一度もそれを実施していないところ、「今亦憲法付属の法典たる選挙法」を改正しようとするのは、「立法の威信」を損ずるのみならず、「国民の信頼を完うし、憲法政治の健全なる発達を促す所以」ではない。しかも、このたび衆議院に提出された改正案は「軽躁急激、深く帝国の国情に鑑みざる法案にして、而も其理由とする処は現在の社会組織を脅威せんとするが如き不穏なる思想の潜在するを見る。事茲《ことここ》に到っては、単純なる選挙権拡張の問題たるに止まらず、国家の前途に対して容易ならざる影響を及ぼすものと認めざるを得ず」とし、衆議院でこの改正案が否決されることは疑わなかったが、事が以上のように重大なので、政府は解散を奏請して「国民の公正なる判断」に訴えざるをえないことになった、とした(1)。

(1) 以上の解散理由書は、二月一四日に衆議院で島田三郎(憲政会)が普通選挙法案の提案理由を説明したときの演説をとり上げたのである。島田はその際に述べて、この選挙法改正案は「物に対する所の資格を改めて人に対する所の資格に引直す」ものであり、「思想に於ては根柢の大改新」である。その意味するところは、きわめて「深遠」であり、すなわち「階級制度の打破」を目ざすものである。しかし、それは、実に「維新の大改革の精神」を発揚するものにほかならない。「内は国民の思想の上に階級制度に反対して其の不便を除かんとし、外は世界の大勢に促されて国の体面、国の進歩を促して列国と雁行馳駢」するには、是非とも普通選挙を実現しなければならない、となしたのである。

原は第四一議会で選挙法改正案を成立させて以来、機会をとらえて議会を解散し、議会における政友会の地位と内閣の基礎とを確立、強化することを熱望していた。しかし、政党内閣を嫌悪する山県は、政友会が絶対多数党となって政局をますます大きく左右することを好まず、議会の解散には初めは消極的であった。しかし、憲政会および国民党が第四二議会に普選法案を提案する形勢になって以来は、山県は原内閣が解散によってこれら普選派と対決し、これに打撃を加えることを了承するにいたった。原は在来も、また今後も山県の「普選亡国論」につねに同調し、普選に対する山県の嫌悪、恐怖に共鳴する態度をとり、そのことは山県を少なからず満足させた。そこで、そのような彼は普選問題をもって議会を解散することについて、ついに山県の同意を獲ることができたのであった。

さて、選挙戦がひらかれると、政府、与党側は前記の解散理由書の趣旨に即して普選を危険呼ばわりし、これを唱えた野党をあたかも国賊扱いにして激しい攻撃的宣伝を浴びせた。ところが、これにたいして憲政、国民の両党、とくに前者の場合には、制限選挙下の有権者に気兼ねし選挙戦で普選にふれることを回避する立候補者が相当多数に上る有様であった。そして、国民党の犬養毅が選挙遊説中に終始普選論を唱えつづけたのにたいして、憲政会総裁加藤高明は選挙戦の後半にいたってようやく普選の必要を説くにとどまった。(1) そのような状況は、総選挙後に雑誌『東洋経済新報』をして次のようにいわしめた。選挙戦の間憲政会は意気地なくも普選問題を伏せて主張しなかった。これがため、このたびの総選挙は真に普通選挙の是非を題目とした選挙ではなくなってしまった。したがって、選挙の勝敗からは普選にたいする有権者の意志は明らかでない。(2) なお、この選挙戦下で原内閣は選挙干渉を企て、また利権をもって有権者を誘惑するなど、世の非難を招いたことも少なくなかった。こうして、五月に行なわれた総選挙は政友会の圧倒的勝利に帰し、解散前一六二の議席をもっていた政友会は二八二名の当選者を出し、絶対多数党の地位を獲得するにいたった。

(1) 選挙戦中の四月二〇日に大阪でひらかれた憲政会近畿大会において、加藤は演説して、政府は普選提案をもって階級打破を目的とし、「現在の社会組織を脅威する不穏の思想」にもとづくものとしている。しかし、そのような見解は「所謂鬼面人を嚇《おど》すの類か、否ずんば人を誣《し》ゆるの甚だしきもの」である。階級の打破とか社会組織の脅威とかいうような「極めて不穏奇矯の文字」をもって人心を刺戟するのは不謹慎も甚だしく、それは「好で平地に波瀾を起し、却て階級間の闘争を挑発する者」である。普通選挙を唱える目的は、「階級の打破」ではなく「階級の調和」、「社会組織の脅威」ではなく「社会組織の保障」にある。議会で普選法案を説明したものがたまたま「私見」として階級打破という言葉を用いたのを原首相がとらえて、これを普選反対、議会解散の理由にしたのは、まったく不当である。今や普通選挙の要望は知識層および労働者階級の間できわめて強く、その声は「日を逐うて益〻天下に弥《び》蔓《まん》し、其の勢ひ終に抑制すべからざる」にいたろう。「国民の大多数が自然に政治的自覚を遂げ、一斉に普通選挙を要求するに至るに先《さき》だち、一部の国民は之を俟《ま》つの遑《いとま》なく、思想界の変調、階級間利害衝突の傾向と相俟て如何なる不祥事を現出せむも」予測しえない。そこで、この大勢を洞察し、国民の要求の程度が未だ常軌を逸しない前に普選を実施し、「国家の安寧秩序」を保持することは、目下の急務であり、先覚者の当然の責任である、と述べた。

(2)「臨時議会と普選案」、『東洋経済新報』社説、大正九年六月五日号。

さて、これより先、原内閣が議会を解散した翌月(大正九年三月)、経済界は戦後不況を迎え、戦時下に始まった未曽有の好景気には決定的に終止符が打たれた。のみならず、わが国経済は爾来慢性的な不況に苦しむことになった。そして、労働者運動もこの不況とともにひらかれた資本の激しい攻勢の下で全体としては不振に陥り、労働争議の件数も減じるにいたった。けれども、他方、守勢に転じて苦闘せざるをえなくなったその運動の中には、急進的傾向が発展することになり、大正九年から同一一年上半期にかけてアナルコ・サンディカリズムが労働者運動のイデオロギーとしてまったく優勢を示す情勢が現出したのである。なお、大正九年五月の総選挙が政友会の大勝に終り、それとともに普選の実現がもはや近い将来には期待しえなくなったこともまた、ひいて労働者運動をアナルコ・サンディカリズムの議会行動否認、直接行動論へと大きく傾斜させる重要な一因になったと考えられる。こうして、労働者運動の政治にたいする、したがって普選にたいする関心はとみに低下することになった。なお、戦後不況の到来にともなって激化した農家経済の逼迫は、小作争議を激増させ、また各地には小作人組合が続出した。[1] そして、在来とかく地主に歎願して窮状緩和をはかってきた小作農は団結の力によってその要求を実現しようと企てるようになった。[2]

(1) この前後における小作争議の状況は、左のごとくであった。

	件数	参加人員
大正 七年	二五六	?
八年	三二六	?
九年	四〇八	三四、六〇五
一〇年	一、六八〇	四五、八九八

一一年	一、五七八	一二五、七五〇
一二年	一、九一七	一三四、五〇三

また小作人組合は左のとおりであった。

	数	組合員数
大正　九年	三五二	？
一〇年	六八一	？
一一年	一、一一四	？
一二年	一、五三〇	一六三、九三一

（2）　大正一一年四月には、小作人組合の全国的統一組織として日本農民組合が創立されるにいたった。

大正九年五月二日[1]、上野公園において友愛会、正信会、信友会以下の合計一五の労働組合によって約五千人（一万人とも伝えられている）の参加の下にわが国最初のメイ・デイが挙行され、治安警察法第一七条の撤廃、失業防止、最低賃銀法の制定が決議されたが、それは、実に以上のような情勢の進展する中においてであった。

（1）　鈴木文治が記しているところによれば、労働者の休日は当時一般に第一および第三日曜日であった。ところが、この年の五月一日は土曜日であったので、最初のメイ・デイをこの日に挙行すると、いきおい参加者は少数になり、気勢が揚らないので、一日おくらせて五月二日にした、という(鈴木、『労働運動二十年』、二三一―二頁)。

こうして、この年一二月に入ると日本社会主義同盟が創立された。それは、共産主義者、アナルコ・サンディカリスト、その他の社会主義者、社会主義的思想家・評論家、友愛会以下の有力な労働組合のリーダーが参加して結成されたものであった。この社会主義同盟の誕生は、これまで社会主義運動と関係をもつことをとかく避けてきた労働者運動がこれと提携するにいたった点で、注目すべき事件であった。それをいい直せば、少数者による啓蒙運動としての性格を過去長く脱しえなかった社会主義運動が、(1)ついに労働者大衆と結びつくにいたったのである。それ故に、当時、山川均は雑誌『社会主義』(大正一〇年六月号)に「同盟大会の所感」と題する一文を寄せ、この同盟成立の意義について次のように述べた。「今日まで日本に社会主義運動は、小いさな燈火であつた。そこには、嵐が吹いてゐた。兎も角もこの小いさな燈火を消さぬように、少数の同志は其の周囲に人垣を造つてゐた。……今や此の小いさな燈火は焔となつて燃え上つた。其の周囲には少数の同志ではなくて、民衆の人垣がある。嘗ては此燈火を消すことのできた暴風の力も、今は却つて火勢を煽ほるに過ぎぬ。燈火は手渡しせらる可き人に、手渡しされた。そして、真に民衆の中から燃え上がる火となつた」。

（1）　山川均は戦後回想して、つぎのように語っている。「大正の組合運動の勃興期になって、日本では初めて労働階級の大衆性のある運動が生まれたわけです。それまではわれわれの社会主義運動も大体において思想運動で、全然大衆性はなかった。それで、私たちは口では『われわれ労働者は』などと言ったものですが、さて後をふりむいてみると一人も労働者はついてきていなかった。明治四十年、四十一年ごろにはずいぶんいろんな宣伝ビラをつくりました。どこにもそのころの東京には大という工場はなかったのです。たった一つ大きいのが砲兵工廠だったのです。それで毎晩ひけ時をねらってチラシを配るのです。ずいぶん根気よくやったのですけれども反応は一つもない。それから江東の隅田川から向うに小さな工場が沢山あった。そこへ一週間に二回ぐらいずつ行きまして、そしてやはりビラを配るのです。それも相当やりましたが全然反応はない。だから労働者階級と社会主義運動との間には全くつながりはなかった。現に明治三十九年にできた日本社会党にしても、労働者はほとんどいないのです。大体が地方のむしろ中産どころの青年で、警察が二度や三度やってきても生活の道を失う心配のない青年ですね。それから中央の執行部には労働者といわれるものが三、四人いましたが、みな近代的な労働者ではないのです。資本主義以前の手工業の職人や車夫などです。そういうふうに労働階級と社会主義運動とは何らの交渉がなかった。それが大正の労働組合の勃興期になって、労働者の大衆性をもった運動が生まれ、初めてこれと社会主義運動との間に交流、つまり相互に作用し合う関係が成長したわけです」（山川・向坂編、

『山川均自伝』、三七七―八頁)。

ところで、この日本社会主義同盟は、上に述べたようにその構成分子は思想的に雑多であり、そこでその内部ではとくにアナルコ・サンディカリストとボルシェヴィキ(当時共産主義者のことを自他ともにそのように呼んだ)とは激しく対立して争い、そのような中で翌大正一〇年五月に第二回大会をひらいたが、開会とともに警察によって直ちに解散を命ぜられ、ついで結社を禁止された。日本社会主義同盟は、このようにして短命で終った。しかし、それにもかかわらず、この同盟の誕生によって示された社会主義運動と労働者運動との結び付きは、その後も持続し、発展することになった。しかも、すでにこの同盟内で露呈していたアナルコ・サンディカリストとボルシェヴィキとの対立はその後ますます激化し、両派は労働者運動を自己のイデオロギーをもって指導しようとして激しい争いをくり返す有様になった。「アナ・ボル論争」あるいは「A・B論争」とよばれるものが、これである。

さて、大正九年三月以来の戦後不況の下でいよいよ険悪化する以上のような社会情勢にたいして、原内閣は当然これを重大視して、不安を抑ええなかった。原は前に述べたように労資関係に対する国家権力の中立性を表面上は依然として標榜したが、しかし、彼は

「資本」の熱心な味方であろうとした。[1] 原は大正一〇年一〇月に神奈川県知事が横浜船渠会社の争議に対する政府の方針を尋ねたのに答えて、政府は労資間の紛争自体には介入しないが、いやしくも不穏な行動にたいしては取締上容赦すべきではなく、また「資本家に於ても一時の安を求めんが為めに他に影響を及ぼすが如き処置をなす事」は政府として好まない旨を「内訓」した。[2] 原はまた同月、山県との会談において述べて、目下労働賃銀も一向に下らないのみか、労働者は賃銀引上げを要求して「不穏の行動」を行なっている。政府としてはこれを厳重に取締ろうとしているが、「肝心の資本家が一時の安を得んが為めに彼等の請求を容るゝ様の事あり、如何ともする事能はず」困却している、と歎息した。[3]

（1）　原は大正一〇年九月九日の日記につぎのように記している。「渋沢栄一、団琢磨《だんたくま》、和田豊治、藤山雷太、井上準之助、来訪。実業家英米に赴くに付、相談大に進捗せりとて其内容を告げ、且つ彼等の調査は重要視せらるべきやと云ふに付、余は無論の事なり。併し表面に右様の事を云はば世間は、政府は資本家に迎合すなどと謂はれなき中傷をなす事ならん。故に、表面に左様なる事は云はれず。併し裏面に於ては政府は十分の視察を望み其視察より我国の商工業は勿論の事、労働及び社会問題にも裨益せんと欲する事無論なり。今朝、日日新聞に今回の渡米英は政府の内意に出たる様の記載あり。斯くては諸君が彼地に於て間接に政府の為に働かんとする事も効なきに至るべしと思はるゝに因り、何とか手段を取られたしと云ひたるに、彼等も一同尤の事に付直ちに新聞記者等を集めて趣旨を発表すべしと云へり」。

（2）『原敬日記』、大正一〇年一〇月三日の条。
（3）同日記、同年一〇月二一日の条。

大正九年一〇月、原は大谷光瑞《こうずい》にたいして「人心の動きは実に容易ならざる現況」であるが、教育の力だけで「此人心を穏健に導かん事固より至難」であり、政府の力には限界があると語ったが、(1)しかし、大正九年三月の戦後不況の開幕から翌年一一月の内閣瓦解までの期間において原内閣が実行に移した社会政策的施策は、それ以前と同様にみるべきものに甚だ乏しかった。幾分とも目ぼしいものをあげれば、大正九年八月に労働行政をふくむ社会行政の中心機関として社会局を内務省の外局として新設したことのほかには、大正一〇年四月に失業対策として職業紹介法を制定して、公営の無料職業紹介制度を全国的に実施するとともに有料または営利を目的にした職業紹介事業の取締りをはかることにしたこと、また同じ月に借地法、借家法、住宅組合法を制定して、大都市における住宅難の緩和をはかろうと試みたこと、をあげうるにとどまる。政友会の立つ社会的基盤、さらに特殊的には労資関係に対する原の上述のような思想を考えるならば、これらのことはさして驚くべきことではないであろう。徳富蘇峰は大正九年に『大戦後の世界と日本』と題する書物を公にし、その中で述べて、自分が今最も恐れているのは、将来わが帝国に「階級戦争」の起ることであるとし、今日政治を支配しているものは「金持」である。最近十数年間の政変史をみても、そのようにいうことができる。世人は、物価調節を原内閣に期待しても金持に奉仕する政権であるから、それは徒労であるといっている。今日の「金持政治」は徹底的であり、法律、制度、その運用はすべて金持の意向に即したものである。議会は金持またはその代理人の議会、立憲政は「金持政治」を粉飾する衣である、と論じた。(2)蘇峰がこのように激語しているのは、やや意外の感をさえ与える。けれども、原内閣における社会政策の貧困は、支配体制のきわめて保守的なこのイデオローグにさえも、ついにこのようにいわしめたのである。そのことは、注目すべきことといってよいであろう。

（1）『原敬日記』、大正九年一〇月一四日の条。
（2）徳富猪一郎、『大戦後の世界と日本』、大正九年、前文、二頁、本文、二七―三〇頁、三二頁。

第四節　政党政治の実態

すでに述べたように、大正九年二月、原内閣は普選法案の上程を機会に第四二議会を解散し、つづく総選挙においては与党・政友会は圧倒的勝利を獲得するにいたったが、このとき以来、あれほどに激しく進められてきた普選運動は一旦不振、沈滞にむかうことになった。これは、一つには政友会が絶対多数党となった以上もはや普選の実現を近い将来には期待しえなくなったのによる。また一つには、労働者運動が上述のように普選にたいして冷淡になるにいたったためである。憲政会および国民党は、第四三、第四四の両議会にも普選法案を提出したがその意気揚らず、人心もさして動かず、法案は両度とも政友会の反対で簡単に否決された。

ところで、原内閣はその成立以来統治機構の改革を行なった。すなわち、朝鮮、台湾、関東州などの植民地または租借地の総督(関東州の場合は都督)が在来武官専任制であったのにたいして、官制を改正して武官、文官いずれにても差支えないことにした(大正八年)[1]。また、同年、文官任用令を改正して、拓殖局長官、各省次官、各省勅任参事官、内務省警保局長、警視総監、貴衆両院の書記官長の任用資格に関する在来の制限を取り除いた。これらの改革はいずれも、高級官吏の地位への門戸を政党人にたいして開放することを意図したものであった。しかし、とくに後者の場合には、原としては、行政にあたる機会を政党人により多く提供して、政党人の資質の向上をはかることもまた考えていたものと思われる[2]。以上の二つの改革は政党政治の実をあげるうえからみてともかくも一つの前進にほかならず、その点において意味をもつものということができる。

（1）　この改正は関東州については大正八年四月に行なわれ、その際関東都督という名称は関東長官と改められた。朝鮮、台湾については、同年八月に実現をみた。そして、関東長官には林権助、台湾総督には田健治郎が起用された。しかし、朝鮮総督には海軍大将斎藤実が任命された。

（2）　升味準之輔、『日本政党史論』、第四巻、昭和四三年、二三四頁。

原内閣はまた、第四四議会において市制、町村制の改正案を成立させた。その改正の眼目は、第一に市町村議員選挙資格としてこれまでは市町村税のほかに地租を納めるか、または地租以外の直接国税ならば年額二円以上を納めていることを要したのを改めて、市町村税の納付をもって足りることにしたことにある。主としてこの点の改正で有権者数は約五〇〇万人から約七五二万人に増加することになった。第二に、これまで町村では二級制、市では三級制の等級選挙制度が採られていたのを改めて、町村については原則として等級選挙を撤廃し、市については二級制に改め(1)、かつ級別の基準に修正を加えた。以上の改正の結果、市町村会がこれまで有産者階級、地方ではとくに地主階級に甚だしく有利に構成されていたのが、ある程度改められた(2)。

（1）　市会について等級選挙制を撤廃するにいたらなかったのは、原首相の意向によるものであり、それは彼としては大都市の場合、市会に左翼勢力が進出するのをおそれたのによるものと思われる。『原敬日記』、大正一〇年一月一八日の条、参照。

（2）当時府県制の改正案も合わせて同議会に提出された。それは府県会議員の選挙資格としてこれまで直接国税三円以上を納付していることを必要としていたのを改めて、たんに直接国税を納めているものとし、その税額は問わないことにしたものである。この改正案は、しかし、審議未了に終ったので、次の高橋（是清）内閣によって第四五議会に再提出され、可決、成立をみた。その結果、有権者数は約二七四万人から五三四万人に増加することになった。

なお、原内閣は同じ第四四議会に郡制廃止案を提出して、これを成立させた。郡制廃止とは県と市町村との中間に設けられていた地方自治の単位としての郡を廃止することを意味する。(1) 原はかつて第一次西園寺内閣の内相として郡制廃止を企てたが、郡制は当時においては山県系勢力の政治上の重要拠点の一つであったので、貴族院における同勢力の激しい反対をうけて失敗に終った。今この郡制廃止案が貴族院をも通過したのは、一面では同院において山県系勢力が凋落にむかいつつあったことを象徴するものといえよう。

（1）この郡制廃止により郡は純然たる行政区画にすぎないものになった。郡長および郡役所は依然存置されたが、それらは地方行政上の地位、官庁にすぎないものになった。なお、大正一五年六月にいたって郡長および郡役所はともに廃止された。

ところで、原は以上これらの改革を行なうにあたっても必要に応じて山県にたいする了解工作を行ない、また山県を宥和するよう努めた(1)。原がそのような方針をとったのは、一つには山県または山県系勢力と正面衝突に陥ることを政策上不得策と考えたのによる。しかし、それだけではなく、その意図する改革について世論あるいは一般人心に訴え、これらの力を利用してその実現をはかることをむしろ積極的に避けようとした結果であった。たとえば、原内閣はその成立以来、山県系勢力のきわめて優勢な枢密院との関係でしばしば苦境、窮地に立った。当時、馬場恒吾は論評して、原内閣が枢密院に苦しめられるのは、結局民衆の力をその背後にもたないからである。原内閣は民衆を味方にし、民衆の力を借りて枢密院にあたるべきである、と述べた。この評論をよんだ原は、馬場にいった、「あれは大変な議論だ。民衆の波に乗つて、枢密院に当れと云ふやうな事は、あれは革命だ。僕には賛成できぬ(2)」。この言葉は、政党政治家でありながらも民衆にたいしては不信感を抱き、その点において明確に伝統的な支配体制の側に立っている原の立場をよく物語るものといえよう(3)。

(1)　台湾総督、朝鮮総督、ならびに関東州の長官に文官を当てうるように改めた後、原は前に述べたように台湾総督には貴族院議員・田健治郎を起用したが、田は山県の側近で、山県はかねてから彼を深く信任し、将来の首相候補者としてその前途に大きな期待をかけていた人物であった。朝鮮総督には開明的な軍人斎藤実(海軍大将・元海相)を任命した。原がその際文官を起用しなかったのは、山県をはじめ陸軍部内に以上のような官制改革を快しとしない空気のあることを顧慮し、刺激を与えることをできるだけ少なくしようという配慮によるものであった。また、関東長官には初め林権助を当て、のちに山県の養嗣子山県伊三郎(朝鮮政務総監)を任用した。これらの人事は、原の対山県宥和工作の現われであった。

(2) 馬場恒吾、『現代人物評論』、昭和五年、三一一二頁。

(3) 原内閣の末期、田中陸相は、上原(勇作)参謀総長と議合わず、辞意を抱いた。当時原は陸軍改革の緊要性を認めながらも、田中に次のように述べたとその日記に記している。「陸軍の改革は、陸軍中に改革者ありて始めて奏功すべく、他よりしては成功せず。但世間の軍閥攻撃の声を利用し其勢力に因るときは、他よりも改革し得ざるに非らずと思はるるも、斯くするときは陸軍の改革は出来得るも、将来の陸軍は無力のものとなるの虞あり。故に如斯き手段には依る事を得ず」(『原敬日記』、大正九年八月一〇日の条)。これもまた、本文に述べたような原の方針の一例ということができる。

つぎに、原が組閣以来鋭意かつ大胆に推進することを企てたのは、政権を掌握したこの機会に政友会の党勢を極力拡大し、強化することであった。さきに述べた高級官史の地位への門戸を政党人に開放したのもまたその一つである。さらに、大正九年五月の総選挙に政友会が大きな勝利を収めて、原内閣がそれによって衆議院との関係でその基礎を確乎たるものにした直後、原は貴族院の研究会の領袖大木遠吉を法相として入閣させた（大正九年五月）。元来、貴族院は過去久しい間山県系勢力の政治的拠点の一つをなし、政党勢力ととかく鋭く対立してきた。ところで、原は組閣以来、研究会以下の貴族院諸派に接近して政友会の勢力を貴族院に及ぼそうと企てた。しかも他方、貴族院においては山県系勢力が凋落にむかいつつある中で、原内閣の成立以後諸派、とくにその中心勢力である研究会の内部には原内閣と提携して政治上重きをなそうとする動きが生まれるにいたった。そこで、原はこれを利用して大木の入閣を実現させたのである。大木はその際、研究会を代表してではなく個人の資格において内閣に入ったのであるが、しかし、それは実際には政友会による「両院縦断」の糸口がひらかれたことを意味した。そして、爾来この両院縦断政策は、政友会・研究会の提携を軸として進められることになった。その場合原は研究会の領袖（小笠原長幹《ながよし》、水野直《なおし》、青木信光、大木遠吉など）に政府の機密事項を打明けて協力を請い、それによって彼らに政治の中枢に参画しているという強い満足感を与えるように努めた。また、研究会、その他の諸派領袖に特殊銀行の地位（たとえば、日本銀行監査役、横浜正金銀行理事、朝鮮銀行、台湾銀行等の重役)を提供し、あるいは官庁の嘱託、事業会社の要職を提供し、利益をもって彼らを引きつけることも試みた。こうして、政友会の勢力は貴族院に浸透することになった。

原内閣下の以上のような政党政治の実状は、次第に世上に激しい物議、非難をよびおこすことになった。しかも、大正九年五月の総選挙で政友会が絶対多数党となり、原内閣の基礎が確乎たるものになって以来は、党勢拡張の企てはさらに一段と積極化するにいたった。原内閣は同年七月第四三議会(臨時議会)に臨んだが、すでに同議会において政府および与党は野党側の攻撃を「多数の力」をたのんで一途に圧倒、排除しようとし、野党はまたこれに対抗して遮二無二挑戦、猪突を試み、その有様は世人を顰蹙《ひんしゅく》させた。この第四三議会の終了直後、『東洋経済新報』は「革命化の危険」と題する社説を掲げて、その中で次のように論じた。近来国民多数の間には政府、議会にたいする不信任の声が高まりつつある。そして、彼らは合法的手段による政府、議会の改革に望みを絶ち、もはや直接行動によるほかないと考えており、このような「人心の革命化」は、大多数の青年や労働者の間に急速にひろがりつつある。何故に「多数の民衆の感情」はかくも「革命化」しつつあるのであろうか。その原因は、政治の腐敗にある。原内閣が総選挙に大勝して「大盤石の上に立てるが如く見えた即日」から、国民の多くは多数党の横暴と悪政とを前途に予想して、ふかく眉をひそめた。これは、少なくとも有識者の誰一人として原内閣に時代の要求を理解する明とこれを処理する能力とがあると考えなかったからである。総選挙後の第四三議会における原内閣と政友会との態度は、まったく「識者の戦慄、民衆の失望」を裏書する以上のものがあった。民衆は、世界戦争を機会に高まるにいたった「世界的大改造の思潮」に浸されて目ざめつつある。また、経済界が「前古未曽有」の大恐慌を迎えて「大沈衰期」に落込むことはすでに予見されていたところなのである。しかも、原内閣が第四三議会でなしたところには見るべきものなく、政府、議会は「民衆の改造要求」や不況対策にたいして毫も考慮を払わず、かえって「天下をば暗黒なる疑惑に陥れた」。きくところでは、原内閣は党利、党勢の拡張のための計画を進めているという。「若し此儘《このまま》にして進めば、政治的崩潰―革命に行く外はない。吾輩は窃《ひそか》に羅馬及び将軍政治の末路を目前に見る如き心地する」。このくずれつつある人心を統一するものは、普通選挙の即時実現を措いては他に途は求めえない(1)。

（1）「革命化の危険」、『東洋経済新報』社説、大正九年七月三一日号。

さて、原が組閣以来政友会の党勢拡張を強力に推進してきたことは上に述べたとおりであるが、その方法の一つとして政友会関係者をさまざまの重要な公職につけ、それらの者をしてその地位を通じて党勢拡大を行なわせた。原はこのように党略的見地から人事を行なったばかりではない。彼は由来配下の政友会員を熱愛した。さらにまた、故旧にたいして人情にきわめて厚かった。このような彼は、それらのひとびとに地位、その他の利益を提供して、彼らを満足させることにも努めた。原の党略的人事自体は、以前からしばしば強い非難を招いたが、それだけでなく、原の引立てた政友会員、原と古くから親しい関係にあったこれらのひとびとによって往々汚職事件がひき起されることになった。そのような場合、これらを起用した原の責任が当然に世上から激しく糾弾されることになった。(1) しかも、原敬自身は栄誉を求めず、また身を持すること甚だ倹素で、物質的欲望には全く恬《てん》淡《たん》たる人柄であった。(2)

(1) 後述の満鉄疑獄事件など参照。

(2) 原が暗殺された直後、徳富蘇峰は『国民新聞』(大正一〇年一一月六日)に「原敬君」と題する一文を掲げ、その中において原が政友会の過去二代の総裁よりも「名実両《ふたつ》ながら総裁たるの推戴、畏愛を其の党員の殆んど総ての者より贏《か》ち得た」とし、一〇の理由を列挙しているが、その一つとして「自から一切責任の衝に当つたからだ。富と貴とは卿等の取るに任す、難題と面倒とは乃公《だいこう》に一任せよとは、原君が其の同僚に対する態度であつた」とし、また一つとして「君は政治上に於ける金銭の価値を極めて能く諒解した一人であつたが、さりながら君自から金持となる可く、金贏《もう》けに齷齪《あくせく》しなかつた。君の立場として自から富者とならんと欲せば、如何なる富者ともなり得たであらう。然も君の大望は政治的権力であつて、富ではなかつた。即ち政治的権力もて天下の富を左右するは、君の愉快の一であつたが、然も自から天下の富豪となるの野心は、毛頭是れなかつた。即ち、君は個人としては寧ろ営利に淡泊であつた」と述べているのは、適評であろう。原は首相になってからも芝公園の古色蒼然たる手狭な家に住み、甚だ質素な生活に甘んじていた。この家は、彼が明治二五年に農商務大臣秘書官を辞めた際の退職金で買い、後に幾分の建増しをしただけのものであった。ほかには、鎌倉の腰越に小さな別荘をもっていたにとどまる。彼には私財を蓄える考えはなかった。尾崎行雄は後年回想して、「大抵のものは、秘書官が段々昇つて総理大臣にもなれば、家を必ず変へて居ります。元から大きな屋敷であるならばとにかく、小さな屋敷に総理大臣となつて時めいて居る時もずつと住んで居たのは、虚飾や金銭的欲望の尠《すくな》い人であるといふことを証拠立てゝ居ります」と述べている(尾崎行雄、『近代快傑録』、昭和九年、九五頁)。当時反対党・憲政会の領袖であった安達謙蔵も自伝の中に記して、「原首相は個人としては誠に用意周到であり、一点の私心なく、私腹を肥やすなどいうことも絶対にない人であったが、首相を取り巻く政党人達はなかなかそうは行かない。……原君にせまって利権をあさるような事になり、自然原君としても此の種の利権獲得については同僚部下に対して著しく寛容、黙過の態度をとって来たので、そこから各種の汚職、瀆職《とくしょく》的事件を生むに至った」(『安達謙蔵自叙伝』、昭和三五年、一六三―四頁)としている。なお、小著『近代日本の政治家』、九五―一三九頁。

原内閣はさらに、治水、港湾、河川、道路、鉄道等にわたり積極政策の名の下に強力に施策を推進したが、それらは多分に政友会の党勢拡張の見地から組織的に計画されたものであった。(1) この内閣によって行なわれた高等教育機関の拡張もまた、多分にそのような党略的立場に立つものであった。(2)

(1) 原内閣は鉄道計画に関して既設線の改良よりも新線の敷設に重点を置いた。そして、第四四議会に鉄道敷設法改正案を提出したが、これは、三〇年前に制定された同法およびその後の立法措置で定められた予定線がすでに大部分敷設され、そうでないものも起工中であり、未着手のものは短距離の二線にすぎなくなったというのが、その提案理由であった。この改正案は、新たに予定線一四九線、延長約六、三四九マイルの敷設を内容としたもので、右のマイル数は、当時までの既設線マイル数の合計にほぼひとしく、したがって、それはまことに膨大な敷設計画であった。そして、それは過去において全国諸地方から熱心に陳情、請願されてきた鉄道敷設の要求をとりこんだものであった。しかし、この改正案は予定線を列挙するにとどめ、敷設の先後関係についてはなんら定めていなかった。したがって、改正案はその点でも運用の仕方により党勢拡張に大きく役立ちうるものであった。なお、二四〇―一頁、参照。

(2) 原内閣は産業の発展にともなう社会の要求を背景に、高等教育機関拡張計画の一環として大正八年度以降に高等学校および高等専門学校の大規模な新設を行なうことにし、そのための立法および予算措置を講じた。この計画も実施の過程において学校新設地の決定との連関で党勢拡張に役立てえたのである。

ところで、とりわけ第四四議会(大正九年一二月—同一〇年三月)のひらかれる前後にかけて、政治的腐敗事件が続々暴露した。そして、それらは司法問題に発展して世上に大きな衝撃を与えた。いわゆる満鉄疑獄事件(1)、阿片事件(2)、東京市疑獄事件(3)のごときは、それらのうちの代表的なものである。そのような中で世上には綱紀の粛正を要求する声が激しく高まることになり、第四四議会ではそのような世論を背景に野党は続出するこれら汚職事件を取りあげて政府を痛烈に論難し、肉迫する有様になった。しかも、こうして苦境に直面した政友会は、原首相の了解の下に憲政会総裁加藤高明に関するいわゆる珍品五個問題なるものを暴露して応酬、反撃を試みるにいたった。この事件は、大正九年二月に議会が解散された際、内田信也が加藤の求めに応じて選挙資金として五万円を寄付し、かつ右の金を憲政会内の急進論者の援助には用いないことを条件とし、これにたいして加藤は「珍品五個」をありがたく受領した旨の礼状を内田に送ったというものである。それにしても、このようにして現出した「泥仕合」は、当時の世のひとびとをして眉をひそめさせずにはいなかった。

（1）　満鉄疑獄事件とは、南満州鉄道株式会社（満鉄）が政友会代議士森恪《かく》の所有する塔連炭礦を不当な高値をもって買上げたこと、および、満鉄首脳部が大連汽船会社をして内田信也所有の汽船（建造中）を強制的に不当な高値で買い上げさせたというのが、その内容である。そして、満鉄のこれらの処置によって大きな利益をえた森、内田はその一部を政友会に選挙資金として献金したといわれた。なお、満鉄の実権を当時握っていたのは、副社長中西清一であり、彼はこの事件で背任罪をもって起訴された。中西は政友会系官僚出身者であり、原の推薦によってさきに副社長に就任したのであった。

（2）　この事件は、古賀廉造（前拓殖局長官）、大連民政署長中野有光、政友会代議士遠藤良吉らが謀議して、阿片を原価をもってひそかに関東州外に輸出して巨大な利益をあげ、これを彼ら、その他の者の間で分配したというものである。古賀は、原の司法省法学校時代の同窓で旧友であり、中野、遠藤もともに原と長年きわめて親しい関係にあったひとびとであった。

（3）　これは、明治神宮表参道の不正工事が発覚し、それを糸口として瓦斯料金、砂利、道路、水道、公設市場、電気局に関する不正事件などが問題となり、起訴されたものの中には二名の政友会議員の他に多くの市会議員、区会議員——その大多数は政友会系——がふくまれていた。なお、瓦斯料金事件について取調べをうけ、起訴をまぬかれた東京府知事阿部浩は原の同郷の後輩であり、原と年来きわめて親しい間柄にあった。また、同事件に連坐して有罪の判決をうけた警視庁保安部長熊谷巌も、原と同郷の後輩であり、原は熊谷の媒酌人であった。

この第四四議会は、原内閣が総選挙に大勝して以後での最初の通常議会であった。しかも、この議会では前述のように与野党の間に激突がくり返された。そしてその際に、闘志にあふれ傲岸不屈な原の性格は余すところなきまでに露呈した。首相として議会壇上から答弁する原は、野党の質問にたいして傲然野党席を睨みながら口早に語った。その間質問にたいして強弁をも辞せぬばかりか、その揚足をとり、また皮肉な応酬をもって逆襲を試み、論鋒は激しく、それらは、首相就任前とまったく変らず、首相としては大人《おとな》気ないとの批評もこうむった。原内閣下に続出する政治的腐敗事件は、こうして、世上を顰蹙させただけでなく、野党にたいして原がこのような態度をもって臨み、つねに最後には与党絶対多数の力をもって野党の論難、攻撃を封殺して一蹴する有様は、世人の間に原に対する少なからぬ反感、憎悪を挑発する結果となった(1)。

(1)　当時田川大吉郎(無所属)は、この第四四議会に関する所感を述べて、原首相の「流儀」は、多数者が少数者を制するのは立憲政の通則であり、勝てるものはその欲するところを「遠慮会釈」なく実行に移すべきだというにある。原のこのような思想、態度は今期議会において歴然と示された。彼には「道徳的温雅、高尚」、「寛裕の趣」がみられない。しかし、彼が中橋、古賀、元田、田中を庇《かば》い、傷だらけ、非難だらけの人物を自分の周囲に置いてびくともせず、死なば諸共と励まして「死心を購ひ得」たのは、やはりえらい。原は「立憲政治家の典型」ではなく、道徳性に欠けるところがあるが、しかし、「明治の親分」、「政治的親分」であり、「親分」としての道徳を相応に理解している。それ故に、政友会内の衆望をつないでいるのである、と評したが(田川大吉郎、「議会の雑興」(九)、『東洋経済新報』、大正一〇年四月二日号)、それは適評であろう。

原は両院縦断政策を進めつつ、貴族院の操縦には心を用いた。それ故、第四四議会においても貴族院では原は衆議院の場合と異なりその態度は慇懃《いんぎん》丁重であった。そこでその結果、衆議院においては野党の苛烈な攻勢が政友会の絶対多数の威力によりとかく圧倒されがちであったのにたいして、貴族院では政府批判の言論が自由に展開されるという奇観を呈した。こうして、貴族院では大正一〇年度予算案の議決に際しては綱紀粛正を要望する付帯決議が可決された。またニコライエフスク事件にたいする田中陸相の責任がきびしく追及され、また学校昇格問題に関する中橋文相の食言問題が論議されたあと、この問題で生じた混乱にたいして政府が速かに適当な措置を講ずるようとの建議案が可決された。(1)鉄道敷設法改正案の党略性が糾弾された末、同法案は審議未了にされ、不成立に終った。(2)なお、この改正案は、その後高橋(是清)内閣によって次の第四五議会に提出されて、成立をみた。

(1) 中橋文相は高等教育機関拡張計画の一部として東京高等工業学校、ほか四校を大正一〇年度に大学に昇格させることをこれら学校関係者に言明したが、その件については高等教育会議の議を経たうえで閣議の承認をうることが実は必要であった。しかも、そのための手続きが進捗しなかったため、第四四議会に提出された大正一〇年度予算案にはこれら諸校の昇格に要する経費が計上されなかった。そこで、学校関係者はこれを文相の食言であるとして憤激し、これがため学生も呼応して不穏となった。衆議院では、憲政会はこの件について中橋文相問責決議案を提出したが、それは政友会の反対によって否決された。しかし、貴族院では中橋文相は、激しい論難を浴びた後、本文に述べたような建議案が可決された。

(2) なお、これに先だって、衆議院では、憲政会は、この膨大な鉄道敷設計画が政友会内閣の手で立案、実施に移されることを自覚にとって不利と考え、また、この計画には政友会の党勢拡張の意図が内包されていることを充分察知していたが、しかし、憲政会自身の複雑な地盤関係からこれに反対することもできず、この改正案は衆議院を通過して、貴族院に回付されたのであった。

第四四議会が既述のような状況を呈しつつ大正一〇年三月その会期を終ったとき、世上には政党政治にたいする一段と激しい失望とふかい憤りとが漂う有様であった。議会閉会の直後、『国民新聞』は「第四四議会総評」を連載し、その中で「不快なる議会――堂々主義・政見に争はず敵党の信用失墜に狂奔」と題して次のように論じた。「政府並に政友会は事勿れ主義の下に謙抑自ら持して今期議会を切り抜けんと努めたるも、政府並に政友会の欲する所は在野党、特に憲政会の最も欲せざる所にして、内にしては議場の平調を破り、外にしては民衆の動揺を誘ひ、因りて以て内閣破綻の基を開き、一挙其罅隙《かげき》に乗ぜんとするは、彼等当初の方針也。されば、各派交渉会に於ける野次封じの申合せの如きは殆ど一日も実行せられずして、議場は直ちに野次跳梁の舞台と化了し、政友会亦当初の主張を抛ちて騒擾の渦中に投じ、殆ど前例なき悪議会たらしむるに至れり。……在野党側が無数の問責決議案を濫発したるは、波瀾を欲する在野党の作戦として已むを得ざるに似たりと雖も、過ぎたるは猶及ばざるが如し。余りに濫発したる為め著しく問責案其物の価値を下落せしめ、世人の倦殺、笑殺を買ふに至れるは、在野党の為め特に其薄利多売主義を惜まざる能はず」とし、しかし、これら決議案中で最も重要なものは、阿片決議案および満鉄決議案であり、「満鉄問題は政府並に政友会に痛手を負はしめたる点に於て今期議会中第一の問題にして、政友会が苦し紛れに例の加藤総裁の珍品問題を担ぎ出したるに見るも、満鉄問題が如何に急所を突きたるかを知るべし。……満鉄問題に於て傷痍を負へる政友会は、今後地方遊説等の場合に常に消極的弁解の立場に立たざるべからず。是れ党勢拡張上の大損害なり。故に、珍品問題の毒箭を酬いて攻守の地位を顚倒するの苦肉策に出でたるに外ならず。今日の政争は主義、政見の争にあらずして、人身攻撃でも何でもして敵党の信用を失墜せしめんとするを常とす」とし、政友会は満鉄問題で「大なる痛手」を、憲政会は珍品問題で「深手」をこうむったとなし、「去れ、不快なる第四十四議会！」と結んでいる。(1) 国民新聞の以上の論説は、当時の人心をある程度反映したものといってよいであろう。(2)

（1）『国民新聞』、大正一〇年三月二九日。

（2）この年六月、山川均は「梅雨期」という一文の中で次のように揶揄した。「この頃の日本は——と問ふ人があつたら、何人も梅雨空だと答へるに極まつてゐる。頭の上からは不愉快な雲が押さへつけてゐる。湿めつぽい風が吹く。押入には黴《かび》が生える。ねだは腐つて来る。しかし、畑の茄子と胡瓜《きゅうり》と唐玉蜀《とうもろこし》はずんずん育つてゐる。何人もこの息苦しさを感じてゐる。何人も頭の上から何かしら押さへつけてゐることを感じてゐる。たゞ少数の人のみが、それは資本主義の密雲であるといふ明瞭な意識をもつてゐる。この意識は畑の茄子のように胡瓜のように唐玉蜀のように育つてゐる。……疑獄事件の黴が、資本制度のお勝手元や戸棚の隅に一面に拡ろがつてゆく。砂利、瓦斯、阿片、満鉄、郵便、工廠——謂《いわ》ゆる最近の疑獄事件を暗誦するだけでも、大した努力が要る。或る新聞には『挙国疑獄』といふ見出しがあつた。

そこで、一国の志士、愛国家といふ一種族が蹶起して、竹箒《たけぼうき》を物干竿の先につけたので梅雨空の密雲を一掃しようとする。之を『国民的大運動』とはいふのである。しかし、かんじんの『国民』は静まり返つて、一向に『運動』せぬ。……彼等は直覚的に、これ等の国民的大問題が要するに一団の資本閥と他の一団の資本閥との間の利害の衝突、従つて、権力慾の衝突に外ならぬことを知つてゐる。彼等は、とうてい梅雨空の雲までとゞく気遣ひのない竹箒を振り廻して――この梅雨空だけは、後日の為に安全に保存しておいて――あわよくば競争者の手から、黴を生やす機会を奪ひ取らうとする運動に興味を示すほどの余裕がない」。この文章は『改造』七月号に掲載され、後その評論集『井の底から見た日本』、大正一三年、に収録されている。

さて、原は衆議院にたいしては絶対多数の与党を背後に擁して傍若無人、大胆不敵の態度をもって臨みながらも、山県との関係についてはきわめて周到な配慮をつねに忘れることがなかった。それは、彼としてはその政権の座が山県の支持によって補強されていることを、施政にあたるうえからあくまで不可欠と考えたのによる。他方、山県は原内閣下で政友会の党勢拡張がきわめて露骨に試みられつつあるのにたいしてその反政党主義の立場からも強い不満を抱いた。(1) けれども、原の首相としての政治的手腕についてはこれを高く評価、賞揚し期待を寄せていた。(2) ところで、大正九年から翌一〇年にかけていわゆる宮中某重大事件が生じた。(3)そして、その渦中に立つことになった山県はその事件の成行に痛憤して枢密院議長の辞表を提出し、御沙汰によって一旦翻意したものの、事件の落着後、この問題で人心を動揺させたことを理由として再び枢密院議長の辞表を提出し、かつ一切の官職、栄典の拝辞を申し出た。このときも、しかし結局、天皇の御沙汰によって思いとどまった(大正一〇年五月)。この間において、原は山県の辞意を翻させようとして工作を行ない山県にたいして、もし枢密院議長の地位を辞するなら、自分もまた首相を辞任したいと申し出たりした。(4)そして、山県が御沙汰により思いとどまったときに、原は山県を訪ねて、「自分の力にては及ばぬが、閣下の後援さへあれば、国事には大奮闘する。何処までも閣下が御健康であれば自分を如何様にも引廻して戴きたい。時局紛糾の時に当り将来天下国家の事は閣下と自分で引受けませう」とその決意を述べ、原のこの言葉は山県をいたく喜ばせた。(5)

(1)　たとえば、山県は彼の許に親しく出入し、半ば側近者になっていた松本剛吉にむかって、「原は立派な者だ。しかし、只已の腑に落ちぬことは、国家本位と政党本位が更に分つて居らぬやうに思ふ。国家があつてこそ政党も必要であるが、国家が大事か政党が大事か。……政治家と云ふ者は、国家多事多難の場合は仮令政党の首領たりとも党の消長、利害などは度外視して、内閣の改造なり何なりせねばならぬ。其点に付いて原の心事が未だ明らかでない」と語ったりした(松本、『政治日誌』、大正一〇年四月五日の条)。なお、『原敬日記』、大正九年一〇月二一日の条。

(2) 山県の秘書入江貫一は回想して、山県は「原程の力のある政治家は今は他に多く求められない」と賞めたことがしばしばであった、としているが(入江、『山県公のおもかげ』、一五九頁)、第四四議会閉会の日に山県は小田原の古稀庵で松本剛吉に語って、「今度の議会の遣り方は、原は実に立派なものであつた。原位の人間は只今では無いと思ふ。……将来は仮りに己の辞表が聞届けらるゝとして一平民になつたなら(山県は後述の宮中某重大事件で枢密院議長辞職の意を表明していた―著者)、原と力を合せて遣りたいものである。原には経綸が無い、抱負が無いといふ人もあるが、人格と云ひ遣り口と云ひ、実に立派なものだ」とまでいった(松本、『政治日誌』、大正一〇年三月二七日の条)。なお、この頃山県直系の平田東助も松本にむかって、原は「近来に見ない大宰相である。……起つて来た事をびし〳〵始末付ける事は、実に名人である」。「成るべくならば(内閣の)大改造でもさせて、今後尚ほ遣らせて見たいものである」と激賞した(同日誌、大正一〇年四月八日の条)。

(3) 宮中某重大事件とは、さきに皇太子妃に内定をみた久邇宮良子《くにのみやながこ》女王について薩摩の島津家に由来する色盲の系統のことが問題になり、そこで右の内定を覆すべきか否かが論議された事件をいう。この事件は国民一般にたいしては極秘にされ、宮中および政界上層部で協議されたのであるが、諸元老、中村(雄次郎)宮相、平田(東助)宮内省御用掛、原首相らは皇統への影響を理由に内約解消を可とし、山県はそれを最も強く主張した(「純血論」)。これにたいして、いやしくも一旦内約が取り結ばれた以上はこれを解消することは「人倫」に背くとする反対論(「人倫論」)も他方で唱えられた。そして、薩派は島津家および久邇宮家と幕末以来ふかい縁故があるほか、長州出身の山県に対抗する含みもあって「人倫論」をあくまでも強調し、またこの論争を伝えきいた右翼団体は「人倫論」者に加担して動いた。その間において、「純血論」者の中心と目された山県は「人倫論」者の激しい中傷、攻撃の的になり、「人倫論」者の主張、態度に痛憤した山県は枢密院議長を辞職しようとした。しかし、天皇の御沙汰によって翻意した。この激しい紛争は、結局、中村宮相の責任で収拾することになり、大正一〇年二月東宮妃内定の件には変更ない旨が発表され、そのあと中村は責を引いて宮相を辞任した。事件がこうして結着すると、山県は本文に述べたように枢密院議長の辞表とともに一切の官職、栄典を拝辞したい旨の上表を提出し、松方も内大臣の辞表を提出した。しかし、天皇から両人にたいして慰留の御沙汰があり(大正一〇年五月)、事はようやく収拾された。

(4)　松本、『政治日誌』、大正九年一二月一四日の条。

(5)　同日誌、大正一〇年一月一七日の条。

ところで、これよりさき大正九年八月に、当時参謀本部との関係で苦境に立った田中陸相は原にたいして辞意をもらすにいたった。田中は組閣以来政府と陸軍との間の連絡、調整に努めてきたのみならず、山県の直系である彼は原・山県間の連絡、また原の対山県工作のうえで甚だ重要な役割を演じてきた。そこで、原は極力田中を慰留する一方、この機会にむしろ内閣総辞職を行なうべきか否か、について少なからず思いまどった。これは一つには、山県が彼の内閣の存続を望んでいるか否かについてその真意を容易にとらえかねたのによる。(1) 原としては、山県の意に反して政権にとどまり、その結果山県との関係を悪化させたのちに退陣することは、政友会の将来のために甚だ好ましくないと考えたものと思われる。そして、むしろこの際に総辞職すれば、「内閣にも傷なく、又反対党が局に当る様のことも之なきか」と思われ、政権の座を去る一つのよい機会とも考え、(2)「余裕を存して此際勇退するも一案」と思ったりした。(3) しかし、西園寺を通して山県の真意を探った結果、山県がその内心においても原がこの際引きつづき政局を担当することを望んでいることを知りえたので、原は「山県は、畢竟後継者の見当らざる為現内閣に左までの好意なきも存続を望むならん」と考えつつ、ひとまず留任に心を決めた。(4)

(1) 原は田中から陸相を辞任したいとの意向をきいたとき、山県を訪ね、田中の翻意を求めることについて了解を得るとともに、内閣の進退問題については充分考慮のうえ改めて申し出るかもしれないと述べた。これにたいする山県の答を原は日記に次のように記している。「山県は、夫れは以ての外の事なり。尚三年位は継続を要すと言へり(少くも三年と言ふのか、今後三年と言ふのか、其の言語は少々不明なりき)。三年とは余りに馬鹿げた話なり。去りながら、本件は今日直に決着せしむべき事柄にも非ざるに因り、余は只そんな事は到底出来得べき事に非ずと返答するに止めたり」。この会談を通じて、「山県は田中を以て内閣破壊の責任を負はしむる事を避けんと欲するもの」のようだ、と原は感じた(『原敬日記』、大正九年八月九日の条)。けれども、彼の内閣が今後存続することを山県が真に望んでいるか否かについては、山県の複雑な性格を知る原としては、多分の疑いを抱いた。

(2) 『原敬日記』、大正九年一〇月二〇日の条。
(3) 同日記、大正九年八月五日の条。
(4) 同日記、大正九年一〇月二〇日の条。

さて、その後翌大正一〇年に入ると、さきに原の慰留で一旦辞意を翻した田中陸相はその後健康すぐれないためふたたび辞職を申し出た。そして、山県も原にたいして、田中の健康状態は医師の診断によるも甚だ心配であり、この際その辞意を認めてほしいと述べ、同時に内閣を改造したうえ引きつづき政局を担当するよう要望した。そのとき、原は内閣の進退については目下考慮中であるといったところ、山県は「そんな事は不可なり。現内閣辞するも、誰も跡を襲ふものなし。仮に誰か立ちたりとて一年か一年半にて倒るべく、要するに只騒動を醸《かも》すのみなり。決心してやるべし」といった。この言葉で、原は山県が当面内閣総辞職を望んでいないことがほぼ明らかであると判断した(1)。ついで、田中の辞任は実現し、陸軍次官山梨半造《やまなしはんぞう》がその後を襲って陸相となった(大正一〇年六月)。

(1)『原敬日記』、大正一〇年四月四日の条。

原は内閣の進退について山県との関係で以上のように慎重な配慮を払いつつ、同時に内閣総辞職の後に政権が反対党の手に移ることをおそれて、それを防止しようとした。そして、そのための対山県工作を彼はかねてから怠らなかった。山県は憲政会総裁加藤高明にたいしては第二次大隈内閣に加藤が外相であった頃以来ふかい不信感を抱いており(1)、しかも、この不信感は原内閣下で加藤とその憲政会が山県の嫌悪する普選を政綱に掲げることによって一段と強まるにいたった。そこで原は山県のそのような反情を煽り、両者の離間をはかるようしきりに努めた(2)。なお、原がその意中において何人を後継首班として望ましいと考えていたかは、今日必ずしも明らかでないが(3)、原が自己の組閣を機会として政党内閣を慣行化したいと考えていなかったことは、甚だ明瞭である。

(1) 原内閣成立の直後、山県は松本剛吉にたいして、原の組閣ぶりに満足の意を表明し、原と自分とは原が政党内閣を是と考えている点を除けば政治上の意見はまったく同一であると述べた。その際、松本が将来原内閣退陣の場合には政権は加藤高明の手に与えらるべきであろうかと質ねたのにたいし、山県はそうはいかぬであろうと答えた（松本、『政治日誌』、大正七年一〇月八日）。山県のそのような意向はその後も変ることはなかった。

（2）　たとえば大正九年八月、原は田中陸相に述べて、もしも加藤が後継内閣を組織したならば、山県がいうように「群衆を後援とする」ことになろう。その場合には政友会も「自衛上憲政会の上を超すべき政策」をとることに当然ならざるをえないから、「随分天下の騒ぎとならん」と語った（『原敬日記』、大正九年八月五日の条）。原が「群衆を後援」として云々といったのは、憲政会が普選を時代の要求として政綱にとり上げたこととの連関でいった言葉とみるべきであろう。なお、原はこのように語ることによって、その談話内容が田中を通じて山県に伝わることを予め予期し、また期待していたことは、明らかである。また、同年九月山県は原に述べて、加藤が組閣すれば、普選を実行するであろう。それは「危険の至り」である。いずれは普選になるのは「自然の順序」であるが、今日は尚早であり、その点自分は現内閣の「漸進主義」と同論である、といった（『原敬日記』、大正九年九月一三日の条）。そして翌月、山県は原に普選は国を亡ぼすという持論をまたも述べたとき、原は「其時機（普選実施の―著者）を誤らば、真に国を亡ぼすべし。普選を急施するの危険なるは、郡村にあらずして都会に在り。而して、古来革命は首府に於て行はるゝものなるが、俄かに普選を行はゞ、東京は混乱の巷となるべし。恐るべき次第なり」と述べ、「山県飽まで同感」の意を表した（『原敬日記』、大正九年一〇月二二日の条）。さらに大正一〇年四月、原は山県を往訪した際に、山県は既述のように原に対して、後継内閣を組織できるものは目下いないから引きつづき政権を担当せよと述べたが、これにたいして原は、「さう単純にも参らざるべく、又辞せば誰かやる人は之あるべし」といい、「加藤高明も今少しく考あれば可なれども、何時も他に強られて動くには困る」といい、婉曲に山県の心中をうかがったのに対し、「山県は、加藤が朝に立ち普選をやる様の事あらば、自分は単身にても政友会を助勢すべし、と勢よく言」った(『原敬日記』、大正一〇年四月四日の条)。

（3） 原が日記に記しているところでは、大正九年六月に西園寺に対し、後継首班は山県系なら清浦奎吾がよい。加藤高明ではかつての二一ヵ条要求の責任者であるから外交上の困難は大きくなるであろうし、また加藤は党員を指導できず党員に動かされる有様であるから甚だ危険である、と語っている(『原敬日記』、大正九年六月三〇日の条)。また、松本剛吉が後に野田卯太郎からきいたところでは、原は大正一〇年三月頃に野田にむかって、自分が辞めた場合あとは田健治郎にやらせたい、ともらしていたという(松本、『政治日誌』、大正一四年二月一八日の条)。

原はその後も内閣総辞職をなすべき時機について考慮をめぐらしつづけた。大正天皇の健康すぐれず摂政を置くことが政府関係者の間で協議されるようになると、原はこの件が落着した暁に総辞職をなすことも考えた。ところが、そのような中で、アメリカによるワシントン会議開催(後述)のことが伝えられた。そこで、原はさらに考え直し、大正一〇年九月に山県を訪ねて、首相在任もすでに満三年になり、心身も疲労したので進退を考えていたところ、摂政設置の問題、ワシントン会議の件も生じ、そのうちには議会召集の時期も近づくので、無責任な行動もとりがたく、かつ摂政宮の御経験乏しいときに責任の地位を退くことになるのも恐れ多い。そこで、この際は引きつづき政権の座にとどまることにした。しかし、総辞職によって政局を一新することが国家のため望ましいと今後判断した場合には、その辞意を承認してほしい。「又、閣下に於て局外より御観察ありて、今は其職を去るべし、夫れは国家の利益なり、と御認めの時は、決して御遠慮なくもはや其の職を去るべしと御注意あらん事を願ふ。其時は何等顧慮する所なく快く其の職を去るべし。是れ今より願置く処なり」と述べた。山県は、その言葉をきいて安心したと答えた。(1)

（1）『原敬日記』、大正一〇年九月一六日の条。

政界上層部におけるこれらの雲行をよそにして、政治にたいするたんなる不満を越えた激しい不信感は世上にもはや瀰漫する有様になっていた。原内閣成立のとき、政党内閣、政党政治にたいして世人の間で抱かれた希望、期待は、今は苦々しい失望、幻滅に変っていた。大正一〇年七月、『東洋経済新報』は次のように論じた。現在野党政治家の中には大正初期の憲政擁護運動の再現を夢みているものもある。しかし、彼らは時勢がまったく変ったことを気づいていないのである。あの頃には国民は政党に非常な期待をかけており、「強力にして暴威を振ふ官僚」を倒して政党内閣さえ作れば、「国家の面目は全く一新すべし」と考え、それをもって「国運を開拓する」唯一の途と考えた。しかし、今日はまったく異なる。国民は政党に失望した。大隈、原両内閣の施政、近時の議会の有様は、政党にたいする国民の信頼を裏切るに充分であった。政党は「政権を私する為めの朋党」にすぎず、「国利民福」をはかる集団でないことをあまりにもはっきりと証拠立てた。国民の信頼がこれほどまでに政党から去った現在、いかによい題目をとらえても、国民の血を政党のために沸き立たせるごときことは不可能である。憲政擁護運動の再現を夢みるものは、まずその夢を醒まさねばならない。(1)

（1）「憲政擁護運動の夢」、『東洋経済新報』「小評論」、大正一〇年七月一六日号。

大正一〇年一一月四日、原首相は京都でひらかれる政友会の近畿大会に列するために西下することになり、東京駅に赴いたが、その際駅頭で突如一青年の襲撃をうけ、短刀をもって刺殺された。犯人は原を倒すことによって原内閣下の政治的腐敗を是正しようとし、この兇行に訴えたのであった。この事件の勃発は世上に大きな衝撃を与えた。そして当時、諸新聞は一斉にこの原の死をふかく悼んだ。そして、暗殺行為を強く非難した。しかし、同時に『東京朝日新聞』は述べて、原は「理想の政治家」ではなく「力を以て強行した力の政治家」であった。彼は力をもって政友会内を「威服」しただけでなく、党内多くのものから「師父」のごとくなつかれた。しかし、「此の温情と敬愛とは、原氏が個人に対する友誼を拡大した党派的愛情の為めに、内に益《ます》〻《ます》厚くなると共に、外に反て愈《いよ》〻《いよ》薄くなるを免れなかつた」。これがため反対党は原氏を憎悪し、さらに国民の中にもそのような傾向が「濃厚」になったのは惜しむべきことである。原氏は「終生力に闘つて竟《つい》に力に斃れる結果」を招いた、とした。(1)また、『東京日日新聞』は論じた。原内閣がもし世論、内外の大勢に従うつもりであったならば、もはやすでに辞めていたところである。国民はわが国最初のこの政党内閣に愛想をつかしていた、といい、(2)また述べて、ニコライエフスク事件、満鉄疑獄、大臣以下の官吏の「醜事」、「党員漁利の風」、これらのどの一つをとっても在来の内閣ならばただちに瓦解したにちがいない。これら「悪事、醜行」はすべて原内閣の所産である。綱紀の頽廃は「前代未聞」と称すべきであったが、原内閣は顧みようとしなかった。いいかえれば、原内閣下におけるほど時局の不安定であったことは「未だ曽て我国に見ざるところの例」であった。したがって、政友会およびその「党与」を除けば、世人はみな原内閣を攻撃し、「同内閣が一日早く倒るれば、一日国家の利益である」と考えていた、と痛論した。(3)これらの所論には、原内閣にたいする当時の人心が多分に反映して

いるといってよいであろう。(4)

(1) 「原総理大臣殪《たお》る」、『東京朝日新聞』社説、大正一〇年一一月五日。
(2) 「内閣総辞職」、『東京日日新聞』社説、大正一〇年一一月七日。
(3) 「高橋内閣出現」(上)、同紙社説、大正一〇年一一月一四日。
(4) この兇変を、山県は小田原の古稀庵の病床できいた。そして、「原は政友会の俗論党及び泥棒等に殺されたのだ」といって、涙を流した(松本、『政治日誌』、大正一〇年一一月五日の条)。また山県は、原を殺したのは自分だ、原が辞意を表明したあのときに辞めさせていたら、このような凶事にならなかったにちがいない、と歎息したともいわれている。山県は、衷心から原の死を惜しんだ。

原内閣の成立が、わが国近代政治史上大きな歴史的意義をもつものであることは、すでに述べたとおりである。しかし、約三年にわたるその施政は一面では世上から少なからぬ論難、攻撃、さらには反感、憎悪を招いた末、ついに原首相の暗殺をもって終焉した。明治一八年における内閣制の実施以来暗殺の運命を荷ったのは、この原首相をもって初めとする。原の遭難した日の宵、丸の内の街々には見渡すかぎり夕靄《ゆうもや》が立てこめていた。それは、原遭難の背景であったにとどまらない。それは、やがては樹立されることになる政党内閣制の前途を予示するものでも実はあった。

第四章　相対的安定への過程

第一節　ワシントン会議

原の突然の死とともに、西園寺、松方、山県の三元老は協議し、西園寺の提議によって原内閣の蔵相高橋是清が後継首班に奏薦されることになり、高橋は前内閣の閣僚全員を留任させ、みずから蔵相を兼任して組閣を完了した。(1) 高橋内閣の成立とともに、政友会は首相と党総裁とは不可分であるという政党内閣の建前に立って、高橋を後継総裁に推戴した。なお、高橋はかつて日本銀行総裁をもつとめ、久しく財界人とみられていたが、第一次山本(権兵衛)内閣の蔵相に就任し、その機会に政友会に入党して当時に及んだ。

(1)　後継首班奏薦の過程において、山県は西園寺、松方が高橋を適任と考えるならば、自分として異議はない旨を表明した。しかし、その間の使者に立った秘書入江貫一にたいして

「又泥棒共の延長か」とも呟いた(松本、『政治日誌』、大正一〇年一一月一一日の条)。

さて、高橋内閣成立の直前、ワシントン会議が開催された。これより先、アメリカ大統領ハーディング(W. G. Harding)は合衆国議会が国際的海軍軍縮会議招集を要望する決議を行なったのに応じて、当時の世界の代表的海軍国である米、英、仏、伊および日本の五ヵ国による会議を計画し、参加を招請した(一九二一年〔大正一〇年〕八月)。そして、アメリカは太平洋および極東の重要問題をもこの会議の議題に加えることにし、中国、オランダ、ポルトガル、ベルギーの諸国にたいしてこの会議の太平洋および極東に関する諸問題の審議に参加するよう招請した。(1)

(1) 以上の諸国は、太平洋および極東にとくに大きな利害関係をもつ国々と考えられたのである。中国については説明を要しないが、オランダは植民地として蘭領東印度をもち、ポルトガルはマカオ(Macao)を領有し、ベルギーは中国に巨額の投資を行なっていたことによる。

アメリカがこうしてワシントン会議を招集するにいたったのは、一つには、その海軍拡張が自国経済に及ぼしている大きな重圧を取り除くことを望ましいと考えたのによる。アメリカはすでに世界戦争下においてその海軍の大拡張に着手していたが、一九一八年から七ヵ年計画をもって実施に移した建艦計画は膨大をきわめたものであった。これに対して、とくにイギリスおよびわが国は自国海軍を拡張して対抗することになり、その結果として、戦後激しい建艦競争が交えられつつ当時に及んだのであった。(1) アメリカの経済力はこれら両国に比してはるかに余裕があったものの、しかし、一九二〇年(大正九年)末から始まった世界的な戦後不況の下において海軍拡張という不生産的支出を縮小することは、アメリカにとってもまたきわめて望ましいものになったのであった。

(1) アメリカのこの海軍大拡張計画の目標は、これまで久しきにわたって世界最大の海軍国としての地位を保ってきたイギリスと均等の海軍力を保有することにあった。これにたいして、イギリスはその海軍力の伝統的優越を維持しようとして、海軍拡張を行なって対抗することを試みたが、世界戦争によって甚大な経済的打撃をこうむったイギリスにとっては、アメリカとの間に建艦競争をつづけることはすでに戦後不況の到来前から困難になり、一九二〇年(大正九年)三月にはイギリス海軍省はその海軍力の対米均等(Parity)をついに公に認めるにいたった。

また、わが国が戦後アメリカに対抗して海軍の大拡張を進めてきたことについては、すでに上にふれたとおりである(なお、後述参照)。

アメリカがワシントン会議を計画するにいたったなお一つの意図は、日本の膨脹に対してきびしい拘束を加えることにあった。わが国が世界戦争を経てワシントン会議の前夜までに東亜に築き上げたその地歩は、大きなものがあった。すなわち、わが国は二一ヵ条要求を通じて中国におけるその地位を一段と強化したほか、対独戦争終了後も既述のように膠州湾と膠済鉄道とを引きつづき占領して、山東半島に足場を保持しつづけていた。こうして、旅順のほかに青島をもその手中に掌握することによって、中国の首府北京にたいして圧力を加えうる立場に立つにいたっていた。また北においては、ロシア革命により北満州におけるこれまでのロシアの勢力が全く弱まった結果、満州におけるわが国の地位は格段に強化されるにいたっていた。さらに、わが国はシベリアに駐兵を継続し、北樺太を占領していた。そして、わが国租借地内に大連港をもつほかに、アムール河口は日本砲艦が警備し、ウラディオストク港は日本軍の占領下にあり、こうしてシベリアへの通商ルートの以上三つの入口はわが国によって制圧されていた。(1) また南においては、パリ平和会議の結果わが国の支配は赤道以北のドイツ領南洋諸島に及ぶにいたった。アメリカはわが国が世界戦争以来東亜に擁するにいたった以上のような大きな勢力を会議外交を通じて切りくずし、それによって今後の東亜におけるアメリカの地位を再建、強化しようと意図したのである。そして、その観点からアメリカとしては日本がいわゆるアジア・モンロー主義の夢を追って将来さらに前進することを阻止しようとし、とくに中国市場をアメリカ資本のためにあくまで保全しようと欲した。[2]

（1）　Buell, R. L., The Washington Conference, 1922, pp. 39–40. 参照。

（2）　世界戦争を経ることによってアメリカの生産力は文字どおり飛躍的に増大し、国内市場の需要をはるかに上回るものになり、そこで戦前にもまして国外市場を切実に必要とするようになった。しかも、戦争によって疲弊したヨーロッパの購買力はまったく低下するにいたっており、そこでアメリカにとっては極東、とくに中国市場の重要性がとみに増大するにいたったのである。

さて、アメリカから、ワシントン会議への招請が到来したとき、それはわが国側にきわめて大きな衝撃を与えた。山東問題、シベリア駐兵問題、カリフォーニア外国人土地法問題等によって日米関係は当時まで甚だ不安定であり、とかく緊張しがちであったが、日中関係もまた既述のようにまったく険悪な様相を呈しつづけてきた。しかも、他方日露協商はすでに消滅しており、また日英同盟がアメリカとの関係ではまったく頼みえないものになってからすでに年久しく、かつ同盟の今後の存続自体が後述するように疑われるにいたっており、こうして、わが国は「一九〇一年（明治三四年）以来未だ曽つてない外交的孤立の状態に陥っていた[1]」。わが国は世界戦争下、海軍大拡張を進めてきたが、戦後原内閣は第四三議会において向う八ヵ年計画をもっていわゆる八・八艦隊建造計画を成立させた(大正九年七月)。当時はわが国はすでに戦後不況下にあったが、しかし、それにもかかわらずこの巨大な海軍拡張にたいする批判の声は甚だ弱かった。この事実は、一面では、実は以上のような国際状況に直面しつつあるわが国内人心の緊張と不安とを反映したものでもあった。

(1) Hudson, The Far East in World Politics, p. 192.

このようなところに、アメリカ大統領によって国際的海軍軍縮と太平洋および極東問題を議題としたワシントン会議への招請が発せられたとき、当時わが国内にはこの会議においてわが国が重大かつ困難な局面に置かれることを予想して、狼狽、危惧するひとびとが少なくなかった。原も、渋沢栄一、金子堅太郎ら日米協会の関係者にたいして、「目下世間には今回の会議を困難なりとか、危急存亡の秋なりなどと論じ、殆んど狼狽の情況を呈したる者もあれ共、実は余りに冷静を欠きては国家の面目上にも妙ならず、事固より重大なれど、大騒ぎをなすにも及ばざるべしなど内話」したとその日記に記している(1)。しかし、そのような中でとくに財界方面においては、この会議の開催を歓迎し、これに期待を寄せる空気の漂うにいたったこともまた事実である。それは、一つには過去連年にわたる軍備大拡張が経済界に及ぼしてきた容易ならぬ圧迫が大きく緩和され、かつそれによって景気好転の途がひらかれるのを強く望んだのによる。また、一つには、この会議を機会に日中間の国交が調整され、それによって対中国貿易が軌道に復し、発展をみることを望んだのによる。この点については、山東問題の紛糾以来半ば慢性化した中国の日貨排斥運動がわが国の中国向け貿易に少なからぬ打撃を与えてきたことを考え合わすべきである。財界はまたさらに、太平洋および極東問題について英米との間に了解が成立し、両国との友好関係が進み、わが国の国際的信用の上昇することを希望したのであった。

（1）『原敬日記』、大正一〇年七月一八日の条。

ところで、わが国はワシントン会議の審議に先だって懸案の山東問題およびシベリア駐兵問題を外交的に解決し、それらの解決を既成事実として会議に臨もうと考えた。すでに述べたように、わが国はパリ平和会議で山東半島に関する要求を貫徹しえたものの、中国側はその決定をあくまでも認めず、平和条約に調印しなかった。爾来わが国は中国側の熾烈な反日感情に当面することになったばかりでなく、アメリカには中国の主張を支持し、中国に同情する空気が甚だ強く、中国側はそこで第三国の力による山東問題の有利な解決を将来に強く期待するようになった。これがため、パリ平和会議後わが国側は中国との直接交渉で解決をはかろうとしばしば試みながらも、中国側は容易に応じようとしなかった。そこでいま、ワシントン会議をひかえて、わが国は交渉の申入れを重ねて行なったが、それもまた効果なく終った。つぎに、シベリア駐兵問題についても、わが国は大正一〇年八月から大連において極東共和国代表との間に交渉をひらき、両国間の通商関係の開設およびシベリアからの撤兵について交渉を重ねたが、折衝は難航し、ワシントン会議までにまとまらなかったのみか、後に結局決裂した(一九二二年〔大正一一年〕四月)[1]。

(1) この大連会議にわが国側の提出した峻烈な要求内容は、White, J. A., The Siberian Intervention, 1950, Appendix III に収録されている。なお、White, op. cit., pp. 411–2. 参照。

このような中で、原首相は加藤(友三郎)海相を首席とし、貴族院議長徳川家達、駐米大使幣原喜重郎を加えた全権委員をワシントン会議に派遣することにした。原としては、海軍軍縮交渉については海軍出身者である加藤を正面に立てることが、この問題の処理について海軍部内をまとめるうえから必要であると考えたものと想像される。また徳川家達の起用は、彼の社会的地位と人望との故に会議での取りきめにたいする世上、ことに議会方面の批判を和らげる効果があるとなしたためであろう[1]。

(1) 『原敬日記』、大正一〇年八月一九日の条、『東洋経済新報』「小評論」、大正一〇年一〇月八日号。

さて、ワシントン会議は、高橋内閣成立の前日にあたる一九二一年(大正一〇年)一一月一二日にひらかれ、翌年二月六日まで行なわれた。今以下にこの会議で結ばれた取りきめを要約することにしたい。まず第一に、日本、アメリカ、イギリス、フランス、イタリー、中国、オランダ、ポルトガルおよびベルギーの九ヵ国の間に九ヵ国条約(Nine-Power Treaty)が結ばれた。この条約は、中国についてその独立と領土保全、ならびに、門戸開放・機会均等を約束したものであった。但し、それはこれら諸国の今後における対中国政策を規制したものであり、諸国が中国においてすでに獲得、保有している既得権益にはふれるものではなかった。この九ヵ国条約を成立させることによって、アメリカとしては一八九九年(明治三二年)および一九〇〇年(明治三三年)のジョン・ヘイ(John Hay)の通牒《ノート》以来のその伝統的な対華基本方針を今や国際条約の形で諸国に承認させたのである。しかも、中国もこの際条約の当事国の一つになり、それによって以上のような条約内容を遵守する義務を負うことになった。中国の独立と領土保全、ならびに、中国に関する門戸開放・機会均等の原則は、アメリカが中国へのアメリカ資本進出を意図して由来唱えてきたものであり、したがって九ヵ国条約の成立はアメリカ外交にとって甚だ大きな収穫ということができる。しかも、わが国在来の中国政策は、一つにはわが国資本の後進性の故に政治的、軍事的色彩をとかく濃厚に帯びてきたのであり、したがって、この条約によって中国にたいするわが国の今後の行動は大きく拘束されることになった。アメリカがこの条約を提案した主たる狙いもまた、そこにあったのである。なお、九ヵ国条約の成立とともに、これまでその解釈について日米間に意見の対立を来たしてきた石井・ランシング協定は破棄されることになった。

第二に、日本、アメリカ、イギリス、フランスの四ヵ国の間に四ヵ国条約(Four-Power Treaty)が結ばれた。この条約においては、締約国は太平洋方面において各自の領有する島嶼に関する権利を相互に尊重することを約し、また締約国間に太平洋問題に原因し、かつ以上の権利に関して紛争を生じ、外交的手段でこれを解決しえずかつ友好関係を害するおそれの生じた場合には、右の締約国は以上の諸国を招請して会議をひらき、紛争をその審議に付することとし、さらに、締約国の以上の権利が第三国の侵略的行動によって脅威された場合には、脅威をうけた国はかかる事態にたいし共同または単独でとるべき措置について他の締約国に連絡して了解をうるよう努めることが約束された(1)。アメリカは、かねてからとくにフィリピン諸島を日本の侵略にたいして安全な地位に置こうとして苦慮してきたが、太平洋の諸島の安全保障を内容としたこの条約の成立によって右の不安感から一応解放されることになった。

(1)　四ヵ国条約の成立には若干のいきさつがあった。初めイギリス全権委員バルフォア(A. Balfour)は、在来の日英同盟に代わる日英米三国の同盟を構想し、その草案をアメリカ全権委員ヒューズ(C. E. Hughes)の許に提出した。しかし、ヒューズはアメリカの孤立主義《アイソレーショニズム》の伝統との関係からこの案には消極的であった。そこで、わが国全権委員幣原喜重郎は他のわが国全権委員と協議ののち、バルフォア案から同盟的性格を取り除き、三国が随時必要に応じて協議する趣旨のものに改め、バルフォアの賛成をえた後、これを日本案としてヒューズに提出した。ヒューズはこの案を基礎に交渉を行なうことに賛成すると同時に、締約国にはフランスをも加えて四ヵ国とすることを提案し、バルフォア、幣原もこれに同意、こうして四ヵ国間に交渉の行なわれた末、この条約の誕生となった。なお、後年、幣原が述べているところでは、ヒューズがフランスの参加を求めたのは当時アメリカでは日英両国にたいする一般感情が良好でなく、かつこの二国と「政治的条約」を結べば、アメリカは結局同盟的関係に入りこむおそれがあるとの論議の生ずる形勢にあった。そこで、ヒューズはアメリカ国民の間に親仏感情が抱かれているのを考え、フランスを加えることによって条約にたいする世論宥和をはかろうとしたのであった(幣原喜重郎稿、『華盛頓《ワシントン》会議の裏面観其他』、外務省調査部第一課、昭和一四年二月、二四—三二頁)。なお、幣原喜重郎、『外交五十年』、昭和二六年、五二—八頁。

この四ヵ国条約の成立とともに、日英同盟は廃棄されることになった。そもそも明治四四年(一九一一年)以来の第三次日英同盟は、大正一〇年(一九二一年)をもってその条約期限が満了することに定められていた。そこで、かねてから日英両国内においては同盟を引きつづき存続させるべきか否かが論議されてきた。わが国側では、存続論がきわめて有力であったが、これは日英同盟の破棄された場合わが国は国際的孤立の地位に置かれることになり、それはわが国外交に少なからぬ不利、困難をもたらすものとされたのによる。これにたいして、イギリス側では同盟の存廃をめぐって意見の分裂が生じた。そして、アメリカ大統領ハーディングが列国にたいしてワシントン会議への招請を発する前後にかけて、ロンドンでは英帝国会議(Imperial Conference)がひらかれ、この会議の重要議題の一つは日英同盟の存続問題であったが、この会議でも見解は分れて容易に結論にたっしえなかった。

元来、第三次同盟が結ばれたとき以来、イギリスはこの同盟をとくにドイツに対抗するものとして重要視したが、世界戦争における連合国側の勝利によってイギリスにとって「ドイツの脅威」は消滅した。しかし、その後においてもイギリス内では、同盟を存続すべきであるとする意見も相当に有力であった。日本と同盟の関係にあることは、東亜におけるイギリス権益の維持、保全について日本の了解、援助を期待しうるというのが、その一つの理由であった。そして、なお一つには、戦後英米間に展開されるにいたった建艦競争においてイギリスが劣勢に陥るのをまぬかれるためには、日本との同盟を継続して日英海軍合同の力で対処すべきであるというにあった。注意すべきことは、英帝国自治領のうちオーストラリアおよびニュウ・ジーランドは継続を熱心に主張した。それは、日本との同盟は日本によるオーストラリア、ニュウ・ジーランド侵略を防止するのに役だつということにあった。これにたいして、同盟打切り論は、主としては対米関係への顧慮にもとづいて唱えられた。イギリスは日英同盟をアメリカとの関係において発動する意図をもともと有してはいず、そのことは、第三次日英同盟条約締結の際の交渉経過の中にも明らかに示されたばかりでなく、(1)その後も日英両国ともにそのことをしばしば表明してきた。それにもかかわらず、しかし、アメリカはこの第三次日英同盟を終始甚だ好まなかった。それは、第一には、イギリスが日本との同盟を通じて東亜におけるその権益の安全を日本に期待する結果として、東亜における日本の政策に強く反対することができず、したがって、同盟はいきおい日本の東亜侵略の支柱として役だつことになったのによる。(2)第二には、日英同盟条約の条文解釈上からはイギリスは日米戦争の場合日本側に参戦する義務を負っていることによる。(3)由来アメリカは外交において条約、協定の類をきわめて重視する国柄であるだけに、その点に強い懸念を抱きつづけた。そこで、イギリスの一部においては、アメリカのかねてから嫌悪する日英同盟を廃棄することによって対米友好関係の増進をはかるべきであるとの論が強く唱えられることになったのである。

(1)　一九一一年(明治四四年)に日英同盟が更新されて第三次同盟条約が結ばれる際、イギリスの要求によって新条約には、締結国の一方が第三国との間に総括的仲裁裁判条約を結んだ場合には同盟条約は右第三国に対する関係では適用されないとの条項が新たに加えられた。そして当時、英米両国間には総括的仲裁裁判条約締結のための交渉が行なわれていた。この交渉は後に妥結したものの、その仲裁裁判条約はアメリカ上院において批准を拒否されて結局不成立に終った。しかし、それにもかかわらず、イギリスが以上の条項を設けるよう要望して以来は、将来日米戦争の勃発した場合にイギリスが日本側に参戦する意志のないことは、事実上まったく明らかとなった。

(2)　アメリカは、たとえば、一九一〇年(明治四三年)にその満州鉄道中立化計画が挫折したのも日英同盟の故であるとした。また、日本が世界戦争において参戦して山東半島のドイツ権益を一旦その手に収めたが、その際、参戦の口実を日英同盟に求めたことを忘れず、さらにまた、シベリア出兵、パリ平和会議における山東問題の審議などにおいても日英同盟はつねに日本に大きな利益をもたらした、と考えてきた。

(3)　前註(1)参照。

そこで、日英同盟の存続問題について国内で意見の対立が生じ行詰りに逢着していたイギリスにとって、ワシントン会議がひらかれて太平洋および極東問題が審議されることになったのは、歓迎すべきことであった。そして、日英同盟が廃棄されて四ヵ国条約が新たに結ばれるについては、イギリスもまた重要な役割を演じた[1]。

（1）二六七頁註（1）参照。

このようにして日英同盟の廃棄が実現をみたことは、アメリカとしては大きな外交的成功ということができる。しかし、日本との同盟が打切られた結果、イギリスは東亜におけるその権益を守るためには、今後はアメリカの支持に依存しなければならない地位に置かれることになった。

第三に、アメリカ、イギリス、日本、フランス、イタリーの五ヵ国の間に海軍軍備縮小条約が成立をみた。この条約においては、五ヵ国は今後一〇年間主力艦（戦艦および巡洋戦艦）を建造しないことを約束した。いわゆる海軍休日（Naval Holiday）が、これである。つぎに、今後五ヵ国が保有し得る主力艦総トン数の比率を定め、イギリスおよびアメリカはそれぞれ五、日本は三、フランスおよびイタリーはそれぞれ一・七五とすることにし、かつ、主力艦のトン数および備砲についても制限を設けた。わが国側は初めアメリカの五にたいして三・五の比率（いわゆる対米七割）を主張したが、しかし、結局譲歩して前記の比率を承認した。(1) それは、一つには、対米七割をあくまで固執して会議を決裂させ、アメリカとの建艦競争を今後もつづけることは、政治的に甚だ好ましくないのみならず、国力のうえからも至難であると判断したのによる。さらにまた一つには、わが国側は以上の比率に折合う代償として日英米三国が現に太平洋にもっている各自の軍事施設および海軍基地を今後現状のままにすえ置くことを要求し、それが会議において承認され、その結果として比率上の劣勢がある程度補われたのによる。

（1） 五ヵ国間の以上のような比率はアメリカが提案したものであり、それが結局承認をえたのである。アメリカ側は会議のひらかれるに先だって、五ヵ国が現に保有している主力艦を基準として比率案を作成した。その際、英米日の比率を五・五・三とすることは日本の現有勢力を過大に見積るものであるとの強い反対論も内部に生じた。けれども、首席全権委員・国務長官ヒューズは、日本の比率を三以下とすることはたとえ正確であっても、日本側の心証を害して軍縮会議の雰囲気を悪化させ、それは大局上不得策であると極力主張し、反対論を押えた。そこで、アメリカとしては五・五・三の比率提案は日本側を満足させるものと予想していた。それ故に、わが国側が右の比率に当初強く異議を唱えたことは、アメリカに甚だ意外の感を抱かせた（幣原、『華盛頓会議の裏面観其他』、一七―九頁）。なお、幣原、『外交五十年』、六六―七頁。

日英米三国が以上のようにその現状維持を約束することになった軍事施設および海軍基地とは、アメリカについていえば、太平洋において現に領有しまたは将来取得することあるべき島嶼を意味し、但しアメリカ本土、アラスカおよびパナマ運河地帯に近接した島嶼（アリュシャン諸島〔Aleutian Islands〕をふくまず）、ならびに、ハワイ諸島はこれを除外することに定められた。イギリスについては、香港、ならびに、東経一一〇度以東の太平洋において現に領有しまたは将来取得することあるべき島嶼を意味し、但しカナダ沿岸の島嶼、オーストラリアおよびその所領、ニュウ・ジーランドはこれを除外すると定められた。わが国については、千島および小笠原諸島、奄美大島、琉球諸島、台湾および澎湖諸島、ならびに、日本が太平洋において将来取得することあるべき島嶼を指すものと定められた。

ところで、このような取りきめは、既述の比率に関する申合せと結合することによって重大な意味をもつことになった。すなわち、以上のような比率協定にこのような取りきめが付加された結果として、アメリカはその海軍力をもってはフィリピンを日本の侵攻にたいして防衛することが今後は至難になった[1]。しかも、他方、わが国は西部太平洋および極東において軍事的には優越的地位に立つことになり、これがためアメリカは軍事的に単独で極東に介入することは不可能となった[2]。けれども、同時に注意すべきことは、このような軍事的な力関係は、そのままに放任されることになったのではなく、軍事力の発動は、この海軍軍縮条約と同時にワシントン会議で成立をみた九ヵ国条約および四ヵ国条約という枠の規制下に置かれることになったのである。その点において、アメリカは「極東を犠牲にして軍備縮小を最大限度まで達成し、その上で、日本帝国主義を道義の力をもって掣肘するためなしうる限りのことをなそうとした」ものとも評することができよう。(3)

(1) それは、グァム(Guam)の海軍基地を強化することも、フィリピンの軍事施設および海軍基地を近代化することも禁止されることになったからである。なお Wheeler, G. E., Prelude to Pearl Harbor, The United States Navy and the Far East, 1921-1931, p. 90.

(2) 軍事施設および海軍基地に関する前述の取りきめの結果、日本を攻撃できる太平洋の基地としては右取りきめの枠外に置かれたイギリスの軍港シンガポール(Singapore)があるだけとなった。そこで、アメリカ海軍としてはイギリス海軍と合同して同港を基地として対日軍事行動を展開することは、なお可能であった。

(3) Buell, op. cit., p. 325.

海軍軍縮条約では、主力艦について上述のような取りきめを行なったほか、航空母艦についてもその保有しうる総トン数を英米は各一三万五千トン、日本は八万一千トン、仏伊はそれぞれ六万トンと定め、かつ航空母艦のトン数、備砲についても制限を設けた。また、補助艦についてはそのトン数と備砲とに関して制限を定めた。

つぎに、このワシントン会議の機会にわが国は二つのきわめて重要な外交上の措置をとることになった。第一は山東問題についてである。パリ平和会議以来この山東問題をめぐる日中間の紛争は未解決のままでワシントン会議のときに及んだことは、すでに述べたとおりである。ところで、アメリカはパリ平和会議においてわが国側の主張を容れて山東問題の決定を行なったことに本来甚だ慊《あきた》らなかったばかりでなく、この問題をめぐって日中両国が激しい反目をつづけていることは、極東将来の安定のためにもきわめて好ましくないと考えた。そこで、ワシントン会議がひらかれた機会に、アメリカはイギリスとともに日中両国にたいして山東問題解決のために斡旋を行なうことを申し入れた。その結果、日中両国はワシントン会議自体とは別個に山東問題について直接交渉をひらき、英米両国はその席にオブザヴァを送り周旋を試みることになった。こうしてひらかれた交渉において、中国側は初めは英米の支援を期待してきわめて非妥協的態度を持し、これがため会議は一旦甚だしく難航した。しかし、英米としてはこの折衝の決裂が当時進められていた海軍軍縮交渉の上に悪影響を及ぼすことをいたくおそれて、中国側を強く牽制し、ようやくにして交渉は妥結に到達した。その結果、中国が若干の補償金を支払うことを条件に、わが国は山東半島における旧ドイツ権益の大部分を中国に返還することになった(1)。

（1）　中国側はワシントン会議で、わが国が二一ヵ条要求の交渉を通して中国から獲得したものを全面的に廃棄させようと試みた。それらのうち、山東問題は別個の議題にされたので、とりわけ旅順、大連の租借期限および南満州鉄道の租借期限の延長の撤回を実現させようとした。この企ては、結局成功しなかった。但し、わが国はさきに二一ヵ条交渉妥結の際に第五号については他日の協議にゆずることにし、その旨を記録にとどめたが、右の留保を撤回する旨を声明した。

第二は、シベリア撤兵問題である。わが国は、ロシアに関して領土的野心を有せず、内政不干渉の原則、全ロシアにわたる諸国の商工業活動における門戸開放・機会均等の原則を尊重するものであること、かつシベリアから可及的速かに撤兵することを声明した。なお、この声明の際、北樺太に関してはニコライエフスク事件について満足な解決をうるまでは駐兵を継続する旨をあわせて表明した。わが国がこのようにして北樺太を除くシベリアから撤兵を行なうことにしたのは、とくにアメリカの意向に譲歩したものにほかならない。アメリカは、かねてからわが国がシベリアに駐兵を継続していることを非難し、また北樺太占領にたいしても過去に激しい抗議を行なっていた(1)。アメリカは、わが国がシベリアにたいして領土的野心を抱いていることを疑い、シベリアへのアメリカの経済的進出が阻害されるようになるのをおそれたのであった。したがって、ワシントン会議の機会に日本をして以上のような声明を行なわせ、北樺太を除くシベリアから日本軍を撤退させたことは、アメリカにとって重要な外交的収穫であった。

（1）　たとえば、一九二一年(大正一〇年)五月アメリカはわが国に通牒を送り、わが国がシベリア出兵にあたってロシア人民にたいして行なった声明について注意を喚起し、「合衆国政府は現在に於ても又将来に於ても現下の占領又は支配に基く如何なる要求又は権源をも有効と認むる能はざること、並苟も現存条約上の権利を侵害し又は露国の政治的若は領土的主権を侵害するが如き日本政府の行動は一切之を認容するを得ざるものなること」を日本政府に通告するとなした。

さて、ワシントン会議の成果およびその機会になされた以上のような外交上の措置をわが国の立場との連関でみるならば、過去長年にわたる日米間の対立を背景として外交交渉が行なわれ、それを通じてアメリカが大きな収穫を収めたことは明らかである。けれども、事はアメリカ側の一方的な外交的勝利に終始したのではない。とくにワシントン会議の最大の焦点ともいうべき海軍軍縮問題に関してはわが国側が純軍事的観点では成功を収めたといってよく、そのことは、無視しえない。けれども、ワシントン会議に際しての諸決定を基礎とした今後の太平洋および極東の国際政治の枠組は、わが国ではワシントン体制ともよばれているが、このいわゆるワシントン体制の設定によって、わが国のアジア大陸その他への膨脹は、今後格段に困難となったことも明瞭である。

ワシントン会議は、つぎに中国にとってはどのような意味をもつものであったか。パニカー(K. M. Panikkar)はいう、九ヵ国条約の主眼点は、中国の主権尊重よりもむしろ中国への日本の進出にたいして西洋諸国として通商上、経済上のその諸権利を保全することにあった。けれども、西洋諸国の側からみてさえも、この条約はそれら諸国として自己の手中に残しうるものは残そうという防衛的なものであり、中国の権利をさらに一段と侵害しようとしたものではなかった(1)。またこの会議の機会に中国は山東問題の解決を実現しえたが、これは中国が外交上において勝利をえた最初であり、利権を回収しえた最初であり、そして、日本の侵略のあからさまな後退の最初であった(2)。以上のような評言は大体において妥当であろう。なお、このワシントン会議において中国側は治外法権の廃止・関税自主権の獲得、すなわち、平等条約の締結を要求した。会議はこの要求を審議して、結局、治外法権廃止の問題については国際委員会を設け、この委員会が治外法権制度の実状を調査し、また中国司法制度の改革について援助を行ない、さらに中国政府を助けて治外法権撤廃実現のためにとるべき方策について勧告案を作成することになった。また、関税については、会議は若干の税率引上げを承認した。但し、その引上げの程度は、中国の財政上の必要に応ずるにはあまりにも僅少にとどまった。中国側はさきにパリ平和会議の際にも治外法権および関税自主権の問題について同様の主張を行なったのであったが、その当時は、諸国はこれらの要求にたいしてなんら耳をかそうとはしなかった。それ故に、そのことを考え合せるならば、わずか二年余りの間に中国をめぐる国際状況は、中国に有利な方向に大きく変化するにいたったのである。[3] こうしてパニカーの指摘したように、「ワシントン会議は、ヨーロッパ諸国の〔勢力の中国からの〕後退の最初の重要な段階をなすものであり、今後生ずることとの関連においてその〔同会議の〕重要性は無視されてはならないのである」。[4]

（1） Panikkar, op. cit., p. 216.

（2） Panikkar, op. cit., p. 215.

（3） なお、注目すべきことは、ワシントン会議で中国は以上のような注目すべき外交的収穫を獲ちえながらも、しかも、当時の中国は政治的にはまったく分裂状態を呈しつづけていたということである。この前後にかけて、中国においては軍閥が私兵を擁して各地に割拠、対立している有様であった。北京には中華民国政府があって、中国の中央政府として国際的承認をえており、各国外交団も北京に駐在していたが、しかし、このいわゆる北京政府はまったく無力で、たんに名目的な中央政府にすぎなかった。また、南方には広東に国民党政府があり、国民党を率いる孫文は一九二一年(大正一〇年)以来中華民国大統領と称していたが、このいわゆる広東政府の支配は広東の町の外には及んでいない有様であった。それ故に、ワシントン会議のひらかれる前月『タイムズ』は「ワシントン会議の準備」と題する社説において、「国際関係の上からみれば、中国はその現在の分裂状態では多分に擬制(Fiction)である」と述べたというが(King, W., China at the Washington Conference, 1921-1922, 1963, p. 28.)、それも甚だしい誇張とはいえないであろう。しかし、そのような中国において、この前後を通じて国民党は特異な勢力と地位とを擁していた。中国においては、すでにウィルスンの一四ヵ条宣言、および、彼の民族自決主義の提唱、ロシア革命、二一ヵ条要求、パリ平和会議における山東問題の紛争などを通してその民族的覚醒は急激に進み、政治的に分裂の状態にありながらも国内には民族的解放への要求が渦巻くにいたっていた。そして、それにともなって国権回復をその主張として高く掲げる国民党は、そのような中国人心の中に次第に広汎な支持を獲得するようになり、現実にはわずかに広東を支配するにすぎない国民党の勢力はそのような形で中国各地にひろく浸透することになり、国民党はこの意味において中国世論の代表者としての地位を獲得するにいたった。そのような中で、北京政府も各地軍閥もその外交政策においてはいきおい国民党の標榜する国権回復の主張に同調することになった。現にワシントン会議において、北京政府の派遣した全権団のなした言動もまた、その例外ではなかった。政治的に分裂した中国がこの会議で獲ちえた以上のような外交的収穫の背景には、こうして実に中国ナショナリズムの激しい高揚、奔騰があったのである。

（4）　Panikkar, op. cit., p. 216.

ワシントン会議の開かれている大正一一年二月、山県有朋は小田原の古稀庵で八五年にわたるその長い生涯を閉じた。彼は一方では、「陸軍の大御所」と綽名されたように、陸軍をその手中に掌握し、他方、巨大な派閥網を政治の世界にひろく布置し、それを操作して政治を左右することを試み、終生倦むことを知らなかった。この山県の死によって、元老は松方正義、西園寺公望の二人となった。山県の没した前月、大隈重信も死去した。八五歳であった。第二次内閣の総辞職を行なった後、彼は早稲田の邸に退いて組閣前の日常生活に戻り、その言動は、かつてのようにふたたび世上の話題を賑わせてきた。二人のこの老政治家が相ついで没したことは、ひとびとに古き日本の終幕を今さらのように印象づけ、その意味においてそれは象徴的な出来事であった。

さて、世界戦争の終結はヨーロッパばかりでなく、またひろく世界においてひとびとに国際平和の将来の永続について希望的観測を抱かせることになった。そして、こうして高まるにいたった平和主義的風潮は、ワシントン会議において大規模な海軍軍縮が企てられ、また今後の太平洋および極東の平和維持の方策が樹立されることによって一段と強まるにいたった。わが国の場合もその点で例外ではなく、国内の空気は大きく変化した。そのような中で軍備あるいは軍部にたいする批判的あるいは反発的な見解も活発に表明されるようになり、それればかりでなく、世人の間には軍、軍人をあたかも無用の長物視するような空気さえも漂う有様になった。そして、海軍軍縮の実現をみ、ワシントン体制の下で極東の事態も安定するにいたった以上、陸軍の縮小もまた当然に断行さるべきであるとの主張がさかんに行なわれるようになった。

ワシントン会議と半ば平行して大正一〇年一二月から高橋内閣の下で第四五議会がひらかれた。政友、憲政の二大政党はこれまで陸軍改革、また陸軍縮小のごときことを主張するのを故意に避けてきた。それは、元老中の最有力者であり、陸軍の長老である山県有朋を、またさらに陸軍を刺激し、これと正面から対立することは政権に接近するうえからきわめて不得策と考えたのによる。そのような中で、政権に縁遠い国民党のみが過去陸軍整理をあえて主張してきた。ところが、ワシントン会議がひらかれるにいたった国際情勢、そのような中での人心の以上のような変化は、両大政党の態度を変化させることになった。そして、第四五議会には国民党が師団の半減、歩兵在営年限を在来の二年から一年に短縮することを中心にした軍縮決議案、および、軍部大臣武官制の撤廃を内容とした軍部大臣任用に関する官制改正建議案を提出したほか、政友会も陸軍の整理・縮小を要望する建議案を提出し、憲政会もまた陸軍軍縮の必要を主張するにいたった(1)。同議会ではこれらの案は一括して小委員会に付議されたが、各党は、その際それぞれ自党の領袖をこの委員会に送った。このような人選は異例のことであり、それは政党が陸軍軍備問題をきわめて重大視するにいたったことを示すものである。小委員会では諸派間の意見調整の行なわれた末、歩兵の在営年限を一年四ヵ月に短縮し、また陸軍の各種機関の整理、統合によって四千万円を節減することを内容とした建議案、軍部大臣武官制撤廃を内容とした建議案が作成され、ついで、これら両案は衆議院において可決された。さきにアメリカ合衆国議会に国際的海軍軍縮決議案が提出されたあと、原内閣下でひらかれた第四四議会では尾崎行雄(無所属)が陸海軍備制限決議案を提出したが、それは衆議院において二八五対三八という圧倒的大差をもって否決された(大正一〇年二月)。その際には政友会議員、および、数名を除く憲政会議員は反対投票を行なったのであった。それがわずかに約一年前であったことを考え合わすならば、議会の雰囲気は今やまったく一変するにいたったのである。(2)

(1)　憲政会は大正一一年一月に第四五議会の休会明けに先だって党大会をひらき、加藤(高明)総裁はその席上演説して、ワシントン会議における主力艦に関する比率の協定をもって「永久に亙りて国際的不平等を設定し、国権の大なる制限を確定する」ものとして批判しつつも、わが国は同会議における取決めに従って海軍を縮小するほか、陸軍についても「世界の風潮と四囲の状勢」に鑑みて「相当の整理縮少」を行なうべきであるとし、わが国陸軍は元来旧ロシア帝国の南下政策に備えたものであり、ロシアの状態が今日のごとくである以上、わが国陸軍も必ずしも現状を維持する必要はない、と述べた。

(2) 諸政党、とくに政友、憲政両党のこのような態度変化は、山県有朋の死とも決して無関係ではない。但し、たとえ山県が没して彼を憚る気持から解放されたものの、政権と縁のうすい国民党は別として、政・憲の二大政党の場合、軍部に対して批判的立場をとることについては、これをとかくためらう空気も依然ある程度は残った。それは、軍部の激しい反感、敵意を買った場合、軍部大臣武官制の関係から政権担当が不可能になることをおそれたのによる。それ故に、たとえば、前註に述べた加藤憲政会総裁の演説当時にも、同党領袖の中には、いやしくも政権獲得を目ざす政党は軽々に陸軍軍縮のごときことを唱うべきではないともらすものもいたといわれている。

さて、第四五議会において論議の中心となったものは、一つは陸軍軍縮問題であったが、なお一つは普選問題であった。大正九年に原内閣の下で普選の是非を題目として議会が解散され、ついで総選挙に政友会が圧倒的勝利を収めて以来、普選運動はその機先を折られ、爾来運動は一旦不振、低調に陥った。しかし、その後運動は次第に勢を回復し、そのような中で第四五議会には憲政会、国民党、小会派、無所属議員によって初めて共同提案の形で普選法案が提出された。それは、有権者の年齢制限を二五歳とし、居住条件を六ヵ月と定めたものであった。(1) 当時、諸新聞社は普選支持の声明を出し、この法案の上程とともに各地には普選実施を要求するところの活発な民衆運動が展開をみた。しかし、議会においては政友会の反対によってこの普選法案は否決された。

(1)　このような共同提案が可能になったのは、憲政会が従来選挙資格の一つとして独立の生計を立てていることを固執してきたが、同議会に臨むにあたってそれを放棄したことによる。

なお、この第四五議会で治安警察法第五条第二項が改正され、今後は女子も政治上の集会に出席し、またはそのような集会の発起人にもなりうることになった。この改正は、婦人解放運動がこれまで目標の一つに掲げてきたものであり、在来衆議院をたびたび通過しながらも貴族院で否決されてきた。今ついにようやくその実現をみたのも、時代の推移を象徴するものといってよい。

けれども他方、上に述べたような労働者運動の進展、これと結びつつ行なわれる社会主義運動の動きは、支配層に少なからぬ不安感を抱かせつづけた。高橋内閣がこの第四五議会に提出した過激社会運動取締法案は、そのことの端的な表現ということができる。これは、「無政府主義、共産主義、其の他に関し朝憲を紊乱する事項」の宣伝または実行に関連したすべての行為を厳罰することとし、さらに「社会の根本組織を暴動、暴行、脅迫、其の他の不法手段に依りて変革する事項」の宣伝に関連したすべての行為をもきびしく処罰することを定めたものであった。この法案のあまりにも抽象的、包括的な規定は、ひろく思想・運動の自由に重大な脅威をもたらすものとして世上に激しい非難の声があげられたばかりでなく、憲政会以下の野党側ばかりでなく、政友会内部にもさすがに異論を生じ、審議は紛糾を重ねたのち結局審議未了に終った。

さて、この年六月にいたり高橋首相は内閣改造に失敗し、その結果、総辞職を行なうにいたった。元来高橋是清は、人となりにおいて淡白、洒脱で、率直、楽天的であり、また私心や野心なく、したがって、正論と思われるものには耳を傾け、これに従う人柄であった。彼は第一次山本内閣に入ったとき以来政友会に籍をもつようになりながらも、(1)政友会については関心なく、党内でも「別格視」され、党の内部事情にもうとく、党人としての信望、勢力をもってはいなかった。それ故に、原の急死によって後継首班に奏請されたとき、彼は首相に就任することは受諾したものの、政友会が首相・総裁を不可分とする政党内閣主義の建前に立って彼を総裁に推戴しようとしたとき、しきりに固辞した。しかし、最後にはやむなく受諾した。(2)ところで、原の強力な指導力の下に保たれてきた政友会の内部的統一は、このような新総裁の下ではゆるみ、党内の対立が次第に発展することになった。しかも、原の下で露骨な党勢拡張がしきりに試みられてきたことをかねて慊らなく考えていた高橋は、これを是正しようとし、右の点で世上の非難をとりわけ強く浴びてきた元田鉄相、中橋文相を辞任させて内閣を改造しようとした。しかし、元田、中橋は辞職の要請に応じようとせず、しかも、党内には高橋を支持する改造派と元田、中橋に加担する非改造派との争いが生じて紛糾し、元田、中橋があくまで辞職を拒否したので、高橋はついに内閣総辞職を行なうにいたった(大正一一年六月)。

(1)　山本権兵衛がその組閣にあたり政友会の支持を求めたのにたいし、政友会は幾つかの条件を提出し、これらを山本は承認した。その際の条件の一つに首相、外相、陸相、海相を除く全閣員を政友会に加入させることというのがあり、その関係で高橋は政友会に入党したのであった。

(2)　後年、高橋は回顧して、「原と言ふ人は政党の事は大小軽重共多大の興味と熱意を持つて居たので、党員の名前や顔は勿論の事、その人の履歴、その人の勢力等何もかも知つて居たし又知る事につとめ、党員が面会に来れば、誰彼の区別なく一々あつて陳情もきけば、話もしたものだ。所が、私はそんな事は全然興味を持たず、誰が何といふ人か、どんな顔をしてゐるか、殆んど知らなかつた。そんな風だから、政党の総裁なんか私には最も不適任で、原の後に総裁になるなんか思も寄らなかつた」(高橋是清、『随想録』、昭和一一年、一二頁)。自分としてはワシントン会議を眼前にした当時のこととてやむなく首相の地位に就くことは承諾したが、総裁をも併せて引受けることは堅く拒んだ。しかし、党をまとめるため総裁になってほしい、党のことは何もしなくてよい、と懇請されて、やむをえず当面一時のこととして総裁就任を受諾した。しかし、就任してみると、党の事は何もしないでよいというわけにはいかず、「随分五月蝿《うるさ》い厄介な事が多かった」。そこで、どうか早くよい後任総裁をえてやめたいと思い、ひたすらその時を待つようになった(同書、一二三—五頁)、と述べている。

第二節　「中間内閣」の季節

高橋内閣が瓦解すると、摂政宮(今上天皇)[ママ]は元老にたいして後継首班について下問された。西園寺は、病気の理由をもってこの際奏薦を松方に一任したい旨を奏上し、(1)ついで松方は高橋内閣の海相であり、かつ先にワシントン会議の首席全権委員であった海軍大将加藤友三郎を奏薦した。松方のこの奏薦は、一つには加藤友三郎がワシントン会議の折衝ですぐれた政治的能力を示したことによるが、なお一つには、いわゆる薩派の立場からであったとみられる。松方は薩摩藩の出身であるが、政界にはこの当時にも薩摩出身者を中心とした「薩派」が未だに一つの勢力として存在していた。しかも、海軍はかつて「薩の海軍」とよばれた頃以来薩派と親しい関係にあり、そのこともまた松方が加藤を推した一つの原因であったと考えられる。ところで、組閣の勅命をうけた加藤は少なからず躊躇し、勅命を辞退することも予想された。そのような中で、松方は憲政会総裁加藤高明を招いてひそかに会談して、もし加藤友三郎が大命を拝辞した場合に貴下を奏薦することになるかもしれないと告げ、その場合の閣僚顔触れについて意見を交換したりした。このことを一たび探知した政友会は、極度に狼狽した。そして、この際政権が反対党の手に移ることはいかにしても阻止しようとし、加藤にたいして貴下が組閣する場合には政友会は貴下の内閣を無条件的に支持することを申し入れて、内閣組織を懇請し、結局加藤は政友会側のこの働きかけにも動かされて、ついに政友会の援助を頼みとして、貴族院の研究会ならびに交友倶楽部を基礎とした内閣を組織した(大正一一年六月)。その顔触れは、左のとおりであった。

首相加藤友三郎、外相内田康哉、内相水野錬太郎(交友倶楽部)、蔵相市来乙彦《いちきおとひこ》(研究会)、陸相山梨半造、海相加藤友三郎、法相岡野敬次郎(交友倶楽部)、文相鎌田栄吉(同)、農相荒井賢太郎(研究会)、逓相前田利定(同)、鉄相大木遠吉(同)。

(1)　原暗殺の直後における高橋是清奏薦は、西園寺の発議によるものであった。そこで、西園寺としては今度は松方の意見を尊重することにしたのであった(松本、『政治日誌』、大正一一年六月四日の条)。なお、高橋内閣の末期に政変の近いことが予想された当時、西園寺は次期首班の問題について松本剛吉にいろいろともらしている。そして、あるとき彼は松本にむかって世上では「憲政純理論とか常道とか云うて、政友会内閣が仆《たお》るれば憲政会に、又憲政会が可《い》けなければ国民党と云ふ順に総理大臣を出さなければならぬと云ふが、私は政友会内閣と云ふも政友会の内閣に非ず、陛下の内閣と思ふ。純理とか常道とか云ふことは、何の本に書いてあつて、何処の国で現在さう云ふことをやつて居るか。之は近日学者を呼んで聞いて見る積りだが、あなたは何う考へる」とたずねている(同日誌、大正一一年三月九日の条)。そして、西園寺は憲政会総裁加藤高明を首相の「器」ではないとし、高橋内閣瓦解の場合に第二党の総裁ということで加藤を後継首班に奏請するようなことになれば、「それこそ国家の為め大変である」と考えた(同日誌、大正一一年三月二八日の条)。その後松本に語って、目下中間内閣論もある。しかし、「之は一寸口当りは良いが、迚も行へない。よし中間内閣が出来たとて、其命は誠に短いと思ふ」。自分は「憲政の常道又は純理論等」は不合理と思うが、とにかく今日の時勢上政党を基礎としなければ組閣は困難である。しかも、加藤に政権を担当させるわけにいかないことは、「公平な識者」のいうところであり、自分もまったくそのとおりと考えると語った(同日誌、同年四月二二日の条)。加藤にたいする西園寺の以上のような不信感は、主としては第二次大隈内閣において加藤が外相として二一ヵ条要求の責任者であったことに由来すると思われる。その後、西園寺は、政友会がまとまるようなら貴族院議員・台湾総督田健治郎に中間内閣を組織させようと考えた(同日誌、大正一一年六月四日の条。なお、同年四月二二日、五月一四日、同一五日の条、参照)。しかし、高橋内閣がいよいよ総辞職したとき、西園寺は後継首班の奏請を松方に一任した。

加藤友三郎は第二次大隈内閣に海相として入閣して以来、つづく寺内、原、高橋の各内閣に海相を歴任した。しかも、彼が単なる武人にとどまらず、政治的手腕の持主であることは、(1)ワシントン会議における首席全権委員としてのその言動の中にも示された。ところで、原、高橋という二つの政党内閣のつづいたあとに以上のようないわゆる中間内閣が出現したとき、新聞、雑誌の多くは政党内閣主義の見地から論評して、憲政会に政権が与えらるべきであったとした。しかし、当時『東洋経済新報』は論じて、憲政会が国民多数の意向を代表して立つだけの覚悟をもし平素もっていたならば、国民の力は同党を中心に結集されて「猛然たる大運動」が起ったであろう。ところが、同党にはそのような覚悟が欠けていたばかりか、政変になるとあるいは元老にむかって運動し、あるいは貴族院に「交渉」するなど国民多数の希望に反した「暗中飛躍」を行なう有様であった。そして、政友会側が、政権を憲政会がとれば金解禁を行ない、その結果、物価は下落し、財界はますます不況に陥るであろうと宣伝したのにたいして、憲政会は狼狽し、非公式にせよ金解禁は軽々に実行しない、と称した。これは一例にすぎず、憲政会が政権のためには「面目」、「主義」を顧みず、元老、貴族、富豪、政商などにひたすら迎合することを辞しないのは、この一例によっても明らかである、と評した。(2)この論評も、当時の政情の一端を衝いたものとして看過しえない。

（1） 元田肇のいうところでは、原敬は首相時代に加藤を評して、加藤は外交調査会でも決して議論もせず、また意見もあまり述べない。しかし、いつも最後にはその議を適切な結論にまとめる「油断のならない人」だ、と語ったという(『元帥加藤友三郎伝』、昭和三年、二六五頁)。

（2） 「所謂憲政常道論の意義」、『東洋経済新報』社説、大正一一年七月一日号。

けれども、それ以上に注目すべきことは、原、高橋両内閣、とくに原内閣下における政党政治の実態は世上多くのひとびとの間にふかい幻滅感をすでに抱かせていたことである。『東洋経済新報』は社説において論じて、「時を指すなら、第三次桂内閣に対して爆発した大正二年の憲政擁護、閥族打破運動以来と云へよう。我国は此時から最近に於ける政党政治熱望時代に入つた。然るに、今や一転、人心は党弊の繁きを厭ふの余り政党政治を呪詛するに至れるやに見ゆる。而して、此為め……或は政党政治呪詛の極は、驚くべき時代錯誤の政治現象を生ずる虞なしとも限らない」とし、「今日の世の中に於て、政党と関係なき枢密院を思ひ、官僚政治家の活動を望む変態を生じつゝある」。政党がその行動を公正にし、尽すべきことを尽していたら、このように呪われるにはいたらなかったろう。けれども、今日の制限選挙の下で政党政治を行なえば、政治には少数の有産者の利害のみが代表され、しかも、有産者の大多数は地方の地主階級に属しているから、国政は「低級なる地方の利益問題」で動くほかはないことになる。それ故に、政党の改造のためには普通選挙の実施こそ第一になされねばならない、となした(1)。過去二代の政党内閣の施政にたいする激しい失望は、しかし、ひとり一般世人の間に抱かれただけではなかった。いわゆる大正デモクラシー運動の代表的イデオローグに属する吉野作造が当時とった立場のごときも、それを示す注目すべき一例といってよい。すでに高橋内閣の末期に吉野は論じて、現内閣の瓦解は近いといわれているが、そのあとをつぐものは何人であろうか。「今日の政界を憲政の常道を以て律するは、瀕死の病人に常人の養生法を勧むるよりも無理な話」である。経済学の講義が株式界の波瀾に処する上に差当り何の役にも立たないように、「今日の政界の判断に憲政論を説くは、僕の厚顔を以てしても猶甚だきまりが悪い」とした(2)。そして、加藤内閣成立後に論じて、余は加藤内閣そのものを悪いと思わない。しかし、その出現を促したものは政界の腐敗した空気であることを思い、政界の前途遼遠であると歎息せざるをえない。自分としては憲政会に組閣させたいと思っていた。これは、毒をもって毒を制する意味からであって、憲政常道論によるものではない。憲政の常道を実現するには、政界の悪気流の除去こそ大事である。今日政党内閣といっても、民衆の良心を代表していない点では超然内閣と同様である、と述べた(3)。こうして、いわゆる憲政常道論の機械的適用にたいして批判的立場を表明した。

（1）「党弊を厭ふの行過ぎ」、『東洋経済新報』社説、大正一二年八月二五日号。

（2）吉野作造、「高橋内閣の後を継ぐ者、継ぐべき者」、『中央公論』、大正一一年四月号。

（3）同誌、大正一一年七月号、時論欄。

なお、同誌同号の社説「加藤内閣存立の根拠」は、その内容からみても吉野の執筆と想像されるが、それはつぎのごとく述べている。世上には加藤内閣が超然内閣または中間内閣であるという理由で政界の常態ではないとしてしきりに非難するものがある。加藤内閣が憲政常道論の形式的要求に合致しないことは、明瞭である。けれども、憲政常道論の前提は、政党が民衆の意志を代表しているということである。ところが、今日の政党は不正の投票を基礎としており、民衆の良心との結び付きのない点では貴族院の諸派と同一である。したがって、「政友会内閣が超然内閣でなかつたと同じ意味に於て、今度の内閣とても必しも超然内閣とは云へない」。われわれは加藤内閣を弁護はしない。むしろ、このような内閣をも否認できないわが国今日の政情について反省を求めたいのである。

さて、加藤内閣の大きな使命はワシントン会議の際に結ばれ、あるいはなされた条約、取りきめ、声明等を具体的に実行に移すことにあった。なお、わが国の海軍は海軍軍縮条約にもとづいて今や縮小されることになったが、既述のように加藤が第二次大隈内閣から高橋内閣にいたる諸内閣に海相として在任している間に、始め八・四艦隊を目標として出発した海軍拡張計画は、ついで八・六艦隊、まもなく八・八艦隊をめざすものに変更されて、ワシントン会議の当時に及んだのであった。それ故に、加藤は多年の彼の海相時代に急速に拡大、増強されてきた海軍をはからずも首相としてみずからの手でその大縮小を行なう回り合せになったわけである。

つぎに、ワシントン会議で日中間の係争問題であった山東問題がようやく解決をみたことは前に述べたごとくであるが、加藤内閣成立後わが国はまず旧ドイツ膠州湾租借地の行政を中国側に移管し、ついでわが国の青島派遣軍の撤退を実行し（大正一一年一二月）、翌一二年一月、膠済鉄道を中国に引渡した。

また、わが国はワシントン会議において、なるべく速かにシベリアから撤兵する旨を声明したが、加藤内閣は成立後まもなく来る一〇月末までに、これまで駐兵をつづけていた沿海州から撤兵することを発表し、ついでこれを実行した。過去四年二ヵ月にわたり戦費九億円を費やし三千五百名の戦病死者を出したシベリア出兵は、こうして、ようやく結末に到達した。わが国側、とくに陸軍が以上のような犠牲を払いつつこの出兵にかけた侵略の野望は、ついに白日夢に終ったのである（なお後述参照）。なお、北樺太については、ニコライエフスク事件が依然未解決であることを理由としてわが国は保障占領を継続するのである。すなわち、前内閣下における大連会議決裂のあとをうけて、この年(大正一一年)九月にわが国と極東共和国との間で長春会議がひらかれ、この会議には極東共和国側の要求によってソ連代表も参加することになり、ヨッフェ(A. Joffe)および、極東共和国外相ヤンソン(Ianson)がソ連ならびに極東共和国を合せて代表して出席した。このときの交渉も初めからきわめて難航した。上記両国の首席代表として主として折衝の局に立ったヨッフェは、北樺太からの撤兵時期を約束するようわが国側に強硬に要求して譲らず、またニコライエフスク事件の処置は日本のシベリア出兵によってロシア人がこうむった損害等と合せて別途商議することをあくまでも固執した。こうして、この長春会談もまた決裂した(九月)。ついで、一〇月にわが国が沿海州から撤兵した後、その翌月、極東共和国とソ連とは合体するにいたった。極東共和国は元来ソ連とわが国との間の緩衝国家として設けられたものであり、わが国のシベリア撤兵によってシベリアにたいする日本の脅威がうすらぐにいたったので、今その合体が実現をみたのである。

その後、後藤新平は日ソ間の国交樹立の必要を痛感し(1)、加藤首相の了解の下に長春会議の首席代表であったヨッフェをわが国に招いて会談し(大正一二年二月―六月)、ついで後藤の斡旋の下に六月からわが国側とヨッフェとの間に非公式予備交渉が行なわれた。この折衝において、わが国側は国交樹立のためにはその前提として、帝政ロシアとわが国との間に結ばれた条約および帝政ロシア政府の対日債務等をソ連が承認すること、ならびに、ニコライエフスク事件の解決を要求し、後者に関連して北樺太の買収または同地域の石油、石炭および森林についての利権提供を求めた。しかし、ヨッフェは旧条約および旧債務の継承をあくまでも拒否し、またニコライエフスク事件についてはソ連政府の支配が同地に及んでいない時期に発生した事件であるとの理由で責任を負うことを拒み、北樺太売却についてはこれを事実上拒絶し、代りに日ソ合弁事業の形で同地域の地下資源の開発を行なう案を示唆した。この交渉も難航を重ねた末、結局不調に終った(七月)。

（1） 当時、後藤は東京市長を辞してヨッフェとの会談に全力を注いだ。彼は長春会議の決裂後ヨッフェが中国に赴くにいたったのを知って、それにより中ソ接近の気運が生まれることをおそれ、この際わが国としては速かにソ連との間に国交を樹立し、友好関係を進めることが中国ならびにアメリカに対処するうえから緊急、重要な外交的課題であると考えたのであった。その点において、彼は往年の日露協商を戦後の極東にある意味で復活させようとしたものとみることができよう。

ところで、加藤内閣には、前内閣以来の陸軍軍縮の問題がうけつがれた。すでに述べたように、わが国内にはワシントン会議で海軍軍縮がなされたうえは陸軍についても縮小を行なうべきであるとの声が高まり、そのような中で前内閣下の第四五議会で右の趣旨に立つ建議案も可決されたのであった。これにたいして、加藤内閣成立の翌月、陸軍側は右の建議案に応えるものとして陸軍整理案を閣議の承認をえて決定した。そして、陸軍当局は声明して、議会の要望のように歩兵の在営年限を一年四ヵ月に短縮するには、その前提として青年の体育および予備軍事教育の実施を必要とし、その具体策を目下研究している。右の前提を欠く場合には国防力の著しい低下が生じるので、それは陸軍当局として責任上なしえない。また平時編成は本来、作戦方針に即した戦時編成を基礎としたものなのであり、したがって師団半減というごとき縮小は国防を危くする。そこで陸軍としては、師団数は据置き、人員、馬匹《ばひつ》をできうるかぎり整理し、努めて建議案の主旨に近づくようにした、と述べた。そして、この整理案はついで実行に移された。なお、陸軍は、軍部大臣武官制撤廃の建議案についてはこれを黙殺した。ところで、すでにふれたように、とくにワシントン会議以来、軍および軍人に対する批判的あるいは反撥的な空気は世上にきわめて濃厚であり、(1) そこで以上のような陸軍整理計画も世上ではこれをもって微温的または甚だ不徹底であるとして激しく非難するもの、強い不満を表明するものが少なくなかった。(2)

（1） ワシントン会議当時にすでに、海軍では所要数の水兵を徴募することができず、苦慮する有様であった。大正一一年二月山川均はこれをつぎのように揶揄した。「過ぐる日の某新聞に『サア、いらつしやい〳〵……日本海軍へ』といふ大きな標題で、こんな記事が出て居つた。『茲《ここ》数年来、さなきだに思ふ様に募集出来なかつた海軍志願兵は、軍備縮少の声と共に殆ど悲況のどん底に陥つた。和製ネルソン達驚くまいことか、各処に海軍思想普及講演会を開くやら、郡長さんに草鞋《わらじ》穿きで田舎を廻つて貰つたりしても埒あかず、横須賀鎮守府では大にくだけて……宣伝ポスター一万枚を拵《こしら》へて全国二百三十二郡三千八百八十八箇村に配つて海兵募集に骨を折らうといふ。いや世の中も変つた、〳〵。……中に『英京倫敦《ロンドン》の一夜』で芝居を見せたり、『任海軍少佐』の辞令で立身出世をほのめかしたり、戦争をヌキに艦隊の夜間演習の無難で勇壮活潑な画を入れたり、当局者もなか〳〵の骨折り。英国の海軍募集のポスターにある『無料で世界見物が出来る』、『衣物を給する』、『日曜にも給料をくれる』などといふのを御国ぶりにして、画で行つた所が面白い(『東京日々新聞』)。その後或る所に此ポスターが掛つてゐるのを現実に見た。鐘ケ淵紡績の『当社の飯場では南京米を用ひず』といふ、女工募集のポスターと隣り合せに」(山川均、『井の底から見た日本』、一一二―一一三頁)。

また、加藤内閣下で『東京日日新聞』大正一一年八月二七―八日に、陸軍三等軍医正・寺《て》師《し》義信《よしのぶ》の「軍人の立場について」という一文が掲げられている。それは当時の世上の風潮をよくうかがわせるものがあるので、以下にその一部を紹介したい。筆者は述べて、余は幼年学校、士官学校を経た軍人ではなく、大学にいたる長い学校生活を経たのち軍隊に入った。

従って、余の軍隊観は公平を失しないものと信じる、とし、今や軍縮の声は陸海軍人を脅かし、彼らを「不安のドン底」に陥れているが、他方、軍人に対する国民の眼は近時憎悪から侮蔑へと大きく変った。職を失って不安に襲われている軍人に対して国民多数は無関心であり、よい気味だといわんばかりの様子をしている。新聞雑誌の投書欄をみても、そこには毎々「軍人呪咀の文字」が連らねられている。今日軍人が社会からいかに虐待されているか。たとえば、「関西の或都市辺では、頑是《がんぜ》ない小児がいふ事をきかぬ場合、親がこれを叱るに、『今に軍人にしてやるぞ』と怒鳴り立てる。停車場辺で軍人が俥を呼べば、車夫は傲然として『戯談《じょうだん》ぢやない。あるいたらいゝでせう』と剣突《けんつく》を喰はす。軍隊が終日演習して、ヘトヘトに疲れて夕方或る町にたどりつけば、町の民家はいそいで戸をしめ、内から錠をおろす。或ひは蒲団や夜具をひつ張り出して、にはか作りの病人を仕立てる。これらは皆、兵卒の宿営をことわる手段なのだ。殊に軍縮問題が八釜《やかま》しくなつてから、軍人の影がいよいよ薄くなつて、若い青年将校が結婚の約束をしてゐたのが、どしどし嫁の方から破談にしてくる。今や若い将校は結婚難にも苦しめられてゐる。また以前は、兵隊といへばいかなる博徒でもおそれて手出しせなかつたものだが、今は却て博徒の方から軍人に喧嘩を売り、ひどい暴言を吐きかけ、なほあきたらずに神聖なる兵営まで推寄せるといふ奇態な状況を呈する時代となつたのである」。新聞の投書欄に、軍人が電車の中で威張っているとの記事が往々でているが、軍人はつねに姿勢を正し、「勇往邁進の気宇」をたくわえていなければならないと平生からきびしく教えられている。そのために、この姿勢が世人の目に威張っているように映るのなら、致し方もない。「いづれにせよ、カーキ色の服は往来でも電車の中でも汽車の中でも、国民の癪の種となつてゐる様である」。子供たちまでが、われわれの姿をみると愚弄する。「海軍々人は上衣丈を役所に置いて、通勤の往復は背広か詰襟にし、役所で簡単に制服の上衣と取かふるものもあるとか聞いたが、成程夏は白、冬は黒の海軍服では、それも出来よう。然し陸軍のカーキ色と来ては、そんなまねも出来ず、いやが応でも往来や電車の中で国民の癪の種となりつつ小さくなつてゐねばならない」。世の一般人は軍人は頑迷で融通性がないと一概に断定し、退役の軍人が職を求めると、「軍人の古手に何が出来るものかと一口にけなす。軍職を不生産的職業といひ、時代錯誤といひ、穀潰しといふ。あゝ、世の有識者はこの現象を何と見るであらうか」。「今日軍縮々々と騒ぎ立てる幾百万人の中に真面目に軍備縮少を攻究し、世界の形勢、動乱の跡を考へて真に国家を憂ふる具眼の士が、果して幾人あるであらうか」。その多くは「軍縮を政策とする人気取政治家、無暗《むやみ》に流行を追ひたがる言論家、或ひは自称軍事通等」であり、たまには「首になつた軍人の腹癒せ連」も混じて、騒いでいる。そこで、「何も知らぬ田夫《でんぷ》、野人」も、これに同調し、はては軍縮と軍人排斥とを混同して、軍人憎悪の念はいよいよ高まってきた。「軍人といへば、片ツぱしから罵倒する様な風潮」は青少年に軍人忌避を教えるようなもので、徴兵忌避者は続出している。また、将校生徒の志願者は次第に減少しており、この勢でいけば、軍隊はどうなるであろうか。顧みて、日清戦争の際の国民の緊張、日露戦争下で旅順攻防戦の際国民が軍隊に寄せた絶大な信頼と期待を懐い起すとき、「たゞ今軍縮々々と騒いで、軍人の首の落ちるのを柿の実でも落ちるかの如くよろこび笑ふ国民のその声は、往年悲壮なる万歳の涙声と全然同一の喉から出づることに想到するとき、われわれは国民の健忘症に愕然たらざるを得ないのである」。今般の陸軍軍縮にたいしても国民はその苦心について理解を欠いている。「わが国今日の思想界、言論界は、文化といふ美しい文字にあまり拘泥し過ぎて、軍備を文化の敵とし野蛮視してゐる風がある」。どうか国民が陸海軍を充分に研究し、軍隊にたいする正しい理解、態度を身につけることを切望する、としている。

（2） 前註に引用した一文の中で筆者は、軍および軍人にたいする国民の態度にたいして若い将校たちの間では「不平の色、蔽ふべからざるもの」があるとし、この傾向が進んで国民と軍隊との間に溝ができるようになるならば、それは由々しいことである、と論じているが、世上のこの反軍的風潮、また陸軍縮小は将校たちの士気をいたく阻喪もさせた。大正一三年に陸軍歩兵少佐須藤重男はその著『国難来と新国防』(大正一三年)の中で述べて、「年々に夏来る度に思ふかな、己がつなぎし首は如何にと。之れ現今に於ける壮年将校の大部分の心理状態である(年々に夏来る度に、とは夏の陸軍の定期人事異動を指す——著者)。佐官級にある是等壮年将校は一にも首、二にも首、今年の夏は首かと暇さへあれば停年名簿や官報を手にしてピク〳〵しつゝ執務して居るものが多い。而して、自己の所信を吐露する丈けの勇もなく、唯々諾々上司の顔色のみを覗《うかが》ひ、阿諛《あゆ》を事とし、事勿れ主義の許に『不得要領は得要領なり』との信条の許に遊泳術の研究をなし、甚しきは暗に上長の私宅に妻君政策を運《めぐ》らし、一日も長く首の継ぐことを図るものすらある。……以上述べたる多くの事実は常に青年将校の目撃する処であるから、青年将校自らが将来を稽《かんが》へ、或は軍人生活の不安を感じ、思想の動揺を来たすようになることは、自然の道理である。近来青年将校の思想の激変は、実に著しきものがある。加之地位の不安、殊に前途を悲観し、心は動揺し、常に浮足の状態で、商売換する勇気もなく、其日暮しをして居るものが尠くない。ある先輩の如きは、公々然と同じ罷めるなら一日も早く若い時に罷めねば社会に出ても役は立たぬものだとか、或は四十歳にもなれば社会では使ひ手がないから魚釣渡世するより仕方がないと、親切心に教へて呉れるものすらあるのだ。又青年将校中甚しきは将校と遊女とを同一視し、『泥足は仲々洗はれない。誰か身受けをして呉れるものはないか』と囁くものすらある。これは或は戯談の言ならんも、将校の心理状態が女郎の心理と化するに至りては、洵《まこと》に歎かはしき事ではあるまいか」と痛嘆している(須藤、『国難来と新国防』、一八五―七頁)。

さて、大正一一年一二月から第四六議会がひらかれたが、加藤内閣はこの議会に大正一二年度予算案を提出した。加藤内閣は成立以来、行財政整理を行ない財政の緊縮をはかろうと企てた。原内閣以来これまでいわゆる積極政策の名の下に大規模な財政投資が行なわれてきたが、それは多分に政友会の党勢拡張を意図してのものであった。しかも、世界戦争当時以来の政府の輸出奨励政策に原因する国内物価の騰貴は、この積極財政によってますます昂進し、これがために国民生活は著しく圧迫され、また輸入増、輸出減を来たし、戦後にはふたたび戦前のような慢性的入超を現出するにいたった。そこで、加藤内閣としては行財政整理によって、国内物価の引下げをはかろうとしたのである。当時はワシントン会議の結果として軍事費の大幅削減が行なわれることになった折柄でもあったが、しかし他面、戦後不況下の経済界を救済するための施策を必要としたほか、与党たる政友会側の強い牽制もあって、加藤内閣のこの行財政整理の企ては結局さしたる成果をあげえないものになった。

つぎに、労働者運動はその後どのような動向を示していたか。大正一一年、とくにその下半期に入ってからは、労働者運動においてこれまで優勢であったアナルコ・サンディカリズムはようやく凋落にむかい、代ってボルシェヴィズム——この前後において共産主義はそのようによばれた——が労働者運動の支配的イデオロギーとなることになった。すなわち、労働者運動の指導者の間でこれまで激しく交えられてきたいわゆるアナ・ボル論争において結局前者は敗れていったのであった。その点において象徴的なのは、大正一一年九月大阪においてひらかれた労働組合総連合創立大会とその後の経過である。この大会は労働組合運動を全国的に組織化する目的の下にひらかれたものであったが、大会では中央集権主義か自由連合主義かという組織論をめぐって共産主義者とアナルコ・サンディカリストとの間に激しい論争が交えられて会議は混乱に陥り、警察によって解散を命ぜられた。

そして、労働組合運動の全国的戦線統一の企ては、ついに失敗に終った。ついで、中央集権主義をこの大会で主張した労働総同盟は右大会の直後に大阪で創立第一一周年大会をひらき、新しい綱領と「主張」とを決定したが、それらにはアナルコ・サンディカリズムの主張はなお若干残存してはいながらも、共産主義の強い影響が認められ、その点に労働者運動が今やたどり出しつつある大勢が反映している。

労働者運動の中においてアナルコ・サンディカリズムがこのように衰退するにいたったのは、なにに原因するか。これまで、ロマンティックな革命的情熱に駆られたサンディカリストは労働者運動を冒険主義的方向へ猪突させようとしきりに試みてきたが、その結果、彼らは労働者大衆から遊離することになったとともに、労働者運動の帯びたそのような革命的色彩は政府、資本家側の労働者運動にたいする抑圧方針をいよいよ強化させることになった。このようにして、労働者運動が行詰りにむかうにともなって、共産主義者が労働者運動にたいして次第に指導権を獲得するようになったのである。そして、それにつれて労働者運動はここに政治主義へと転換して、政治にたいして積極的態度をとることになり、サンディカリズムの影響の下にさきに普選運動から手をひいた労働総同盟、その他多くの労働組合も、今や普通選挙にたいしてもふたたび関心を示すようになった。

なお、大正一一年に山川均は雑誌『前衛』七・八月合併号に「無産階級運動の方向転換」と題する一文を公にし、その中で彼はつぎのように論じた。過去二〇年間の日本の社会主義運動は、「まづ自分を無産階級の大衆と引き離して、自分自身をはつきりさせる」ことをした。そうすることは、無産大衆が「資本主義の心理と思想」とに支配されていた時代に、独立した無産階級の考え方と独立した「無産階級的の思想と見解」とを築くためには必要な道程であった。日本の社会主義運動はその点では成功した。日本の社会主義運動は過去二〇年を通じてつねに階級闘争主義と革命主義とに立脚してきたのであり、「日本の社会主義運動の思想には、一度も妥協主義や日和見主義や改良主義が混ざつてゐたことはないと云つてよい」。おそらく日本の社会主義者ほど、はっきりと資本主義の撤廃という最終目標をみつめていたものはない。ところが、この最終の目標をみつめていたためにかえっていかにしてこの目標にむかって前進すべきかという問題を忘却していた。われわれは、資本主義の撤廃という理想を大事にし、いやしくも資本主義をただちに撤廃できない一切の問題や運動には興味をもたなかった。国家がブルジョアの支配機構であるならば、無産階級が国家に何事を要求してみても意味はない。政府が資本家階級の委員会であるならば、その政府の施政について何をいっても意味はない。資本主義の存続するかぎり部分的改善を獲得しても意味はない。革命以外の一切の当面の問題は意味はない、と考えた。しかし、「斯うした潔癖な『革命的』の態度を取ることになれば、資本制度の下に起る一切の事柄を唯だ片つ端から口先きや筆先きで否定するだけであつて、先づ十人か二十人の御定連が集つて、革命の翌日を空想して気焔を揚げるか、巡査を相手に『革命的』の行動に出で、一晩の検束を受けて大に『反逆の精神』を満足させる位いが関の山である」。以上のような消極的態度を取るかぎりは、社会主義運動が「思想的に純化すればする程」、それは無産大衆とは離れてくる。このような態度は「虚無主義者」の理想であっても、決して社会主義運動、すなわち無産階級の大衆的運動の態度ではない。われわれは確かにこのような誤謬に陥っていた。以上のことは、無産階級運動の一つの「方面」である社会主義運動についていいうるだけではない。なお一つの「方面」である労働組合運動にもあてはまる。過去「無産階級の前衛たる少数者は、資本主義の精神的支配から独立する為に、先づ思想的に徹底し純化した」が、「無産階級運動の第二歩は、是等の前衛たる少数者が徹底し純化した思想を携へて、遥かの後方に残されてゐる大衆の中に再び引き返へ」すことでなければならない。「大衆の中へ！」は、日本無産階級運動の今後の新しい標語でなければならない。われわれは無産階級運動の最後の目標を認識しながら、一面では無産大衆が現になにを要求しているかを的確に認識し、われわれの運動を大衆のこの当面の要求に立脚させなければならない。以上のことは革命主義から改良主義への堕落を意味しない。大衆の行動を離れては革命的の行動はなく、大衆の現実の要求を離れては、大衆の運動はないからである。「革命主義」と「改良主義」の相違は、日常当面の運動のうえで大衆の要求に譲歩するか譲歩しないかということにあるのではなく、「実際の運動と実際の闘争との間に大衆の要求を高めて、最後の目標に進ませることに努力するか否か」にある。それ故に、無産階級運動は「ブルジョアの政治」にたいしても決して無関心であってはならない。なぜならば、政治がブルジョアの支配を意味するかぎりは、民衆の生活は政治から直接の影響をうけるからである。「虚無主義者は云ふだらう。政府はブルジョアの政府である。無産階級は、ただ彼等の政治をそつくり否認すれば、沢山であると」。しかし、「単なる思想の上の否定は、決してブルジョアの支配と積極的に闘ふ道ではない。吾々の為すべきことは、闘ひである。ブルジョアの政治と闘はぬ者は、ブルジョアの政治を援けて居る者である」。山川均のこの一文は、当時さまざまの論争をよびおこしたが、労働者運動におけるイデオロギーが大勢として前述のようにアナルコ・サンディカリズムから共産主義へと転換しつつあるとき、このような変化を肯定したものとしても大きな影響を及ぼすことになった。(1)

（1） 荒畑寒村は戦後回想して、山川の「この提唱はひとり社会主義者に対するのみでなく、実に無産階級一般に対してその通弊たる観念的傾向を打破し、そして、注意を実際問題に向けさせる重大な影響を及ぼしたものである。山川君は夙にこの必要を痛感し、社会主義運動と大衆との接触に思いを沈潜させていたのであって、……」(荒畑、『左の面々』、昭和二六年、一七三―四頁)と述べている。

そして、山川のこの文章が公にされる前月(七月)に日本共産党が極秘のうちに創建された。堺利彦、山川均、荒畑勝三(寒村)らをはじめ徳田球一《とくだきゅういち》、佐野学、鍋山貞親《なべやまさだちか》、浅沼稲次郎、赤松克麿《あかまつかつまろ》、市川正一《いちかわしょういち》、渡辺政之輔、山本懸蔵、野坂鉄(参三)、その他がこれに参加した。この結党は、むしろ当時の若い共産主義者たちによって推進されたといわれている。(1)しかし、翌年六月には、大規模な検挙が行なわれ、勢力が未だ伸びないうちに党は大打撃をこうむった。けれども、わが国にすでに共産党が生まれていたことは、当時の世上に大きな衝撃を与えたのであった。

(1)　荒畑寒村は後に回想していう、「元来、堺氏等の老指導者はただちに共産党をつくるというよりも、むしろ共産主義宣伝のグループを組織し、労働組合運動の間に広く共産主義思想を弘布して然る後、おもむろに大衆的基礎の上に党を結成するというような、慎重な考えであったらしい。……それも無理はない、多年の弾圧と迫害との中を生きのびて来た老先輩は、ナニも臆病というのではないが何事にも慎重を期するにひきかえ、後進の青年連は革命が明日にも起りそうな妄想に駆られて、速成的でもいいから党を造ろうというのだから、自然ソリの合わぬ場合も生ずる。私などもいつもの事ながら、やはりすぐにも革命が起るように考えて、共産党速成論の火の手をあげたものである」(荒畑、『左の面々』、一七一頁)。またいう。結党は、人的構成の点で先ず失敗であった。「歴代政府の弾圧政策が、社会主義運動を大衆から隔離孤立させていた客観的条件は、広汎なる大衆運動の経験と実践とによって鍛冶練磨された、信頼すべき性格の革命家を創り出さなかった。従って、党は手近に見出し得る有合せの人間で造られ、不可避的にセクト的な欠陥をまぬがれなかったのである」。当時「意識的な革命家でなく単に政治的アドヴェンチュラーに過ぎざる分子が指導部に加わり、しかも従来の社会主義者が新しい情勢に対処する指導力を欠いていた」ことは、この結党を失敗に終らせた一因である。社会主義革命に関するわれわれの考えもまた未熟であった。「ロシア革命の成功によって、私たちは今まで書物の上で読んでいたに過ぎない革命を、はじめて眼に見たのである。私たちがボルシェヴィキ革命の意義や、そのマルクス主義との関連について明白な認識を得る前に、まず革命の情熱に酔ってしまったとしても不思議ではない。そして私たちの運動が、科学的な理性的な批判よりもむしろ情熱に多くもとづいていたことも、また失敗の一因ではなかったかと考える」(荒畑、『左の面々』、二〇〇―一頁)。

ところで、以上に述べたような激動する時代の不安定な雰囲気は、支配層の間に警戒、不安の気持をしきりに煽らずにはいなかった。そのような中で、この年(大正一一年)九月、立憲国民党は解党し、ついで犬養らは一一月に旧国民党員、若干の無所属議員その他とともに革新倶楽部を組織した。犬養は解党大会で演説して、われわれは改進党の昔以来幾たびか党名を改めたが、五〇年に近い歴史を背後にもち、しかも、その間一貫した主張を持して今日にいたった。これまでわが党勢が増大をみなかったのは、資金の不足と「正理に即して無理な手段をとらなかった」ことに原因する。ひろく国民の「同情と共鳴」とをえているという点では決して他党に劣らなかった。「今日二大政党といっても、事実に於て一部階級の代表に過ぎない。全国民との意思、各階級との意思の調和を図ることは出来ない。之を調和する団体がなくてはならぬ。新団体を作るものがなくてはならぬ。乃《すなわ》ち我党は其の動きをしやうといふのである」と述べた。当時犬養としては、この革新倶楽部を足場にして将来時代の新しい勢力、新しい世論と結んで大政党をつくり、行詰りの状態に陥っていた国民党の前途を実質的に打開したいと考えたのであった。犬養らが国民党を解き革新倶楽部を組織したのは、こうして一面においては彼らの政治的野心によるものであった。しかし、革新倶楽部の誕生は世上に別段清新な印象を与えず、それればかりか、それは「政界の浮浪人」か「陰謀家の結社」ではないかと疑われている、との批評まで行なわれた。(1) けれども、それは時代にたいする彼らなりの対応でもあったのである。(2)

（1）「革新倶楽部に註文」、『東洋経済新報』社説、大正一一年九月一六日号。この評論は、革新倶楽部の正式成立に先だってなされたものである。

(2) 国民党の解党する直前に、犬養の側近である古島一雄は『東京朝日新聞』に城南隠士という名で「解党に面して——国民党の過去及び将来」と題する一文を連載した(古一念会編、『古島一雄』、昭和二四年、八五〇頁、参照)が、その中で古島は述べて、われわれはつねに政治に携っているから、すべての改革の中でまず政治の改革に着手するのがその責務であり、また同時に政治の改革はすべての改革の根本であると考える。「世界に於ける改造の気運は、既に一大革命を実現した。従つて、之に対する反動も既に頭を擡《もた》げて居る。英国の悩んで居るのも、米国の悶えて居るのも、実に之が為めである。幸か不幸か文字を異にする日本は、武陵桃源の夢尚未だ醒めず、思想問題さへ尚且遊戯的気分を以て取扱つて居る。曰く節約デー、曰く富豪の庭園開放、曰く社会奉仕、成程一種の流行はある。併しドコに真剣味がある。一たび社会のドン底を見よ。彼等が生活の必要より余儀なくされたる階級闘争の戦鼓は、常に吾人の耳朶《じだ》を貫くにあらずや」と論じている(『東京朝日新聞』、大正一一年八月二八日)。

しかし、政府も、また政友、憲政の二大政党も時代の動きにたいして無関心ではありえなかった。彼らはいわゆる思想善導の必要をしきりに唱えた。そして、学校教育においてだけではなく、これまで内務省の手で育成され、全国的に組織化されてきた青年団、処女会、また陸軍省の指導の下に立つ帝国在郷軍人会などを通じて、国体観念を核心とした伝統的倫理の鼓吹がしきりに試みられた。そして、それによって、青年層の間に社会主義思想がひろがり、また彼らが労働争議、小作争議の中に投じていくのを防止することが企てられた。また、加藤首相は組閣当初、新聞記者にたいして普選については未だ考えてみたことはないと語ったのであったが、それから幾許《いくばく》もなく選挙法調査会を設置した(大正一一年一〇月)。加藤内閣が普選について果してどれだけ積極的関心を寄せていたかについては疑問もあるが、この調査会の設置が人心に対する宥和的意図から出たものであることは明らかである。それにしても、政府も、また二大政党も時代にたいする有効な対策を見出しえないことは、彼らの不安を昂進させる結果にもなった。なお、加藤内閣は前内閣下の議会で審議未了に終った過激社会運動取締法案の成立をはかることを考えもしたが、しかし、これにたいする世上の反対の空気を察して結局その議会提出を断念した。

このようにして、大正一二年八月に入ると、加藤首相は病のため死去し、それとともにその内閣は総辞職を行なった。

加藤内閣が瓦解すると、政友、憲政の両党はいずれも憲政の常道を名として、自党に政権の与えられることをしきりに期待した。しかし、西園寺公望は松方正義の同意をえて山本権兵衛を後継首班に奏薦した。当時西園寺は、山本に挙国一致内閣を組織させ、彼の手で内政・外交をはじめ、任期満了により翌年施行されるはずの総選挙を公正に行なわせようと考えたのであった。山本権兵衛は薩摩の出身で、海軍の長老として由来重きをなし、また傲岸不屈、直情径行、果断な実行力をもって知られていた。彼はさきにその第一次内閣(大正二―三年)において、シーメンス事件に遭遇し、世上の激しい非難をあびて不本意ながら退陣したことにもよると思われるが、一たび組閣の勅命を受けると、非常な意気込みをもって組閣に着手した。初め彼は各党党首を入閣させ、さらに人材と考えるものを閣僚に起用し、名実ともに挙国一致の内閣を組織しようと企て、組閣本部とした築地の水交社(海軍関係者のクラブ)に政党党首、閣僚候補をつぎつぎに招致して、入閣を要請した。けれども、高橋政友会総裁、加藤憲政会総裁はともに入閣を拒否した。しかし、革新倶楽部の犬養毅はこれを受諾して、逓相に就任することになり、そのことは世上を少なからず驚かせた。犬養は入閣を求められた際、山本にたいして普選を実現する意志があるか否かを尋ね、山本が普選のことは自分にはよく判らない故、よろしく願うと答えた。そこで、彼は山本のこの言葉で入閣を決意した。犬養はこの新内閣をして普選を実施させようとしたのであった[1]。しかし、革新倶楽部はクラブであって政党ではなく、そこで山本としては結局政党とはまったく結び付きをもたない超然内閣を組織することになった(大正一二年九月)。ところで、山本が組閣を進めている矢先に関東大震災が勃発した。これがため、この非常事態の収拾に一刻も早く当る必要から、若干の閣僚の椅子は兼任として急遽組閣を完了した。その顔触れは、つぎのごとくであった。

首相山本権兵衛、外相山本権兵衛(後、伊集院彦吉)、内相後藤新平、蔵相井上準之助、陸相田中義一、海相財部彪《たからべたけし》、法相田健治郎(後、平沼騏一郎)、文相犬養毅(後、岡野敬次郎)、農相田健治郎、逓相犬養毅、鉄相山之内一次《やまのうちかずじ》。

(1)　犬養毅は、立憲政の完成を目標に掲げて過去その長い波瀾の政治生活を生きてきた。そして、第三次桂内閣下の憲政擁護運動にあたっては、尾崎行雄と並んでその先頭に立ちもした。しかし、彼の政治的進退についてはこれまでも往々世の批評をまぬかれなかったが、第二次山本内閣への入閣についてもまたそうであった。山本内閣下で第四七議会がひらかれる前日に、彼は革新倶楽部の臨時大会で演説して、原内閣以来政党政治の糸口がひらかれたが、しかし、政党政治の弊害は甚だしいので、余は政党の改造を主張するようになった。しかし、その実現には幾多の歳月を要し、また困難が予想される。そこで、今日の「過渡時代」においては、いかなる内閣でも「国民本位の政治」を行なうものであれば、その形式は問わず、余としては全力をあげて援助し、国民を不完全な政党による党利中心の政治の外に置きたい。それが、このたび余の入閣した動機である、と述べた。これより先に、原内閣が普選を題目として議会を解散したあと、当時国民党を率いていた犬養はその選挙演説において、今日の政党は国政担当の能力を欠いている。現内閣にかぎらず、たとえどの政党が政権に就いても利権政治になる。このような事態を改革する唯一の途は、普選の実施である。普選が実施されれば、立派な政治が必ず行なわれると保証はできない。しかし、他に改革の方法はない、といい、同時に述べて、今日は政治、軍事、思想問題について大改革を必要とする時代である。「それをするには誰でも構はぬ。政党と云はず藩閥と云はず軍閥と云はず、何人でも宜しい。新らしい時代に適応するだけの善政をする人があるならば、誰でも我々は之を援ける考である」と述べた(大日本雄弁会編、『犬養木堂氏大演説集』、昭和二年、二四三頁)。彼は第二次山本内閣への入閣をもこのいわゆる善政主義を理由にみずから弁護したのである。犬養入閣の動機は、しかし、決して単純ではなかったと思われる。すでに述べたように、さきに彼は国民党を解いて革新倶楽部をつくり、これを足場に新しい大政党を組織することを夢みており、そこでそのためには、彼としては、政治状況全体を大きく変化させるものとして普選に希望をかけていた。彼の入閣決意は、そのような普選を山本内閣に実施させ、それによって自己の政治的前途を打開しようとしたのであろう。なお、犬養が改進党の昔以来薩派と縁故の深かったこと、また、薩派の代表的人物の一人と目されてきた山本がシーメンス事件以来政治的不遇の中に置かれてきたことにいたく同情していたことなども、彼の入閣受諾の動機として考慮さるべきであろう。

さて、山本内閣の成立は政友、憲政の両党に大きな衝撃を与えた。政友会は第一党として加藤内閣のあと政権に就くことを期待していただけに甚だしく落胆すると同時に、それについて党内には高橋総裁および幹部にたいする不満が高まり、高橋内閣下の改造問題以来の党内部の動揺は一段と強まることになった。(1) 他方、憲政会はまたも政権の埒外に置かれることになったので、党の前途にたいする焦慮は一方でなく、かねてからの非政友各派合同論も一時は党内に燃え上る有様であった。ところで、加藤内閣は非政党内閣ではあったが、その背後に絶対多数党たる政友会の支持をもっていたのに反し、山本内閣は前述のように完全な超然内閣であった。それにもかかわらず、しかし、このような内閣の出現は、当時の世上では必ずしも不評ではなく、世上一部には山本首相、後藤内相、逓相となった犬養毅の政治的手腕に期待を寄せ、清新な局面がこの内閣の手でひらかれることを待望する空気さえも漂った。原、高橋両内閣下における政党政治の実態、それのみならずその後における二大政党の動きは、こうして、政党および政党内閣に対する世人の不信感をますます深めるにいたっていたのである。

(1)　横田千之助はこの前後の政友会を通じて敏腕、達識な領袖と一般にみとめられていたが、山本組閣当時、新内閣は解散を行なうかどうかときかれたとき、答えて「やるだろうな。やったら、政友会は大敗北するだろう」と暗然たる面持で自信なげに答えた。また別の機会には、川村竹治(満鉄総裁)にむかって、「権兵衛の雌伏十年の力と、後藤の澎湃とした国民的人気、それに犬養の潜勢力と、平沼の圧力、これらが合して解散をやったら、それこそ政友会の絶対多数なぞは木ッ葉微塵に叩きつけられるだろうなあ」と語った、という(木舎《きや》幾三《いくさぶ》郎《ろう》、『政界の裏街道を往く』、昭和三四年、三二一、三二二頁)。

以上のことは、山本内閣成立当初における代表的な諸新聞の論調からもまた、うかがうことができよう。たとえば、『東京朝日新聞』は次期政権は非政友諸派によって組織さるべきだと主張したが(1)、ついで山本に組閣の勅命が下ると、論じて、国民は山本伯組閣の報に接しても、山本が果断の人であるという朧気《おぼろげ》な観念以外には彼の主張、政策に関してはなんら知るところはない。われわれは「紙上の憲政常道論を信ぜざると同じ意味において、無条件に山本内閣を否認しない」。伯の政見と庶政刷新にたいする伯の覚悟如何とが明らかになるまでは、われわれはしばらく態度を留保したいと述べ(2)、後にまた論じて、山本は過去の雌伏一〇年の間になんらの主義、政見を国民に示したことがない。そのような彼が組閣するのを国民がやむをえないとして迎えているのは、多数党が甚だしく腐敗し、第二党がその態度陋劣《ろうれつ》なので、既成政党の打破、政界の革新を「変態内閣」に期待し、来るべき総選挙に既成政党以外に真に国民の意志を代表すべき新勢力の起るのを希望しているからであるとし、新内閣における犬養の役割に期待を寄せ、われわれは多年立憲政のために戦ってきた犬養氏がその持論を実行に移すべき地位に立ったことを同氏のため祝福する、とまで述べた(3)。『東京日日新聞』もまた、初めは、憲政の常道からいえば憲政会が政局を担当すべきであり、中間内閣は政治の逆転を意味すると主張した。[4] しかし、山本組閣と決するると、論じて、高齢の山本になお往年の意気が残っているなら、彼は極度に腐敗し疲れ果てた政界を立て直すことができよう。それができれば、山本の出馬は無意味ではない、とし、[5] また論じて、山本の組閣で政友、憲政の両党は動揺し、困惑している。それというのも、両党ともに政党の名あってもその実をそなえていないためである。既成政党は国民から倦きられているばかりではない。一部からは厄介物扱いにされている。彼らは党利を中心とし「国利民福」を考えず、「営利機関の如き観」があり、国民とは「別個の存在」である。それ故に、山本は両党を攪乱することができたのである。今日の政党は根本的改造を要する。われわれは超然内閣という時代錯誤的なもののできるのを歓迎せず、中身が悪くても、政党内閣の成立を望む。けれども、今や現実には山本内閣ができようとしており、この内閣の手によって思いもよらない政界の廓清《かくせい》が行なわれようとしている。われわれとしては、それが効を奏することを望むほかはない、とした。[6]

(1)「個人中心内閣の弱味」、『東京日日新聞』社説、大正一二年八月二八日。
(2)「大命山本伯に降下」、同紙社説、同年八月二九日。
(3)「犬養氏確信あるか」、同紙社説、同年九月一日。
(4)「戸惑ひせる憲政の常道」、『東京日日新聞』社説、大正一二年八月二七日。

（5）「大命山本伯に降る」、同紙社説、同年八月二九日。
（6）「〈党界大動揺〉、山本伯の方寸」、同紙社説、同年九月一日。

吉野作造も当時次のように述べた。次期政権は政友会に与えられるべきだとか、憲政会に与えられるべきだとか論ぜられている。けれども、いずれでもよい。何故ならば、政党が政局を担当すべきであるとの論は、まったく成り立たないと思うからである。余は政党内閣を理想と考えている。しかし、現在の政党には憲政常道論にもとづいて政権を托せられる資格はない。今日超然内閣が当然といえないこともちろんであるが、その反対に政党内閣でなければならないという根拠もない。政党内閣がよいというのは、民意を忠実に代表するが故である。たとえ制限選挙にせよ、選挙が公正に行なわれていればよいが、現実にはそうではない。それ故に、真の政党内閣の実現は不可能である。憲政常道論の根本的基礎が政治と道徳との調和にあるとするならば、わが国では政党内閣を否認することこそむしろ常道である。目下の急務は、憲政の常道が行なわれるための基礎をつくることであり、そこで政界廓清のためには「中間的超然内閣」を残念ながら認めざるをえない。それ故、新内閣にそのような使命を期待するとすれば、われわれとして要望することは来年の総選挙を公正に施行し、その結果多数を獲た政派に政権をゆずるか、または新党をつくる

ことである。(1)

（1）吉野、「憲政常道論と山本内閣の使命」、『中央公論』、大正一二年一〇月号。

さて、さきにもふれたように、山本内閣が成立そうそうに直面したのは関東大震災であった。この大地震とそれにともなう大火によって現出した惨状にたいして迅速、応急の施策を講ずることは、それ自体容易ならぬ努力を必要とした。しかし、事はそれだけにとどまらなかった。大震災で極度の混乱、動揺に陥った世上には、この機会をとらえて朝鮮人が立上って暴動に入るにいたったとの噂、また社会主義者が社会の顚覆を画策しつつあるとの流言がひろく行なわれた。そして、そのような中で、恐怖と憎悪とに駆り立てられた街のひとびとによって各所で朝鮮人虐殺が行なわれた。また、アナキズム運動において指導者として重きをなしてきた大杉栄が伊藤野枝《いとうのえ》、その甥とともに憲兵大尉甘粕正彦《あまかすまさひこ》らの手によって惨殺されるという事件（甘粕事件）、また平沢計七《ひらさわけいしち》ら合計一〇名の労働運動者が亀戸警察署で習志野の近衛第一三連隊の騎兵隊によって刺殺されるという事件（亀戸事件）が相ついで起った。以上これらの事件は、しかし、大震災による人心の混乱、動揺から生じた全く突発的な事件とのみみることは、妥当ではないであろう。いわゆる朝鮮人騒ぎの背景には、わが国のこれまでの朝鮮統治がひろく朝鮮人の間にわが国にたいする激しい反感と怨みとを招いてきたことが、とくに三・一運動(万歳騒動)を通して一般民衆の間に潜在意識化していたことを示すものと思われる。また、甘粕事件および亀戸事件は、社会主義運動、労働者運動にたいして支配層内部にかねてから抱かれてきた激しい不安、憎悪が大震災というこの異常事態を機会にまざまざと露呈したものとみることができる。[1] なお、社会主義者策動の噂がひろく流布し、街のひとびとの間に反感、恐怖を抱かせたことは、社会主義運動がなお多分に大衆的基礎を欠いていたことを物語るものといってよい。[2]

(1) 『東洋経済新報』(大正一二年一〇月六日号)は「小評論」欄で、甘粕事件と連関してつぎのように述べている。震災による人心の動揺をとらえて、官憲のきらう社会主義、無政府主義にたいする民衆の反感を挑発しようとする宣伝が何者かによって相当に組織的に行なわれた。東京のある停車場では、避難民の群れが汽車で出発しようとする間際に「厳めしき服装をした或者」が、諸君、社会主義者に注意せよ、帰郷したら社会主義のいかに恐るべきかを伝えてくれ、と演説した。また、新聞をみると、震災の当日東京市内に放火して歩いたものが捕えられ、その者の背後に社会主義者がいるのではないかという容疑で厳重な取調べがされているとあり、また地震後の横浜における掠奪は労働党の山口正憲がその輩下の三〇〇名を指揮して行なったのであると断定的に書いている。なんでも悪いことは皆社会主義者、労働党と結びつけ、無政府主義の色合をつけている。震災のこれらの事例から考えて一般民衆を啓蒙する必要が改めて感じられる。

甘粕事件との関係で、政府は治安維持の責任者である戒厳司令官福田雅太郎大将を解任したが、松本剛吉がその日記に記しているところによれば、平田東助(内大臣)は松本にむかって、「今回の福田戒厳司令官罷免の如きは、実に意外なることにして、此は非常なる注意を要さねばならぬ。一つ間違へば社会党保護と云ふ様なことになりはせぬか、と頗《すこぶ》る緊張して話」した(松本、『政治日誌』、大正一二年九月二四日の条)。また、上原勇作(前参謀総長)も松本に「甘粕大尉一件は、仮令憲兵がやつたにせよ、政府者のやつたことを内務大臣の命にて警視庁の刑事を使役して摘発すると言ふことは、由々しき大事である」と憤りをこめて語った。これらの言葉も、当時における支配層内の一部の空気をうかがわせるものといってよい。

(2)　大杉栄が虐殺されたことによって、労働者運動の中にすでに生じていたアナルコ・サンディカリズムの凋落は加速度的なものになった。強烈な個性をもった彼の魅力的な人となりは、これまでその運動の大きな推進力となってきただけに、彼の死は運動に巨大な打撃をもたらさずにはいなかったのである。江口渙は回想していう、「そもそもアナーキズムの運動というものは、万人のための万人による運動であるべきはずのものである。だが、日本ではそうではない。大杉栄という特別大きな力で引っぱって来られた運動である。ところが、その巨大な力が暗殺という非常手段で地上から消されてしまった。アナーキストは『指導』とか『指導者』という言葉を極端にきらう。にもかかわらず彼らは大杉というすばらしい指導者によって指導されてきたのだ。その指導者を失ってからは、『結集された一つの革命勢力』などというものではなくなってしまった。いわばたんなる烏合の衆にすぎなくなったのである」(江口渙、『たたかいの作家同盟記』、上巻、昭和四一年、四六頁)。この点は、多くのひとびとによっても認められているところである。

山本内閣は一一月にその政綱を決定したが、それには普選の実行、綱紀粛正、党弊の一掃、行財政整理がふくまれていた。議会の第一党である政友会が普選反対の態度を当時も依然固守してゆずらないとき、超然内閣である山本内閣が普選について積極的態度をとったことは、奇妙な対照をなし、世の注目をひいた。そもそも、当時にいたる政党の比重上昇はこれら政党とその地盤をなす社会層との結びつきを一段と緊密化させ、政友会は原内閣以来ブルジョア・地主党としてのその性格をいよいよ露呈し、これら社会層と結託しつつ党勢の拡大をはかってきた。その点では、政権の外に立ちつづけた憲政会も本質的には政友会とえらぶところはなかった。そこで、政党および政党政治のこのような在り方は、官僚系勢力の間に伝統的に培われてきた彼らの国家主義的心情を刺激したが、それとともに彼らの一部は彼らなりの意味で国民的立場を主張するようになった。普選に対する山本内閣の態度も、その背後には、一つには官僚勢力内のこのような「開明主義」があったと考えられる。(1)

（1）当時、三宅雪嶺はこの点に関して論じて、昔は官僚は政党人よりも保守的、守旧的とみられ、彼らは議会、とくに衆議院に対して反対の立場をとるか、あるいは疑の目をもってみた。しかし、政党がある程度以上に進もうとせず、利権さえ獲れば「人権」はとわぬようになってから、これをみた官僚の中には慊らぬ感じを抱くものが生じた。大政党が進歩に反対しようとするほど、官僚は進歩的態度をとろうとする観がある。とにかく普選については、そうである。山本内閣は早期に失敗して瓦解するか、それとも政党に打撃を加えて政界刷新を達成できるかは、今のところ不明である。しかし、政党が官僚に後れをとったのが、今日の有様である、となした（三宅、「普選に対する官僚と政党」、『改造』、大正一二年一二月号）。

山本は前述のように大きな意気込みをもって組閣にあたり、政局を担当するにいたったものの、高齢の彼には往年の気迫、闘志は多分に失われていたうえに、与党をもたないことは、その議会運営を甚だしく困難にした。山本内閣は、関東大震災の善後措置の必要から一二月に第四七議会を召集したが、わずかに一〇日あまりのこの臨時議会の会期中に、超然内閣の非力を余すところなく暴露した観を呈した。ついで、同議会終了から二日をへだてて通常議会（第四八議会）が召集されたが、その開院式にむかう摂政宮の鹵簿《ろぼ》が虎ノ門にさしかかった際、無政府主義思想を抱く一青年がこれを襲撃をするという事件が起った。しかし、事は未遂に終った。いわゆる虎ノ門事件がこれである。この事件が突発すると、山本内閣はその責任をとって総辞職を行なうにいたった。組閣以来このときまでわずかに三ヵ月余であった。(1) なお、この事件の直後に閣議で内閣の進退が協議されたとき、犬養は総辞職を強硬に主張した。さきに普選の実現に期待をかけて入閣した彼は、閣内において普選にたいする熱意が以前に比して冷却しつつあるのを察知していたので、この機会をとらえて退陣の途をひらこうとしたのであった。

(1) 木舎幾三郎の後年の回想によれば、山本内閣総辞職直後、政友会の領袖・横田千之助を訪ねると、横田はほっとした顔付で山本内閣が倒れて安心した。この内閣ほど恐ろしい内閣はなかった。解散をうけたら、政友会は滅茶々々になると夜も眠られぬ位心配した。不測の事件で倒壊し、これで安心した、とうれしそうに大笑いした。なお、横田は付言して、「何しろ吾々が官僚軍閥の徒といっていたこの連中までが、本心かどうかは兎も角として普通選挙の即行を施政の一として掲げて来ている以上、何時までも時期尚早を唱えていたら、ソレこそ時代に置き去りを喰わされる結果となる。政党は何処までも時代と共に生き、否時代に先駆して進まねばならぬと思うが、現在の政友会の老人連にはこれがどうしても判らないんだよ」といまいましげに頑冥な幹部たちを罵倒した(木舎幾三郎、『近衛公秘聞』、昭和二五年、二二五頁)、という。

第三節　護憲運動とその勝利

山本内閣が瓦解すると、西園寺公望は松方正義と協議の上、西園寺の発議で枢密院議長清浦奎吾を後継首班に奏薦した。当時彼としては、山本を奏薦した場合と同じく来るべき総選挙を中間内閣の手で公正に施行させたいと考えたのであった。清浦奎吾は古くから山県系政治家として知られ、かつては久しく貴族院の研究会においてきわめて重きをなし、同院における山県系勢力を代表する一人であった。彼は大正一一年に山県が没すると、そのあとを襲って枢密院議長に就任して、当時にいたった。しかし、すでに七五歳の高齢であった。

組閣の勅命をうけた清浦は内閣組織に着手したものの、その過程において結局研究会にひたすら頼り、閣僚の銓衡も研究会の幹部に一任することになった。そして、陸軍、海軍、外務の三大臣を除く全閣僚を研究会以下の貴族院諸派、ならびに、同院無所属議員の中から起用した「貴族院内閣」を組織するにいたった(大正一三年一月)。その顔触れは、左のごとくであった。

首相清浦奎吾、外相松井慶四郎、内相水野錬太郎(交友倶楽部)、蔵相勝田主計《しょうだかずえ》(研究会)、陸相宇垣一成《うがきかずしげ》、海相村上格一《むらかみかくいち》、法相鈴木喜三郎(無所属)、文相江木千之《えぎかずゆき》(茶話会)、農相前田利定(研究会)、逓相藤村義朗(公正会)、鉄相小松謙次郎(研究会)。

清浦の組閣にあたって、研究会がこのように大きな役割を演じたのは、一つには清浦との長年の縁故にもよる。但し、かつては研究会を指導し、操縦した清浦も、当時はもはや逆に研究会の傀儡と化していた。しかし、さらに一つには、さきに原内閣がとったいわゆる両院縦断政策の下で、研究会幹部は政治の中枢に参与するとともに、さまざまの利権の提供をうけたが、彼らはこの「権力の甘味」を忘れえず、機会あればふたたび政権に干与することをひそかに望んできた。そこで、清浦が組閣につきその助力を求めるにいたったとき、研究会は欣然これに応じたのであった。なお、元老が加藤内閣以来三たび中間内閣を成立させた背後には、世上における原内閣以来の政党および政党政治にたいするふかい不信感があった。そして、そのような当時の雰囲気が研究会をして権力への野望に駆られて大胆に行動することを容易にさせたことは否みえない(1)。

(1) 西園寺は清浦奏薦にあたって、清浦が中間内閣を組織し、しかも、政党を無視せず、政友会に好意的中立の態度をとらせるよう取り運ぶことをひそかに期待していた。それだけに、清浦の以上のような組閣ぶりをみて失望し、松本剛吉にむかって清浦を推したのは自分の「不明」であった、ともらした。そして、松本が新内閣の顔触れを伝えたとき、彼はもしそのような顔触れなら「到底だめだらう。……兎に角人のないより、清浦には人を見るの明がない。政情、党情を知らずして政党を無視せずと言ふは駄目なり」と笑った(松本、『政治日誌』、大正一三年一月六日の条)。

さて、清浦が「貴族院内閣」を組織することになったとき、『東京朝日新聞』は論じて、このような内閣は議会主義の建前とは相容れない。また世の「風霜」を知らぬ貴族院の人びとから成る内閣が国民生活の切実な要求にこたえる政治を果してなしうるか。このような内閣が民衆の反抗を挑発したうえで、さらに施政の道を誤り民心を「梗塞」するならば、国家、国体に及ぼすその影響は恐るべきものがある、と述べ[1]、また論じて、「貴族院内閣」の成立は「貴族の国民に対する宣戦」である。しかも、きくところによれば、貴族院の政治家たちは近来の思想界の悪化にたいしてこの際貴族院の力をもって国体の擁護にあたる考えであるという。これは、時勢を知らぬ僭越なことであり、このような考えで民衆に臨むなら、その反動はおそるべきものがある。貴族院をかくまでに増長させ、かくまでに臆面もなく国体擁護を標榜させたのは、政党に大きな責任がある。政党には政策と国民の信望とを基礎に国政にあたろうという気力はなく、ひたすら元老の門を叩いて政権の落下を願う有様であり、元老さえも政党が政局を担当することを危ぶみ、政権は三たび超然内閣の手に渡ったのである。さらに、政党は在来政権維持のためにはその手段をえらばず、貴族院の甘心を求め貴族院を増長させた。原内閣の貴族院操縦は、最近におけるその最も露骨な例である。貴族院の貴族政治家たちがみずから政局を担当できるかのような錯覚を抱くにいたったのは、彼らの自負心を煽った政党、ことに政友会の不見識に原因する。このたびの「貴族院内閣」の出現に対して、政友会の一部ではこれを「憲政の大逆転」とし、他党と連携して憲政擁護運動を起そうとしているとのことである。しかし、政党が在来の態度を改め、憲政のためには党利を度外に置くという覚悟を示さぬかぎり、国民はこの主張には共鳴せず、かえって「貴族院内閣」、ならびに、それが生まれる勢をつくった政党を併せて撃とうとしているのである。憲政は擁護しなければならない。しかし、同時に政党の覚醒を促さなければ、政局の病根は断つことができない、とした。[2]『東京日日新聞』は、清浦が組閣に着手したときに述べて、もし清浦が政友会、および研究会の支持をえて組閣するのならば、われわれは必ずしも反対しないとした。[3]しかし清浦内閣成立の後論じて、清浦が政見、政綱らしいものをもたずに組閣したのは、立憲国にふさわしくないことである。しかし、わが国の現状では如何ともなしえない。それにしても、超然内閣、とくに特権階級の内閣に政党の廓清を期待することは、たしかに矛盾であるが、それをさえも歓迎せざるをえないのが現状なのである、と述べた。[4]この二つの社説には、立憲政の観点から清浦内閣の出現を強く不満としながらも、しかも、政党の実態に対する鬱積した不信感を到底抑えがたいという甚だ慰めのない気分が強く表明されている。それはまた、当時の人心一般を代弁したもののように思われる。

（1）「貴族院内閣の出現」、『東京朝日新聞』社説、大正一三年一月五日。
（2）「増長せしめし者の責任」、同紙社説、同年同月八日。
（3）「清浦内閣の成否如何」、『東京日日新聞』社説、大正一三年一月三日。
（4）「研究会内閣の使命」、同紙社説、同年同月一〇日。

けれども、過去二代の中間内閣のあとをうけて貴族院諸派を基礎としたこの内閣が誕生したとき、世人は少なからず驚き、これを一つの時代錯誤的現象とみたことは事実であり、甚だ不評であった。しかも他方、清浦の組閣は政党側に大きな衝撃を及ぼした。政友会は衆議院に絶対多数を擁しながらまたも政権を逸し、党内の空気はたちまち騒然となった。また、久しく政権から除外されてきた憲政会内においても、すでに鬱積してきた不満はいよいよ昂進することになった。そこで都下の新聞・通信関係者有志が発起して政局への対策についての協議会を催したが、政友、憲政両党ならびに革新倶楽部の少壮議員はそれに出席し、以上これらのひとびとの主唱でいわゆる特権階級内閣打倒の運動がここに開始されることになった。

ところで、このような中で政友会幹部の間では新内閣にたいして政友会としていかなる態度をとるべきかについて協議がなされたが、その際意見は大きく分れ、清浦内閣の成立を憲政の逆転とし、かつての第三次桂内閣のときの例に倣ってこの際第二の憲政擁護運動を起し、速かにその打倒をはかるべきであるとする者と、新内閣の施策をみたうえで態度を決定すべきであるとする論者とが鋭く対立した。結局、高橋が総裁として幹部会で裁断を下すことになり、ついで、彼はその席で述べて、最近憂慮に堪えないことは、第一は政変等にあたって宮中・府中の別が紊れていないかということである。(1) 第二は、いかなる国の歴史をみても、政治運動が「悪化」すると社会運動に転化し、それがさらに「悪化」すると動乱になる。わが国の現状は現在までのところでは政治運動の段階にあるが、いま国民を満足させないと社会運動に変わる惧れがなくはない。もしもそうなれば、国体の維持、人心の安定はまったく困難に陥る。自分は大局から考え、いかにしても新内閣を擁護することはできないと確信する。自分は老齢の身ではあるが、この重大時局に鑑みて余命を国に献げ、正道を勇往邁進することを決意した。ついては、この際爵位を辞し、来るべき総選挙には衆議院議員として立候補したい。ついては、幹部一同は結束して同調されたいと要望した。高橋はついで、「立憲政友会員諸君に告ぐ」という声明を公にし、その中で述べて、加藤内閣から山本内閣にいたる「径路」にはなんらの進歩もみとめられず、しかも、清浦内閣にいたってその弊は極まり、「時代錯誤」に陥った。そこで、この際「天下の中心勢力を以て任ずる我党」が奮起しなければ、狂瀾を既倒に回らしうるものはない。さきにわれわれは山本内閣の存在を問題にしなかったが、それは震災による「国難」にあたる必要からであった。しかも、山本、清浦の両内閣は超然内閣の点では同一であるが、しかし、清浦内閣は「貴族院に勃興せる政治的勢力の体現」であり、これは国会開設以来「未だ曽つて之を見ざる新現象」である。今や「貴族院は其勢力の勃興を恃《たの》みて恣《ほしい》まゝに本分を僭踰《せんゆ》し、決して犯すべからざる両院間の死角線を犯し来る。事既に玆に至ては、事態の重大なること測る可らず。問題は利害得失にあらずして大義名分に在り。区々たる政策の是非を超越して憲政の根底に触るゝと謂ふの過言ならざるを信ず」となした。なお、高橋が以上のように決意するにいたったのは、同党領袖の横田千之助、小泉策太郎の画策、進言に負うこと大であった。彼らとしては、高橋が清浦内閣否認の態度を明らかにすれば政友会は多少の脱党者を出そうが、しかし、辞爵して衆議院に立候補する高橋を擁し「特権内閣」打倒を標榜して総選挙に臨めば、第一党の地位を獲得できると予断したといわれている。

（1）これは、山本内閣瓦解後に西園寺公望が清浦を後継首班に奏薦するに先だち、事前に内大臣平田東助がそのように取運ばれるよう策動したと一部からみられたので、そのことにふれたものである。

高橋が一たびこのように清浦内閣否認の意向を明らかにすると、高橋内閣下で改造派、非改造派の対立という形で生じ、その後くり返されてきた内紛は一挙に表面化した。そして、かねて高橋の総裁としての指導を不満としてきた中橋徳五郎、元田肇、山本達雄、床次竹二郎の四領袖は脱党した。彼らは連名で脱党理由書を発表し、その中で述べて、清浦子爵の組閣ぶりについては批評さるべき点が幾多ある。しかし、政友会としてこれまでも「変態内閣」を「忍容」してきたことからも、また現下の「時局」を考えても、今この際に清浦内閣を追いつめて打倒する必要はない。高橋子爵は現内閣をもって「上下を壅塞《ようそく》して政道を晦妄《かいもう》するもの」とし、党内を強いて内閣弾劾にまとめるとともに、主義、政綱を異にする他党と結んで「民衆運動」を起させ、一気に倒閣しようとしている。これは、「穏健着実」を信条とする政友会の伝統的精神を擲《なげう》ち、「組閣の形式を捉へて専ら理論に逸し、徒らに政変を惹起するに過ぎざる矯激の挙に出でんとす」るものである。高橋子爵は「現内閣の出現を以て階級争闘を激成するものなりとするも、斯の如き宣伝は却つて階級争闘の端を開くものにして、人心動《やや》もすれば安定を欠き、詭激の徒之に乗ぜんとするの今日、深く考慮せざる可らざる所」であるとし、われわれはここに新党を創立し、「平昔の理想」を達成せんとするものである、とした。この四領袖の脱党とともに、かねて高橋にあきたらなかった政友会代議士は続々そのあとを追い、脱党者は合計で一四九名に上るにいたった。これらのひとびとは、清浦内閣の短命を予想し、この際政友会としてはこの内閣の与党として来るべき総選挙に大勝を収め、その間に高橋の引退、清浦内閣の円満辞職をまつことが将来のため有利であると判断していたのであった。彼らはついで前記の四人を擁して政友本党と称する新党を創立した(一月)。[1]政友会はこうしてついに大分裂をとげ、残留した議員は合計一二九名であった。その結果、政友本党が第一党となり、政友会は第二党に転落した。

（1）　政友本党の結党式で「宣言」が議決されたが、それは「革新の要義は先づ国民の精神を振作して道義の向上に進一歩するに在り。之を大憲の条章に照し、政治の実際に徴するも、上下帰趨を一にし、無益の鬩牆《げきしょう》を避けて政権の運用を円滑ならしむるは、当面の要務なり。口に憲政の済美を唱え狂噪却つて事端を滋くし、階級相互の反感を挑発するが如きは、断じて排せざるべからず」としている。

ところで、高橋が清浦内閣否認の声明を発した日、政友、憲政両党、および革新倶楽部の少壮議員らは高橋、加藤、犬養を訪ねて、清浦内閣を打倒すること、以上の三派が協力して政党内閣の樹立、貴族院の改革を達成すること、将来必要に応じて三派は連立内閣を組織することを進言して、その賛成をえた。なお、当時憲政会では加藤総裁を中心とする幹部の間にはこの際倒閣を企てることを打算上逡巡する空気もあったが、しかし、結局党内の大勢に圧せられたのであった。こうして、三派提携の糸口がつくられたが、ついで、清浦内閣の出現を憲政の逆転であるとした三浦観樹は枢密顧問官を辞し、高橋、加藤、犬養を自邸に招いて協議した結果、「憲政の本義に則り政党内閣の確立を期すること」との申し合せがなされた。つづいて、政友、憲政、革新の三派の領袖は会合して、政党内閣制の確立、「特権勢力の専横」阻止、この目的貫徹のため将来も一致の行動をとること、および、以上の趣旨に即して清浦内閣を否認することを申し合わせた。こうして、いわゆる憲政擁護運動(護憲運動)が以上三派を中心として全国にわたって展開されることになった。世上で護憲三派とよばれたこれら政派は、清浦内閣が世上甚だ不評なのに乗じて政権を目指して協力して動くことになったのである。

さて、前内閣の下で召集された第四八議会が再開されると、劈頭に、さきに大阪で催された憲政擁護大会に出席した政憲両党総裁および犬養が帰京の途次、その乗った列車の転覆が企てられたという事件について緊急質問が行なわれ、その議事が混乱して休憩に入ると、清浦内閣はこの休憩中に突然議会を解散した(一月)。そして、同時に解散の理由を発表し、その中に述べて、現内閣の政綱、政策は貴族院においてすでに明らかにしたとおりであるが、(1)「現内閣に反対する者は、政府の政綱、政策に対して何等之を窮むるなく、其の実行の如何をも問はずして、単に組閣の形式に就いて漫然之を非議し、或は其の政党に基礎を有せざるの故を以て之を信認せずと為し、甚しきは特権階級内閣の異名を付して却て階級闘争を煽動せむとするものあり」とし、「抑々《そもそも》内閣組織は一に大権に属して外間の容喙を許さゞるは我立憲の本義にして、其の政党に基くと基かざるとは憲法の要求する所に非ず」と述べ、過去において、寺内、加藤、山本の諸内閣はいずれも政党を基礎としたものでなかったが、しかし、これらの内閣を積極的に援助した政党があり、また憲政常道論を力説する政党で主義、政策をみて態度を決定したものがあった。それにもかかわらず、ひとり現内閣にたいしてそれが政党を基礎としていないという理由で反対するのは、不可解である。現内閣を貴族院内閣、特権内閣と称するごときは、甚だしく不当であり、「斯の如きは却て不健全なる民衆運動を刺戟し、階級闘争の思想を挑発し、国家の為憂慮すべき現象を発生せしむるものにして、其の責決して免かるべきにあらずと信ず」とし、現内閣の掲げる政綱、政策は諸政党の在来の主張と多分に一致するものであるにもかかわらず、たんに「形式的憲政論」にもとづき、かつ誤った事実を基礎として「衆論を煽動し、徒らに政権争奪に没頭して、眼中国家なきが如きは」、憲政のために痛嘆に堪えない。衆議院の三派はかねてから内閣打倒を唱えているのみならず、本日の議場の有様は国務の遂行を阻害しようとするものであり、国政を議する誠意を認めえず、それは国民の期待に反するものと信じる。それ故に、政府としては議会を解散して「国民の真意」を問うのやむなきにいたった、となした。

（1） 解散の数日前、貴族院において清浦首相の施政方針演説および松井外相の外交演説が行なわれたが、衆議院は休会のためこれら演説は行なわれないまま、本文に述べたようにして緊急質問を機会に議会解散となった。

ところで、清浦内閣の成立をめぐって展開された以上の政争において注意すべきことは、清浦内閣、政友本党の側においても、また護憲三派の側においても、その主張の根拠をともに階級闘争の防止に求めたことである。これは名分をそこに求めたということもあるにせよ、しかし、たんなる口実ではなくて、これら両勢力、ひいては広く支配層の間に抱かれていた階級闘争の進展にたいする恐怖感につらなるものであったといえよう。(1)

（1） 松本、『政治日誌』、大正一三年一月三一日の条には、「議会の形勢頗る不穏なると、護憲派中に社会主義者加はり居り、西、松両公〔西園寺、松方〕、平田伯等に壮士を差送るとの説盛なりし故、予は注意の書面を認め、山田友一郎を使として興津及び逗子に遣はしたり」とある。また、議会解散の翌日にひらかれた政友本党の臨時大会で中橋徳五郎は演説して、いわゆる護憲運動が「〔社会〕主義者的悪傾向」を帯びていることは何人もみとめているところであり、護憲派は国家を「共産的方向」に導くものである、と痛難した。護憲運動と社会主義とを結びつけた流言や言説は、多分に政治的宣伝のためのものであるにしても、それらも階級闘争の激化に対する支配層内の恐怖感に訴えることが意図されていたことは、明らかである。

つぎに、護憲運動の開幕にともなって、当時諸新聞は一応これに好意を示し、それを支持する態度を表明した。しかし、政友会の分裂後に『東洋経済新報』は次のように論じた。新政友会の分裂、新党の成立は政友会内部の個人的な反感あるいは権力争奪に原因する。新党樹立を企てたひとびとは、穏健着実、理論と実際との調和、奇矯を避け固陋を戒め、云々と称して、閥族、特権階級との馴れ合いをこの度もやろうとしている。しかし、政友会にもまた非難さるべき点はある。高橋は現内閣に反対せざるをえない旨の声明書を公にしたが、しかし、そこに掲げられた理由はまったく説得性を欠いている。高橋は貴族院を基礎とした現内閣に反対であるとしているが、しかし、過去において閥族、特権階級の内閣と妥協した政友会にはそのようなことを口にする資格はない。また、将来も憲政の常道を守るとはいっていない。要するに、高橋は三たび超然内閣が連続して出現し、総裁としての鼎の軽重を問われ、また政友会の運命が危くなったと感じたので、現内閣打倒に立ち上ったのである。主義、理想に出発したものとはいえない。このように、新党も政友会もともに権力欲に駆られているのである。三浦観樹の斡旋で三党首の会談が行なわれ、昨日まで罵り合っていたものが協定を結んだのは滑稽である。彼らは政権に近づくためには藩閥、軍閥、「老閥」などをとわず、その前に膝を屈してきた者たちなのであり、政党内閣制の確立などまったく考えていなかった。また、犬養はさきに山本内閣に入るとき、日本の政党は政党ではない。それ故に内閣を政友会や憲政会に組織させる理由はないといった。ところが、その彼が他の二党の党首と一緒に憲政の本義について申し合せを行なった。それは山本内閣瓦解とともに両大政党が政党になったとでもいうのであろうか。(1)『東洋経済新報』のこの辛辣な論評は、護憲運動の一面を端的に指摘したものとして多分の真実をふくむものといわねばならない。

(1)「政党社会の陋態」、『東洋経済新報』社説、大正一三年一月二六日号。

護憲運動はこうして、全国にわたって表面華々しく進められながらも、しかし、人心を強くひきつけるに充分な迫力を帯びるにはいたらなかった。小泉策太郎(政友会)らとともにこの運動を画策、推進した古島一雄も後年述懐して、「議会内では相当に憲政擁護の気勢が昂ったが、外ではそれほどでもない」といっている。(1)議会解散の翌日に芝の御成門の政友会本部跡で憲政擁護国民大会がひらかれたが、その模様を松本剛吉は日記につぎのように記している。「憲政擁護国民大会あり。前々よりの情報に依れば頗る危機に迫りたるもの、如く、予は一大椿事の勃発することなきやを憂ひ、午後四時より自動車又は電車に乗じ或は徒歩して其実際を目撃したるに、事予想に反し、擁護派なるもの、気勢甚だ揚らず、民衆も亦更に活気なし」。(2)これは松本の主観的印象にすぎなかったとしても、解散後選挙戦の進められる中で、『東京日日新聞』は「熱のない選挙」と題する社説(大正一三年三月二七日)を掲げ、その中で述べて、特権内閣が民意を一切無視した政治を行ない、これにたいして憲政擁護が叫ばれているのに、一般国民の間にはもう少し「熱」があってしかるべきである。少なくとも現内閣支持の立場に立つ政党の領袖に当選について不安を感じさせる位の反対運動が当然起ってよいはずである。われわれは、総選挙にたいして国民の熱が高揚することを切望する、と半ば歎息している。(3)

(1)　古島、『一老政治家の回想』、二一四頁。
(2)　松本、『政治日誌』、大正一三年二月一日の条。

（3） なお、「護憲三派に望む」、『東京朝日新聞』社説、大正一三年三月一九日、参照。

護憲運動がこのように充分な盛上りを示すにいたらなかったのは、一つには、当時『東京朝日新聞』がその社説で指摘したように(1)、護憲三派が普選の実現をその共同綱領に掲げなかったことにもよろう。当時政友会幹部はその年来の普選反対論を公然放棄する時機についてさまざまの思惑、打算を抱いていた。そこで、政友会は、普選に関する党議は総選挙後の議員総会にはかったうえで決定すること、但し選挙戦において候補者各人が普選について自由に自己の所見を述べて差支えないことにし、そのような形で憲政会および革新倶楽部との間に普選問題について妥協を成立させたのであった(2)。護憲運動がひろく国民の間に力強い支持を獲得しえなかったのについては、しかし、既成の政党にたいしてこれまで世上で抱かれてきたふかい不信感を到底度外視することはできないであろう。護憲運動は往々、多分に空疎な政権争奪の争いとして世人の目に映じたのであった(3)。

（1） 前註(3)所引の『東京朝日新聞』社説。

（2） 護憲運動を計画した中心人物の一人・小泉策太郎(政友会)は、この点について次のように回顧している。護憲運動を起すことになった際、憲政会の安達謙蔵、革新倶楽部の古島一雄から普選にたいする政友会の態度をきかれ、この件について協定をなすことを求められたとき、自分は「それは寧ろ細条末節に過ぎない。強てこれを突き詰めようとすると、事態が面倒になる。君等が黙つてゐてくれさへすれば、僕が一身に引き受けて解決する。政友会今日の形勢は、そんな問題に拘泥してゐられない。これからぐん〳〵目的に突進し、騎虎の勢で細条末節的諸問題を片付けるのだ」といったところ、さすがは安達、古島で、その後この問題に一切ふれなくなった(小泉、『懐往時談』、一〇三頁)。その後議会解散となったが、政友、憲政、革新三派の和解、提携のためには普選問題を解決しなければならない。自分が一身に引受けて解決すると安達、古島に誓った関係上、そのままにしておけないので、高橋是清、野田卯太郎、岡崎邦輔、山本悌二郎、横田千之助らと協議して、「大凡《おおよそ》の見当をつけ」、一夕私宅において右のひとびと、犬養毅、古島一雄と会合、協議したところ、何人にも異論はない。しかし、これを発表する時機については利害得失の打算上諸説紛々となった。岡崎、山本ともこれまでに充分話し合って完全に一致していたのに、いよいよ決定することになると、結論にたっしえず、「さうなると、高橋さんまでぐらついて、さう急がずとも選挙後にきめてもよからうなどと言ふ。横田君が癇癪を起して高橋さんと衝突する。お客分の犬養、古島両君が迷惑さうに黙つてゐる、といつたやうな工合になつて、とうとう有耶無耶になつてしまつた」。しかし、ともかく「大体のきまり」がつき、候補者各自その選挙区の状況に応じて「右なり左なり都合のいゝやうに議論するといふ曖昧なことでお茶を濁すことになつた」。「それで結構まに合つたのだから、世の中のことは正直に苦労するには及ばない」(同書、一一八―九頁)。以上の記述は、策謀をもって知られた小泉の人柄をもしのばせる茫漠とした含みのあるものであるが、それは同時に護憲運動の裏面をある程度物語っている点で興味がある。

（3） 選挙戦最中の大正一三年二月二二日に大阪で大阪朝日新聞社主催の下に「時局問題大演説会」がひらかれたが、吉野作造はその際「護憲運動批判」と題する講演を行なった。それは後に校閲の上、同新聞社から刊行された『時局問題批判』に収められているが、その講演ではつぎのように述べている。このたびの総選挙における争点は、清浦内閣を認むべきか否かということである。「清浦内閣成立の根拠に非立憲的分子の伏在するは争ひ難き事実だから、所謂憲政擁護を旗じるしとして其の倒壊を主張するは、表向き正しい立場だと謂はねばならぬ」。しかし、この内閣を倒せば、政界は直ちに「健全な常道」に復するであろうか。わが国政界には幾多の「病根」があり、その一つを取り去ってもすぐに健康体に復するとはかぎらない。問題は、どうせ当分「病的変態」がつづくとすれば、甲乙二病根の中でどちらをしばらく忍ぶべきかを決めようということになる。そこで、わたくしは「表面掲ぐる所の旗幟の何であれ、今日の政党政派はどつちが勝つても社会、民人の利福には余り係はりがない。団体としては種々の行掛上俄《にわか》に立派な政治を期待し難いから、今度の選挙に当つても、しばらく甲乙両派のいづれを援くるといふを差控へ、孰《いず》れの所属でもいゝ、兎に角人物本位で選択を決したらどうかと考へるのである。今日の様な変態的な政界に在ては、少しでも立派な人物を出すことが実に政党をきよめ、結局又漸を以て政界を常態に恢復せしむる所以だと思ふからである」とし、清浦内閣が成立した以上は、その「伎倆」はともかくも「未知数」とし、「その云為《うんい》、施設につき正面から堂々と戦陣を張」るのが、野党としてとるべき「立憲の常道」であり、「柄にもない奴が出て来たからとて、俄に之を引倒すに焦らなくてもよからう」。今般の護憲運動は、政敵をその「出発点」において倒して了おうというものであるから、その点で護憲運動に「一種の反感」を抱かざるをえない。しかし、護憲運動を非難したからといっても、決して清浦内閣に同情しているのではない。この内閣の出現については、「癪に障ること」が多いが、「清浦内閣に対する最も手痛き非難」は、下院に基礎をもたないということであろう。したがって、この点が護憲論の核心といえる。しかし、この点についても余は今日の「護憲運動家」の主張に同調しえない。たしかに、「憲政の常道」として内閣が下院に基礎をもたねばならないことはもちろんであり、その点で清浦内閣が憲政の常道に反していることは、明らかである。けれども、いわゆる憲政常道論を文字通り適用すべきか否かは、「政界の状態如何」にかかる。「この常道の採るべきは、総選挙が理想的に行はれ、政界の最後の監督権が完全に民衆に握られて居る場合に限る」。この条件が満たされていない場合には、内閣が下院に基礎をもつか否かは「社会の慶福」に実質的関係はない。わが国の政界の実状をみると、「私は総選挙の理想的施行を阻止する者が今日の護憲運動家にも頗る多きを認むるが故に、一方には彼等に憲政擁護を論ずるの資格なきを責め、他方には彼等の主張に聴くも何の実質的に得る所なきを国民に警戒するを必要と思惟するものである」としている(『時局問題批判』、大正一三年、七二―九〇頁)。政党および政党内閣に対するふかい不信感に立ってなされたこの護憲運動批判は、ある程度当時の人心を代弁したものといってよいであろう。

清浦内閣をめぐる激しい政争において、前述のように階級闘争が云々される有様であったことが示すように、清浦内閣下においても経済不況の一段深刻化する中で労働不安、社会不安は依然としてつづいていた。しかし他方、日本共産党は大正一二年六月の検挙によって大打撃をこうむったのち、つづく関東大震災下での社会主義者迫害に遭遇し、このような中で、党内にはこの際むしろ解党して労働者、農民層の組織化に努め、将来の党再建に備えるべきであるとの論が強まり、ついに一旦解党することになった(大正一三年三月)。

さて、清浦内閣下で総選挙戦が進められている中で、アメリカ合衆国議会は四月に移民法改正案を可決し、ついでそれは大統領の裁可を経て法律となった。この改正法は、アメリカ市民権をもちえない外国人の入国を原則として禁止することにしたものである。しかも、これより先一九二二年(大正一一年)一一月、合衆国最高裁判所は日本人は市民権を得ることができない旨を判決していた。それ故に、この立法は一九〇八年(明治四一年)以来の日米紳士協定を一方的に破棄し、在来「好ましからざる外国人」と考えられてきた中国人、その他のアジア人と一括して日本人の入国を原則的に禁止したものにほかならない。このような移民法改正案が下院に提出されたとき、それは、わが国側に大きな憤激をよび起した。当時、国務長官ヒューズ(C. E. Hughes)は、このような立法が日米関係に及ぼす影響をふかく憂慮し、下院移民委員会議長に書翰を送り、この立法はさきにワシントン会議が日米関係改善のうえになした大きな貢献を無にするものであり、日本移民の入国については数的制限を加える程度にとどめることが望ましい旨を伝えて、慎重な考慮を要請した。しかし、これにより下院の空気は変化する兆しを示さなかった。ところが、それをみて、駐米大使埴原正直《はにはらまさなお》はヒューズに書翰を送り、右の立法によって日米紳士協定が廃棄されることは日米両国の関係に必然的に「重大な結果」(Grave Consequences)をもたらすものと考える、と述べた。ヒューズはそこで、埴原大使のこの書翰の写しを上院移民委員会に送り、法案が上院においてヒューズの希望する方向に修正されることを期待した。これにたいし、上院は埴原大使書翰中の「重大な結果」という言葉を「覆面の威嚇」またはアメリカの内政にたいする許しがたい干渉であるとして、態度を硬化させ、ついで問題の条項をふくむ移民法改正案を可決するにいたった。こうして、移民問題をめぐってわが国の対米感情はまたも甚だしく悪化する有様となった。

さて、前述のような形勢の中に五月総選挙が行なわれたが、その結果、憲政会は一五四人の当選者を出して第一党となり、政友会は一〇一人、革新倶楽部は二九人を当選させ、護憲三派は合計において議会過半数を制することになった。これにたいして、与党的立場にあった政友本党は解散前の議席一四九にたいして、一一四を獲るにとどまった。(1) 初期議会(明治二三―二八年)の時期を別とすれば、総選挙においては与党が勝利を獲ることが過去ほとんど常例であっただけに、以上のような選挙結果は一応注目に値する。しかし、さらに委《くわ》しくみると、憲政会が勝利を獲たことは、明らかであるにしても、それは選挙戦における政友会、政友本党の相剋に負うことが少なくなかった。また、護憲三派の中の他の両派の場合は、解散前に比して政友会は二八の議席を減じ、革新倶楽部もまた一四議席を喪失したのであった。

(1) 政友本党は初めから政策本位の厳正中立を標榜し、与党とは称しなかった。これは、清浦内閣が世上不人気であるのを顧慮してのことであった。

総選挙が以上のような結果をもって終った後、政界の空気は甚だ不透明で、策動、疑惑、流言がしきりに行なわれる有様であった。政友会、政友本党はともに第一党となることを信じていただけに、両党の驚愕、落胆一方ではなかった。(1) そして、ともに議席の減少を来した両党の議員の間には総選挙後早くも両党の合同によって局面を打開しようとする策動も始められる有様であった。またそのような中で床次竹二郎は政友本党内の自己の勢力下にある約八〇名の議員を率いて政友会に無条件で復帰しようとしてひそかに工作を試みたが、それは結局関係者の間で将来の懸案として保留することになった。(2) また、総選挙後の政友、憲政両党の政見に関しても、疑念を抱かせるものがあった。さきに護憲運動が開始されて以来世上には普選の実現および貴族院の改革が一段と強く要望されるようになり、そのような中で、政友会は総選挙後に新代議士会に諮ったうえで普選にたいする党議を決定することにしたのは、前にふれたごとくである。しかし、選挙が終ったのちも、政友会は容易にそのような措置をとろうとせず、このことは世人に普選にたいする政友会の熱意のほどを疑わせた。また、加藤憲政会総裁は選挙後に開かれた護憲三派の懇親会の席上で普選の即行を力説しつつも、貴族院改革問題にはまったく言及しようとせず、そこで世上では、次期政権を期待している憲政会はこの問題を取上げて貴族院を刺激することを不得策としているものと噂する有様であった。このようにして総選挙後の護憲三派には、政策協定を行なって政権担当の用意を示すという態度はみられなかった。そのような中で、清浦内閣は、以上のような微妙な政治情勢の推移をしばらく観望していたが、六月に入ってついに内閣総辞職を行なうにいたった。

(1) 小泉策太郎は後年回顧して、総選挙で護憲三派は合計で予期のごとく絶対多数を獲得し、護憲運動の目的は達成できたわけであるが、しかし、「我々は一向愉快を感じない。不愉快といふよりも寧ろ失望、落胆して顔色を失つたことを白状する」。われわれは護憲三派が勝つことは疑ないとし、政友会は百五、六十の議席をえて憲政会を凌駕して第一党になると考えた。そして、もしその予想が外れたら革新倶楽部と合同することを腹案とし、革新倶楽部との間に暗黙の了解もできていた。こうして、「二段構への腰を据えてゐたのに、蓋を開けると、投票箱が吃驚《びっくり》箱になつて、二つ合せても憲政会に及ばない。……」(小泉、『懐往時談』、一二七—九頁)と述べている。

(2) 松本、『政治日誌』、三一四頁以下の「加藤内閣成立の顚末」。なお、同日誌、大正一三年五月二五日の条、参照。

清浦内閣が瓦解すると、後継首班について天皇から下問をうけた西園寺公望は憲政会総裁加藤高明を奏薦するとともに、なお一人の元老・松方正義が当時重病の床にあったので、内大臣平田東助へもこの際御下問あるよう奏上し、ついで平田も加藤を奏薦したので、ここに加藤にたいして組閣の勅命が与えられた。(1) そこで、加藤は高橋政友会総裁および革新倶楽部の犬養に対して入閣して協力するよう要請した。その後、高橋に提供する閣内のポストに関する加藤の発言をめぐって政友会が一旦激昂し、また犬養が革新倶楽部から二名の入閣を要求したのに対して、加藤が革新倶楽部は政党に非ずとしてこれを拒絶するごときことが起り、(2) このような若干の紛争の後、加藤は護憲三派を基礎とした左のような連立内閣を組織した（大正一三年六月）。

首相加藤高明（憲政会）、外相幣原喜重郎、内相若槻礼次郎（同）、蔵相浜口雄幸（同）、陸相宇垣一成、海相財部彪、法相横田千之助（政友会）、文相岡田良平（貴族院・無所属）、農相高橋是清（政友会）、逓相犬養毅（革新倶楽部）、鉄相仙石貢（憲政会）。

（1）護憲運動の起るにいたった頃から、西園寺は総選挙の結果憲政会に政権を与えざるをえなくなることをおそれた。「加藤は内政は別とし外交が可《い》かぬと云ふことが、彼の疵《きず》になって居る。自分は外交上に関して非常に心配をして居るのだから、此事が頗る心配になる」と松本剛吉に語ったように（松本、『政治日誌』、大正一三年一月一九日の条）、西園寺は加藤の組閣を好まなかった。それは、加藤が第二次大隈内閣の外相として二一ヵ条要求の責任者であったことに主として由来する。

（2）高橋是清によれば、加藤高明が彼を往訪して入閣を求めた際、加藤は外務省以外ならいずれの省の大臣でも差支えなき故入閣されたいと述べ、高橋がついで入閣受諾を伝えるため同日のうち加藤を訪問したとき、加藤は前言を修正して外務、内務、大蔵の三省以外ならばどの省の大臣にても差支えないといった、という。高橋からこのことをきいた政友会は、それをもって加藤の食言であるとしていたく憤慨し、両党の関係は一時は甚だ険悪になった。なお、加藤が高橋にたいして果して前後その言を異にしたのか否かは、今日も必ずしも明瞭ではない。他方、すでに述べたような理由で加藤と犬養とは由来互に嫌い合っていたが、加藤としては護憲運動をともにした関係上犬養の入閣を求めたのであった。犬養も加藤の下で閣僚となることを内心好まなかったが、しかし、高橋が結局入閣することになったので、彼もまた新内閣に入ることを決意した。

大正一三年五月の総選挙における護憲運動の勝利、翌六月における第一次加藤高明内閣の成立は、爾来昭和七年の五・一五事件にいたる「政党内閣の時期」の起点をなす。そして、その点において歴史的意味をもつものであることは、何人も否みえない。しかし、清浦内閣が総辞職を行なった日(六月七日)に『東洋経済新報』は、「人心の倦怠」と題する社説において述べて、今日ひとびとは前途の行詰りを歎息している。それら行詰りの中で最もおそるべきものは、経済の行詰りである。人心の倦怠は、今や憂うべき程度にたっしており、その最も著しい例証は、政治的関心の冷却である。そのことは、このたびの総選挙およびその後の人心をみても明瞭である。ひとびとをますます失望させ、あるいは反感を抱かせたのは、選挙費用の増大であった。「少くも政治を食い物になし得ぬ程の良心の所持者」は代議士に立候補する望みを断つ。また、金の力で当選した代議士から成る議会にも政府にもまた望みを断つ。多年有識者や青年が希望を托してきた普選が実現をみても「金銭万能選挙」はなくなりそうにないことがいよいよ明らかなので、普選にも望みを断つ、という有様である。また、政変に対する一般の関心をみても、その程度は低く、他人事のようにみている。一般人は、どうせ財政緊縮もできず、経済政策も変らないから、どのような内閣でもよいという具合である。「近来我国民の多数も亦、著しく無政府的になつて来たように見える」。「国民に政治熱が冷却すれば、則ち国家の解体である。若し事実果して上記の如く議会及政府に対して、知識ある青壮年は之を見離し、一般の多数は之を無視する事実に間違がないなら、これは実に由々しき問題と云はねばならぬ」。徳川末期にはわが国の行詰りは極度にたっし、明治維新を必要とした。近来しきりに第二維新ということがいわれているのも、偶然ではない、と論じた。加藤内閣の誕生をもって開幕された政党政治の時期は、その前途に光明を感じさせるようなものではなかった。そのことは、以上に述べて来たところからも明らかであろう。そしてまた現に、約八年間の戦前におけるこの政党内閣の時期がどのようなものであったかを今日のわれわれは知っている。したがって、護憲運動の勝利、第一次加藤内閣の成立がいかなる意味をもち、またいかなる意味しかもたないかについて歴史的評価を下すことができよう。

文献

以下に挙げるものは、この巻の対象とした時期の内政、外交に関するもののうちで、原則的には、入手しやすいもの、または、接しやすいもののうちからえらんだ。なお、絶版の明らかなものについては、発行所名を省いた。

I 主として内政に関するもの

信夫清三郎、『大正政治史』、四冊、昭和二六—七年、河出書房
同、『大正デモクラシー史』、三冊、昭和二九—三四年(新版、一冊、昭和四三年)、日本評論新社
升味準之輔、『日本政党史論』、第三—四巻、昭和四二—三年、東京大学出版会
立憲政友会史出版局、『立憲政友会史』、第四—五巻、大正一五—昭和八年
横山勝太郎、『憲政会史』、大正一五年

＊論文集としては

井上清編、『大正期の政治と社会』、昭和四四年、岩波書店

岩波講座、『日本歴史』、第一九巻、現代2、昭和三八年、岩波書店
松尾尊兊、『大正デモクラシーの研究』、昭和四一年、青木書店
三谷太一郎、『日本政党政治の形成』、昭和四二年、東京大学出版会

Ⅱ　主として外交に関するもの

外務省編、『日本外交年表竝主要文書』、二冊、昭和三〇年(復刻版、原書房)
外務省政務局編、『日露外交史』、下巻、昭和一九年
外務省欧亜局第一課編、『日ソ外交史』、昭和一七年
鹿島守之助、『日本外交政策の史的考察』、昭和二六年、鹿島出版会
同、『日英外交史』、昭和三二年、鹿島出版会
同、『日米外交史』、昭和三三年、鹿島出版会
信夫淳平、『大正外交十五年史』、昭和二年

＊論文集としては

植田捷雄編、『近代日本外交史の研究――神川先生還暦記念』、昭和三一年、有斐閣
日本国際政治学会刊、『国際政治』、「日本外交史研究――大正時代」、昭和三三年
Clyde, P. H., The Far East, 1830-1965, 4 ed., 1966.
Hudson, G. F., The Far East in World Politics, 1937.

MacNair, H. F. and Lach, D. F., Modern Far Eastern International Relations, 2nd ed., 1955, D. Van Nostrand.

Ⅲ　日記、自伝、伝記など

〔犬養毅〕
鵜崎鷺城、『犬養毅伝』、昭和七年
鷲尾義直、『犬養木堂伝』、三冊、昭和一三—四年（復刻版、原書房）
〔大隈重信〕
市島謙吉、『大隈侯一言一行』、大正一一年
『大隈侯八十五年史』、三冊、大正一五年
柳田泉、『明治文明史における大隈重信』、昭和三七年、早稲田大学
渡辺幾治郎、『大隈重信』、昭和一八年
〔加藤高明〕
伊藤正徳、『加藤高明』、二冊、昭和四年
〔加藤友三郎〕
『元帥加藤友三郎伝』、昭和三年
〔清浦奎吾〕

徳富猪一郎監修、『伯爵清浦奎吾伝』、二冊、昭和一〇年
〔高橋是清〕
今村武雄、『評伝高橋是清』、改版、昭和二五年
高橋是清、『随想録』、昭和一一年
津島寿一、『芳塘随想・第九集、高橋是清翁のこと』、昭和三七年
〔寺内正毅〕
『元帥寺内伯爵伝』、大正九年
〔原　敬〕
『原敬全集』、二冊、昭和四年
『原敬日記』、新版、六冊、昭和四〇―二年、福村出版
前田蓮山、『原敬伝』、二冊、昭和一八年
〔松本剛吉〕
岡義武、林茂校訂、『大正デモクラシー期の政治――松本剛吉政治日誌』、昭和三四年
〔山県有朋〕
入江貫一、『山県公のおもかげ』、増訂版、昭和五年
岡義武、『山県有朋』、昭和三三年、岩波書店
高橋義雄、『山公遺烈』、大正一四年

徳富猪一郎、『公爵山県有朋伝』、三冊、昭和八年

〔山本権兵衛〕

『伯爵山本権兵衛伝』、二冊、昭和一三年

解説　完成させるということ

五百旗頭　薫

追跡に値する者

書物は書かれた時代の流行に影響される。流行に投じ、その時新しく見える分、後からは古く見える本もある。ところが半世紀以上前に書かれていても、岡義武の作品にはそうした残念さが驚くほど希薄である。切り詰めた叙述が、時代を超える力を帯びている。もちろん、今日の学界の通説とは異なる解釈もある。それでも完成度の高い叙述に、「これはこれでよいのではないか」と思わされることさえある。

周到に準備して刊行し、刊行すればどこを補正すべきか考え始める。学者の評価を決めるのは刊行業績であるが、それでも草稿を照合して思考のプロセスを追跡するに値する、数少ない歴史家の一人である。

本書『転換期の大正』は「近代日本百年の解明」と号したシリーズ日本近代史大系（東

京大学出版会)の第五巻として、一九六九年七月一〇日付けで刊行された。

岡は本書の改訂も希望していたが、「近代日本政治史Ⅱ」の執筆・校正に時間と体力を奪われ、かつその後半が大正期をカバーしていたので、『転換期の大正』それ自体の改訂は進まなかった。その「近代日本政治史Ⅱ」も未完に終わったことは、『明治政治史』下巻(岩波文庫)の解説(伏見岳人)が述べる通りである。『転換期の大正』の改訂は、二重の意味で挫折していたといえる。

ならば追跡に値しないかと言えばそうではなく、改訂を希望しているからこそ、刊行本に入れなかったアイディアや知識を後日の参考に残そうとした形跡がある。東京大学大学院法学政治学研究科附属近代日本法政史料センター原資料部に所蔵されている「岡義武関係文書」中の草稿類が、この形跡をうかがわせてくれる。岩波文庫の解説という性質上、草稿の変遷を逐一指摘することは控えるが、執筆工程をうかがい、岡が大正期をどうとらえようとしたか、さらには通史を書くとはどういうことであるか、を考えるよすがにはしたい。

日露戦後から見た大正期

岡の大正期の基本的な理解は、刊行に先立つ六年前、一九六三年三月一五日に外務省外交文書編纂室で行った講演「大正期の外交と内政」に示されている。

それによれば、大正という時代区分は天皇の治世という偶然的要素によるものであり、本来は日露戦争後に遡って考察すべきである。では日露戦争後に何が起きたか。日清・日露戦争を通じた国民的膨張への反動と、資本主義の発達とを背景に、国民統合にひびが入り、「個」が主張されるようになったという。それは外交においては例えば軍備拡張と資本蓄積の間の矛盾としてあらわれ、満洲放棄や南進による貿易拡大が唱えられた。内政においては政党の政治的比重が上昇し、そのことは大正政変や、山本権兵衛内閣における閣僚の政友会入党(首相・外相・陸海相を除く)、第二次大隈内閣の人気などに見られる。

「支配層」は危機感を抱くが、当時の国際情勢は、国民を統合へと促すには平穏に過ぎた。岡の講演原稿によれば、「「離れて遠き」満洲での日米の帝国主義的対立、「太平洋の彼岸」の西部諸州の日本移民排斥問題、第二の日露戦争の「可能性」――これらが、過去の朝鮮(韓国)に対する清国の脅威、又ロシアの脅威の場合のような緊迫した危機感を国民の中にひろく烈しくよび起すことは、元来は困難なのである」。

第一次世界大戦が勃発すると日本は急いで参戦し、二一箇条要求を中華民国につきつけた。そこには常日頃、列強に牽制されている「小国」の不安と焦りがあった。大戦による被害が軽微であることもあり、終戦への期待は一般に希薄であった。

支配層の不安は、国内における労働者運動・社会主義運動の復活・興隆でさらに強まった。政友会・原敬内閣の成立も、米騒動の衝撃が背景にある。とはいえ原は山県・山県系勢力に正面から挑戦せず、「恫喝を交えた馴れ合い・妥協を通じて、譲歩を獲ちとり、山県及び山県系勢力の足場を一歩つゞ〔ママ〕切り崩すことを試みた」のであって、国民から「遊離」した党勢拡張は腐敗と世間の憤慨とを引き起こした。原が暗殺されたことは「不吉な影」であった。護憲三派内閣が成立し、(男子)普通選挙制を導入するが、同時に治安維持法も制定しており、「わが国の民主主義のゆがめられた姿が露呈している」。

戦後のワシントン会議の結果、中国への政治的・軍事的進出はきわめて困難となった。幣原外交は「いわゆるワシントン体制」への対応として重要である。西園寺公望はイギリス風の立憲政の育成を望み、対外的には「国際主義的な見解――若干観念的な――の持主」であった。

その先はメモ書きとなっている。岡は幣原外交と政党政治を「「小春日和」を思はす」と評しつつも、これらが民衆的基礎から乖離しており、来たるべき世界恐慌に耐えられる類のものではないと述べたかったようである。さらには長年警戒していた中国の統一が北伐で実現したことで、「試練の秋刻々近付く」としている。最後に「春の天候は変り易い、風が吹き初めていた。風ではなくて、地下の鳴動」と書き留めている。

岡は歴史叙述を締めくくるにあたって、当時の天候や情景に次なる時代を予兆させることを好んだ。『山県有朋』(岩波書店、一九五八年)の末尾、「彼の死んだ日、夜に入ると風は凪いで、遠い波の音が古稀庵へ忍び込むように聞えて来る。当時ある新聞は、その夜の古稀庵の風色をこのように記している。彼の死とともに、しかし、政治の世界においてもまた波の音は一層はっきりとききとれるようになった。新しい時代の潮騒であった。けれども、このひらかれつつあった新しい時代もわれわれの日本を光明の中へ導くものではなかった。そのことを、われわれは今日では知っている。そのことは、山県の長い生涯を辿ってその死に及んだ今、われわれの回想を悲しみと感慨とをもってみたす」は名高い。

本書でも、原敬暗殺の日について「原の遭難した日の宵、丸の内の街々には見渡すかぎり夕靄が立てこめていた。それは、原遭難の背景であったにとどまらない。それは、やがては樹立されることになる政党内閣制の前途を予示するものでも実はあった」(本書二五六頁)と記しており、夕もやのことは当時、丸の内中央亭の二階で凶報を聞いたという新聞記者、辰巳豊吉の証言に基づく(1)。

これらに対して、護憲三派が勝利した時の春風が地下の鳴動でもあった、という記録を見出すのは容易ではなかったであろうが、それだけに岡の心象風景そのものであり、『転換期の大正』の読後感にも合致しているといえる。

通史の工程――粗書、草稿、原稿

この講演の前からか後にかは不明であるが、岡は執筆に向けた膨大かつ体系的なメモ書きを作成している(「「転換期の大正」粗書 第二稿」「岡義武関係文書」Ⅱ-【3】-21-3)。内閣ごとに、各事項をペンによる小さく几帳面な字のカナ交じり文で記し、鉛筆で資料的な根拠を付記している。『転換期の大正』に反映されていない事項も多数ある。「粗書第二稿」と呼ぶこととする。第二稿というからには第一稿があったはずだが、それは見当たらない。

次に、刊行時には組み込まれなかった草稿が、「一旦削除シタ原稿」という封筒の中に残されている(Ⅱ-【3】-21-4)。この封筒の中には、大きく言って、断片的なメモ、コクヨの原稿用紙に記した草稿群、東京大学出版会の原稿用紙に記した草稿群がある。それぞれ「断片メモ」、「コクヨ草稿」、「UP草稿」と呼ぶことにする。

このうち最も分量が多い「UP草稿」は、二つ折りにされた四つの束からなる。第二次大隈重信内閣期、寺内正毅内閣期、原敬・高橋是清内閣期、加藤友三郎・第二次山本権兵衛・清浦奎吾・第一次加藤高明内閣期に分かれている。それぞれ、同志会を中心とする内閣、超然内閣、政友会内閣、中間内閣から護憲三派内閣にかけての時期であるから、内閣の性質に即した分け方である。

これらの草稿も、淘汰の対象であった。一例を挙げれば、刊行本には「たとえば、原内閣はその成立以来、山県系勢力のきわめて優勢な枢密院との関係でしばしば苦境、窮地に立った」(本書二二九頁)とある。「UP草稿」で試みた以下の叙述は、その一事例として起草したものであろう(取り消し線は削除、〔　〕は挿入された語句)。

また、文官任用令の改正についても原は山県の諒承を求めた。彼の日記の大正八年六月一九日の条には「余は文官任用令を改正して文官登用の門戸を開くは時勢の要求なれば、之を改正して現行制度を緩和したき考なりと云ひたるに、山県は案外異議を云はず、已むを得ざるべしと云へり」とある。しかし、〔この改正案が枢密院に諮詢されると、〕政党人が官僚組織の中に進出することを内心嫌う山県は、この改正案が枢密院における〔彼の〕山県系〔統の〕勢力を〔操作し〕用いてこの改正原案を〔大幅に〕修正をしようと試み、これに対して原は〔枢密院に対し〕一面宥和〔工作とともに〕他面を行うと同時に政府の強硬〔決意〕態度をも伝えて、改正の〔実現に力め〕成立をはかった。

刊行本中の文章は、『近代日本の政治家――その運命と性格』(文藝春秋新社、一九六〇年)一二三四頁に、既に同様のものがあり、結局はほぼそれを踏襲したのであるが、踏襲に終わるまでの間に、上記のような叙述を試みていた。そして、結局は刊行本に入れなかった。刻苦勉励としか言いようがない。

「コクヨ草稿」や「UP草稿」を一つの観点から解釈することはできない。一方では、これらの草稿は、刊行された『転換期の大正』には含まれない要素を含むのであるから、その後、岡が何を選択的に「削除」したかを教え、刊行本の論旨を明確にする意義を持つ。

他方で、それは岡の意図としてはあくまで「一旦」削除したものであり、刊行後の改訂作業において参照されるべき草稿群であった。その意味で、「一旦削除シタ原稿」は、刊行本の行間を補充するものとしても見逃せないのである。

さらに、刊行本に直結した原稿「『転換期の大正』原稿(Ⅰ)」、同「(Ⅱ)」がある(それぞれⅡ-【3】-21-1、Ⅱ-【3】-21-2)。東京大学出版会の原稿用紙に記されている。同会の校正者の手も入っており、岡自身の綿密な手直しも入っている。「校正原稿」と呼びたい。既に完成している記述について、本文に入れるか注に入れるかを迷った形跡もあり、歴史叙述におけるバランスを重視していたことが痛いほど分かる。

「UP草稿」の少なくとも一部は、もともと「校正原稿」にあったものが、そこから除かれ、「UP草稿」へと移されたものである。したがって、工程としては、「粗書第二稿」→「コクヨ草稿」→「UP草稿」→「校正原稿」の順で刊行本に近付く。

目次と索引

こうした作業を経て、刊行本『転換期の大正』に至る。その復刻が本書である。その章立ては、第一章「第一次世界戦争の勃発」、第二章「大戦の波動と対応」、第三章「「世界の改造」とわが国」と、国際環境の変化を基準として構成されている。第四章「相対的安定への過程」も第一節「ワシントン会議」から始まっており、例外ではない。内閣ごとに草稿を作成していたものを、高橋内閣を原内閣から切り離し、中間内閣と合体させることで第四章を成立させた。

刊行本には、索引を付している。ページ数は省くが、項目は下記の通りである。

ア行　「アナ・ボル論争」／アナルコ・サンディカリズム／アメリカにおける日本移民排斥問題／アメリカの海軍拡張／石井菊次郎（次項も参照）／石井・ランシング協定／犬養毅／井上馨／袁世凱／「援段政策」／大浦兼武／大隈重信（次項も参照）／大隈内閣／大杉栄／尾崎行雄

カ行　革新倶楽部の成立／過激社会運動取締法案／加藤高明／加藤（高）内閣／加藤友三郎（次項も参照）／加藤（友）内閣／河上肇／貴族院／清浦奎吾（次項も参照）／

清浦内閣／郡制廃止／軍部大臣武官制廃止問題／憲政会の成立／「憲政の常道」論／「五・四運動」／後藤新平／米騒動

サ行　シベリア出兵／西園寺公望／堺利彦／「三・一運動」→「万歳騒動」／山東問題／四国借款団問題／「思想問題」／社会主義思想および運動／人種戦争論／鈴木文治／政党政治に対する批判／政友本党の成立／増師問題

タ行　デモクラシー運動／高橋是清（次項も参照）／高橋内閣／田中義一／段祺瑞／治安警察法／中国参戦問題／寺内正毅（次項も参照）／寺内内閣／田健治郎／第三革命／床次竹二郎

ナ行　ニコライエフスク事件／西原借款／二一ヵ条要求／日英同盟／日露協商／日華共同防敵軍事協定／日本移民排斥問題→アメリカにおける日本移民排斥問題／日本共産党の創立と解党／日本社会主義同盟／日本労働総同盟／農民運動

ハ行　パリ平和会議とわが国（「山東問題」も参照）／八・四艦隊／八・六艦隊／八・八艦隊／原敬（次項も参照）／原内閣／反軍の風潮／「万歳騒動」／普通選挙問題・普通選挙運動／普通選挙法／文官任用令

マ行　松方正義／満蒙独立工作

ヤ行　山県有朋／山川均／山本権兵衛（次項も参照）／山本内閣／友愛会／吉野作造

ラ行　ロシア革命／陸軍縮小問題／「両院縦断」／労働者運動

ワ行　ワシントン会議

岡は索引にも工夫をこらすことで知られる。例えば、既に触れた一九六〇年刊行の『近代日本の政治家』は伊藤博文、大隈重信、原敬、犬養毅、西園寺公望の列伝である。その索引は、大項目として、暗殺／演説／外交／金銭(富)／経綸(抱負)／権力欲(支配欲)／国家的忠誠／座談／自負心／政党の腐敗／責任観念／対人態度／天皇／天皇制／闘志／党首／人気／人間的魅力／派閥／ファシズム／民衆／名誉心／立憲政、を挙げ、その下の小項目に該当する政治家を挙げた。岡が政治家を観察するにあたって何を重視するか、またその視角に沿って誰をどう描き評するか、を明快に示す索引である。

本書『転換期の大正』はどうか。『近代日本の政治家』ほどの創意はない。ただ、シベリア出兵、デモクラシー運動、ロシア革命が五十音順に逆らって各行の先頭に配置されている。それはミスではなく、「校正原稿」中の索引案を見ると、これらの項目を先頭に移動させるよう、矢印で指示していたことが分かる。

先頭にあろうが途中にあろうが、重要性にかわりはないのかもしれない。だが岡本人がどう思っていたかを考えた時、その『近代日本政治史Ⅰ』(創文社、一九六二年、本文は

『明治政治史』上巻(岩波文庫)で復刻)の索引がアルファベット順であり、冒頭のB—ブルジョアが、同書の単に政界の歴史ではないことを誇示しているかのようにみえることが、想起される。

『転換期の大正』は国際環境の中で、特にアメリカを重視していた。実はここでも索引に大項目と小項目を置くアイディアがあり、実現すれば、「アナ・ボル論争」／アナルコ・サンディカリズム、といった国際的文脈に位置付けられる社会運動上の概念に続き、大項目アメリカの下に小項目として、海軍大拡張／四国借款問題／日本移民排斥問題、が連なるはずであった。このアイディアの名残が、刊行本の索引にある、アメリカにおける日本移民排斥問題／アメリカの海軍拡張、というやや長い項目である。

このようにこの索引には、目次と同様、国際環境を重視するという姿勢が示されている。こう推定することは、移された三つの項目のうち二つが節のタイトルに登場し、残る一つ(デモクラシー運動)が第一次世界大戦の影響を示す項目であることからも、許されるであろう。

索引へのこだわりにどういう意図があったかについての私の推測は、間違っているかもしれない。しかし何らかの意図でこだわっていたことは、間違いない。このこだわり自体に学問的意義があるかといえば、直接的にはそれほどない。だが細部までの彫琢の情熱は当然ながら本文にも注がれ、たえまない自己吟味が冒頭で述べたような時代を超える力をもたらしたと考えることも、恐らく間違ってはいないであろう。

国際環境

但し、国際環境や外交がどれほどの紙幅を占めるかについては、慎重に考慮した跡がある。そもそも、索引の各項目をあえて分類するならば、日本の政治家が二六、外交や国際環境も二五前後であるのに対し、内政は四〇ほどである。

草稿の変遷を見ても、国際環境についての記述の膨張を警戒していたことがうかがえる。ワシントン会議の際、アメリカが日本に海軍軍縮を求めるかわりに、太平洋における軍事基地の制限を認め、東アジアにおける日本の優越的地位を事実上容認したことは、刊行本の記すところである。これについて、仮にこのような譲歩をしない場合のシミュレーションを、会議に先立ってアメリカ全権団が行っていたことを、「UP草稿」は Buell, R. L., *The Washington Conference*, 1922, pp. 322–5. に基づいて詳細に紹介している。すなわち、極東水域で日本に勝利するほどにアメリカ国民の協力を動員することは困難である。仮に勝利すると、それ以後は中国を日本の侵略から守る責務を負うが、中国の統一が将来も困難であろうこと、四億人の人口をかかえていることから、アメリカの負担は重く、代償として中国に物質的な利益を求めざるを得ないであろう。それはアメリカの帝国主義が現実となることを意味する。中国の安定化に失敗した場合、日本の帝国主義にフリーハンドを与えることになるだろう、というものであった。刊行本は、こうした興味深い内容を犠牲にすることで、国際環境をコンパクトに論じているのである。

さらに、刊行本を注意深く読めば、国際関係が直接内政を規定するというよりは、ずれをはらみつつ影響したと考えていたことが分かる。

第一次世界大戦を原因とする、東アジアにおける影響力とフリーハンドの拡大を日本は期待し、認識し、利用するが、そこには実は列強より常に牽制を受ける後発国――特に資本主義の発達において――としての焦りが強かった。それが、二一箇条要求の背景となった。講和に際しての平和への期待は、大きな戦禍を被った国々と比べるとはるかに弱く、ワシントン会議に対する猜疑は朝野を通じて強かった。これらのずれは米中からの反発・反作用を強め、それが間接的に内政を規定する。特に、アメリカが求めた海軍軍縮の合意が成立したことによる軍縮機運でようやく国内の風潮と対外関係が合致し、それが日本の外交と内政に相対的安定をもたらしたともいえる。とはいえそれは軍人の憤懣と怨恨を伴うものであり、来るべきより深刻な危機を予感させるのであった。

先に触れた一九六三年の講演「大正期の外交と内政」と概ね一致する。ただ、この講演によれば、日露戦争後には対外関係の一定の安定がもたらされていたはずであった。だが『転換期の大正』では、日露戦争後から説き起こしていないためか、ほぼ一貫して対外的な危機が続いていたような印象を与える。危機を裏付けるために、日米間の中国やシベリア出兵をめぐる対立が、海軍拡張競争や日本人移民排斥問題における悪循環を招いたことが強調される。直ちに日米戦争になった可能性は低いのであるが、悪循環は増幅するものであるから、暗い予感を与えるといえよう。岡はそれを「冷たい戦争」と呼ぶことに同意する(本書一一六頁)。

日米関係はダイナミックになるが、巨視的には、幕末以来の民族独立の危機が概ね継続しているという静態的な叙述となる。岡自身、その濃淡を吟味したかったのではないか。岡がそうであったように、欧米と日本を比較するのであれば、欧米から日本が受けた脅威が、日本の国民統合を促進し、あるいは民主化を制約したという立論が可能かつ重要である。だが今日、アジア諸国について蓄積された知見と日本の経験を比較するのであれば、日本が直面した危機の相対的な小ささを組み込んだ日本政治外交史が必要なのかもしれない。(2)

先に述べたように、『転換期の大正』はシリーズ日本近代史大系の第五巻であった。このシリーズでは各巻、異なる執筆者が予定されていた。実は第五巻の他に刊行に至ったのは、最終巻の石田雄『破局と平和』第八巻(一九六八年一〇月)のみである。『転換期の大正』の前の巻は『明治の終焉』、次の巻は『帝国の岐路』と予定されていたが、いずれも刊行されなかった。

『明治の終焉』に譲ったためか、『転換期の大正』は叙述を日露戦争後ではなく、大正政変ですら事実上なく、大正三年(一九一四年)にあたる第二次大隈内閣の成立と、これとほぼ時を同じくする第一次世界大戦の勃発から始めている。結果、『転換期の大正』には、扇の要となる日露戦争後の対外危機の緩和や、それに影響された人心の変化についての本格的な論及が欠けている。

それは恐らく岡の遺憾とするところであり、改訂の構想を記した紙片には「明治の遺産」「明治の終焉」という章のタイトルがある。[3] 扇の要を取り戻したかったのであろう。ただ、『転換期の大正』が不本意な作品であったことは、必ずしも不用意な作品であったことを意味しない。扇の要がないからこそ、扇面はどうなったか。台頭する民衆が、しかしなお未熟で大隈に歓呼の声を上げるような民衆が、描かれただけではない。民衆、特に社会主義運動や労働者運動を恐れつつ、その未熟を利して一息つこうとする「支配層」の諸相が描かれる。とはいえ「支配層」には、不安を真に克服する経綸がなかったために、統治はその日暮らしとならざるを得ない。その日々が扇面に描かれる。「支配層」の狡知や不安を代表する、山県有朋や歴代の首相たちの性格と運命が鮮やかに描かれる。「支配層」には政党も含まれる。政党は民衆の台頭に照応して地位を向上させつつも、党利党略を追求し、元老に迎合し、軍部に気兼ねする。これが国民の幻滅、不信、果ては無関心を招いていく有様が刻々と扇面に描かれる。『転換期の大正』にいう転換とは、外交面における第一次世界大戦勃発を契機とする帝国主義の前進と、ワシントン会議を契機としたその停滞という二つの転換に加え、内政面における政党政治への期待と失望というやはり二つの転換をも含んでいたといえよう。

「コクヨ草稿」の中には全体構想のメモも含まれている。主要部分は下記の通りである。

嵐

不安と低迷

体制ヘノ不安・動揺

↑

日本帝国主義の前進
日本帝国主義の停滞(ワシントン会議)
支配層ノ不安 ── 思想善導 / 甘粕事件 / 虎門事件
護憲運動—階級闘争論

どのような「嵐」を描きたかったか、今や想像することができる。明治期の国家統合の弛緩を明示する要が後景化することで、大正期の危うく脆弱な民主化と国際協調の日々が扇面に前景化したのである。

大隈重信の扇動

特に岡の関心、ないし批判を惹いたのは、大隈重信である。大隈こそ政党政治の新局面への期待を一身に受け、結果としては繰り返される失望の華々しい先陣を切ったからである。

上記のメモには、原稿用紙五枚を一ページとし、一節平均一〇ページとすれば一〇節設けることになる、という構想が記されている。一冊で原稿用紙五〇〇枚となる。「断片メモ」には、大隈内閣の章を全体の四分の一(原稿用紙一二五枚)にするはずのところ、はるかに超える一七五枚となってしまうことが36＋62＋38＋39＝175という悲痛な筆算によって示されている。想定より字数が増えるのは極めてよくあることであり、ペースをつかもうとしている書き始めには特によくあることではあるが、大隈内閣について論じたいことは多かったのであろう。

実は「コクヨ草稿」はほぼ全て大隈内閣期の叙述である。「断片メモ」のほとんどは大隈論ないしそのためのメモである。メモは「粗書第二稿」と同様の形式の詳細なものであるが、重要な項目には緑の傍線が引かれている。その部分を引用すると下記の通りである。

- 「烈シイ自信→楽天的」
- 「才気ヲ恃ム」
- 「打算的(放胆、楽天的ダガ)」
- 「支配欲功名心→権力意志ノ強烈」
- 「主我的、自己主張的」

- 「性格、ウルホヒナシ」
- 「無趣味」
- 「雄弁」
- 「世上ニ存在ヲ印象サス」
- 「曖昧ナ態度」
- 「無責任」
- 「明治前期ノ大隈」
- 「逆境」
- 「桂ガ政党ヲ作ル前ニ、大隈ハ長州軍人ニ接近シタ」
- 「大隈ノ天皇利用癖」

「明治前期ノ大隈」については、条約励行論や日清開戦論は「扇動家」のやり口であったと記されている。「長州軍人ニ接近シタ」ことと同様、一九六〇年の『近代日本の政治家』にはない事項である。既にあった大隈に関する定見をさらに広げる余地がないか、努力を続けていたのである。

「コクヨ草稿」には、文章に書き下ろした大隈論の断片もある。烈しい権力意志と、判断に粗雑さはあるものの打算的であることの両面があいまって、「内面に根ざした主義・信条の持主ではなかった」ことが導かれ、元老に妥協したとされる。大隈の性格に関する個々の要素はこれまでの岡の理解とほとんど変わらないが、異質な諸要素が複合的に作用した結果として、大隈が権力に固執し、政策面・人事面で元老に大幅に妥協してまで第二次大隈内閣を組織したことがより鮮明となった。

「校正原稿」では、「過去多年立憲政の理想を雄弁に論じつづけて来た大隈重信の面目は、その新内閣の人的構成の上には一向示されない観を呈した」と露骨に記した。この表現は削除された。彼の内閣が二個師団増設を受け入れ、実現したことについて、「校正原稿」では当初「変説」と記し、これを消して「変節」に改めた。だが刊行本では「変説」にとどめた。『近代日本の政治家』の新版を一九七九年に刊行した際、ついに「大隈は、彼なりの主義・信念をもち、それをつねに守ろうと力めた政治家とはいいがたい」という筆誅が加えられた(4)。権力欲に駆られて民衆を扇動しながら失望をもたらし、その失望が自身に対してのみならず政治一般に及ぶようなポピュリズムの先駆者の性格を、隈なく描き出そうとしたのである。

幻の第四節と封印された暗闘

ところで、先に掲げた大隈内閣論膨張の数式36＋62＋38＋39＝175は、第一章がある段階で四節構成であったことを暗示する。当初の全一〇節構想は、早い段階で維持困難となっていたらしい。四節構成というのは、刊行本第一章の三節構成のうち、第三節「元老・大隈・世論」が、大隈人気が下り坂となる大浦事件の前後で、二分されていたのであろう。というのも、岡の草稿は、全体の通し番号とともに、節ごとの通し番号を原稿用紙左上に鉛筆で記している。「コクヨ草稿」中、大浦事件の事後処理について論じた原稿用紙には、節ごとの通し番号として3、4aと記されているので、大浦事件がこの時の第四節の冒頭であったと想像がつく。

どのようなタイトルであったのか。同じく「コクヨ草稿」中には、大隈が組閣以来、元老、特に山県の甘心を買うことを努め、大隈にとって権力がいかに甘美であったかが知れる、と記した原稿用紙がある。その欄外には、「第四節　「馴れ合い」の内政(二)」とある。(二)が他の章に登場する予定であったのかもしれない。

この「馴れ合い」の政治史には欠点もある。元老に迎合したとはいえ、大隈は覇気に富み、扱いにくい相手である。そのことに関わる興味深い経緯を、岡は犠牲にしなければならなかった。「コクヨ草稿」では、山県がいかに周到かつ苦心して大隈を論破し、その言質をとって退陣させたかについての、山県側近、高橋義雄の詳細な証言が紹介されている。大山巌もあなどれない。当時、内大臣であったが、大隈首相に対して唯々諾々の態度をとっていた。大隈は退陣の際、元老に無断で大正天皇に対し、加藤高明を後継首班に推したが、大山は逆らわないと油断していたところ、裏をかかれ元老に内報された、という古島一雄(犬養毅の側近)の解説が、やはり「コクヨ草稿」にはある。

こうした記述が刊行本に反映されなかったのは、一つには伝聞資料であったからかもしれず、また一つには分量を圧縮するためであろうが、「馴れ合い」を強調する立場が、「馴れ合い」の内部対立の優先順位を低くしたともいえよう。

決められない政治と抑圧する統治

岡は大隈内閣論の圧縮に努めた。成立の経緯の説明を繰り返し刈り込んでいたことが、「粗書第二稿」「コクヨ草稿」「UP草稿」「校正原稿」の全工程を通じて確認できる。幻の第四節を「校正原稿」では第三節に併合し、三節構成で約27＋52＋59＝138枚にまでは圧縮したのであった。

中でも最大の削減は、「出現せる大隈内閣」と題する『東洋経済新報』の社説(第六六七号、一九一四年四月二五日)の紹介である。

それによれば、第二次大隈内閣に官僚的色彩が強いのは、「時勢相当の産物」であり、批判するのは酷である。今の政界に統一的中心はなくなっているが、「小中心」はといえば、「(一)薩長閥(軍閥を含む)、(二)衆議院、(三)貴族院、(四)民衆」である。衆議院に代表されない民衆の政治的地位は、政党の発達に比例して高まっているが、組織されていないので、「破壊力」はあっても「建設の力」はない。前三者の中では、陸軍を掌握する長州閥と、衆議院多数派の政友会が特に有力であるが、いずれも単独で政権を維持することはできない。近年の政権の変遷は、前三者の提携と離反で説明できる。

第二次大隈内閣は長州閥が衆議院非政友系と提携して成立した「長隈の妥協政治」であり、非政友系が分裂し、かつ政友会のような多数を占めていないことから、長州閥の色彩が強いのはやむを得ない。大隈内閣が世間の反政友会感情を活用し、衆議院で過半数を占める一大政党を結成できれば、面目を一新できるであろう、と結んでいる。

この社説は、多元的な勢力の離合集散によってかろうじて政権が成立している状況を踏まえ、第二次大隈内閣の成功とその与党の発展・結集によってリーダーシップが調達されることを期待している。「粗書第二稿」においては、大隈内閣の成立を説明する最も重要な解説として、長大な要約が行われていた。「コクヨ草稿」にも「UP草稿」にも詳しい紹介が登場しており、刊行本に反映させないと決めるまで、岡が迷い続けていたことが分かる。

この岡はかつて吉野作造の指導を受けており、吉野に「博士」と付ける習慣が「校正原稿」の段階でも抜けなかった。岡は、吉野の一九二四年度の講義を受講しているが、岡自身が筆記したノートによれば、吉野はこう述べている。

> 而して妥協のきそとなるものは官僚閥(枢密院系統のものを含む)、軍閥、貴族院多数派の閥、衆ぎ院多数派の閥が今日著しきものにて、この四閥の折合つかされは内閣成立しえさりしが従来の殆んと例外なき情勢なり

これでは内閣は「仕事は全く出来ず。各閥の利害全く一致するをえざればなり」と嘆き、「創造力に富み優秀なる者」は排除され、「initiative なき者」にしか政権が与えられないと批判した(5)。

薩長閥が官僚閥と軍閥に分岐したことを除けば、上記、東洋経済新報の社説「出現せる大隈内閣」と議論が似ている。岡が「出現せる大隈内閣」をついに出現させなかったのは、第二次大隈内閣が総選挙で政友会を破って作り上げた多数が、東洋経済新報の期待したようなリーダーシップを生み出さなかったからかもしれないが、それ以上に、「閥」の相克

によるリーダーシップの喪失よりも、「支配層」の結託による抑圧的な統治をより問題視したからではないだろうか。

吉野と岡の議論には、共通点の方が大きい。両者とも、政党が十分な力を持ちえないのは、民衆を力の基盤としないからであると強調している。また、両者とも無産政党や労働組合の発展に期待している。だが岡が「妥協」ではなく「馴れ合い」を主敵に据えたことで、こうした社会運動、つまり馴れ合う「支配層」の外部であり、「支配層」が警戒し、抑圧する対象が、通史の中核的な主題に加わり得たのである。

原敬の苦悩

もっとも、社会運動について論ずる前に、大隈と並ぶ主要な登場人物である原敬について述べておきたいことがある。

岡が本書を執筆した一九六〇年代、政権の内情を示す資料は現在よりもはるかに限られていた。原敬の日記と、岡自身が編纂した松本剛吉の日誌は数少ない内部資料であり、特に原敬日記の重要性は隔絶していた。こうした資料に恵まれない限り、回想や伝記、新聞や雑誌に依存するしかなかった。岡はそのことに自覚的であり、醒めた思考の下、叙述はジャーナリズムの持つ平明さと臨場感、熱気と幻滅と悲哀とを具備していた。そしてそのような目的のためには、論説や記事を長く紹介することを厭わなかった。

凡百の歴史家であれば、嬉々として原敬日記を引くであろう。凡百を抜いた升味準之輔も、主著『日本政党史論』(本書の参考文献に挙げられている)で誰よりも嬉々として原敬日記を引いている(例えば第四巻、第一二章第二節)。

岡もその誘惑に一度は圧倒された。「UP草稿」は、原敬日記の特に原と山県の交渉についての詳細な紹介を少なからず含む。その上で、誘惑と闘った。

またしても、優先順位が問題である。原と山県の協調を物語る情報はより刊行本に反映され、緊張を物語る情報はより少なく反映された。

例えば「UP草稿」には、原が一九二〇年八月五日に田中義一陸相より辞任の意向を伝えられてからの対山県交渉が、詳細に叙述されている。

この時、原は、山県が腹心の田中を辞任させることで内閣更迭を実現しようとしていると疑い、原内閣の使命として思想問題がまだ残っていると田中に語り、この言葉が山県に伝わることを期待した。原は自らも山県に面会し、退陣反対との発言を引き出すが、西園寺公望にも依頼して山県の意向を探らせた。山県は表面上不満を述べず、陰で扇動することがあるので、念押しが必要だというのである。とはいえ言質をとっても、陰で何を言われるかは、やはり分からない。「UP草稿」も引いている原敬日記の「山県より何の口約、言質を得たりとて、役に立たず」(一九二〇年九月二二日)、「山県の言質を得たりとて恃むにも足らざれども、山県が表面に好意らしき言をなすも、反対党始め官僚又は政客などに政府の悪声を放つは政局を乱るの本なれば、其辺に念を押し置く事必要なりと思ふ」(同一〇月五日)といったくだりには、山県への嫌悪を交えた不信感が露呈している。このように、原は山県の真意をとらえるのに苦心した。

ところが刊行本においては、山県の言質に対する醒めた渇望は、「山県の複雑な性格を知る原としては、多分の疑いを抱いた」(本書二四九頁注1)「真意を容易にとらえかねた」(同二四八頁)とまとめられるにとどまり、むしろ山県の歯切れの良い留任要請や支持表明を繰り返し引用することで、両者の協調関係を前面に出している。

このようにして山県の了解を周到に取り付けた原は、政友会の党勢拡張に邁進した。それは野党への高姿勢や汚職事件の続発をもたらし、政党政治への幻滅を一層強めた、と岡は批判する。

だが政党不信を助長した点で同じではあっても、大隈と原に対する岡の評価は異なるように思われる。そのことは、再び『近代日本の政治家』の新版(一九七九年)を初版(一九六〇年)と比べることで明らかとなる。(6)

一つには、『転換期の大正』で書かれたような、山県との了解や政党不信の助長といった論点が加筆されている。ところがこうした批判の補強と同時に、原の人間味を示すエピソードが増え、より詳しく記されている。馬場恒吾は首相時代の原の家をしばしば訪問したが、原は書生論を闘わすことを楽しんでいたように見えた。暗殺後には焼香のため訪れ、部屋の畳が擦り切れていることに質素な生活を思い、不覚の涙をこぼした。こうした馬場の回想を紹介している。原は政友会に金銭を欲しがる連中が多いことを残念に思い、財産を投げうって奔走した明治前期頃の気風を懐かしみさえしたことも新版では記している。

議場で答弁する原は、反対党の席の方を睨みながら「金属製の澄んだ細い声で口早に語った」。これは初版でもほぼ同様の記述である。新版では加えて、「なお、原は、答弁の要所では真白なハンケチを取り出して、鼻や口の辺りをむやみに擦り、それと同時に、その細い声はいよいよ聞きとりにくくなった。野党側から「高声に願ひますッ」とヤジが飛ぶと、原は唇をとがらせて「声の低いのは生れつきだッ」とやり返し、その態度は憎々しかった、という」とある。ここまで描写されると、憎々しいが憎めない。

本書において原は、「明確に伝統的な支配体制の側に立っている」(本書二一九頁)のではあるが、米騒動に見られる民衆の力が自らの政権獲得の条件であることは理解していたとされる。それだけに、民心の変化や社会運動に有効な対処をなしえないことに苦しんだ。「このように、原はいわゆる思想問題を彼なりに重大視しつつも、しかし、それにたいする有効な策を見出しえないのに甚だ苦しんだ」(同一九九頁)。原にできたのは政友会を発展させ、それを通じて政党の地位を向上させることであり、それには真摯に取り組んだ。自らの富貴は求めなかった。原の同時代人(田川大吉郎)の原評を岡は、「傷だらけ、非難だらけの人物を自分の周囲に置いてびくともせず、死なば諸共と励まして「死心を購ひ得」たのは、やはりえらい」「「親分」としての道徳を相応に理解している。それ故に、政友会内の衆望をつないでいるのである」と要約し、「それは適評であろう」と認めている(同二四〇頁注1)。

一九六〇年、安保闘争の直後、岡は『朝日ジャーナル』に「日本の保守党　その回顧と現在の問題点」という論説を寄稿した(七月三一日号)。冒頭で「戦前の大政党、戦前政権の座にあった政治家といえば、すべてみな保守政党、保守政治家であったことはいうまでもない」と述べた上で、「これら戦前の保守政党、保守政治家と民衆との関係をみてみると、彼らは民衆の政治的無関心や、低い政治意識に根ざした民衆の保守的なムードに多分によりかかっていたといえよう。しかし、それだけにまた、彼らは意識的にあるいは無意識的に、民衆というものに対して不安感を、民衆への不信感を心の奥底に抱いていた。それは、民衆への安易なよりかかりという政治的怠慢に対して、彼らとして支払わねばならない心理的な代償であった」と断じ、戦前から岸信介までの事例を点描している。原敬への言及が多くを占めることは言うまでもない。民衆の台頭に助けられてはいるだけに、原の不安はより大きく、その人物理解は保守党の政治を解析する上で重要であったといえる。
寺内正毅ですら、本書において彼なりの責任感を持ち、山県からの介入に抗して苦しむ姿を見せる。これに対し、民衆の未熟を増長し、それを権力資源とする大隈には、道徳も不安もなかったということであろう
原はいわゆる朝敵藩の出身であり、藩閥への反骨を権力意志の源泉とした。権力を握ってからもその立志を忘れず、しかもその立志に連なる「道徳」を悪玉の美学としてしか示し得ず、その書生論や質素や気風を一部の周囲に知らしめることしかできない時、「支配体制」の陰鬱さは際立つ。岡のこうした描写には、原との安易な和解はない。それでも、原の人格を描こうとしたとはいえる。誰かの性格がそれにふさわしい運命を招き寄せるとしても、それに還元されない何かをその者が持っていることを、認めているからである。そのことと関係があるかどうかは分からないが、『近代日本の政治家』の初版には「その運命と性格」という副題があったが、新版では省かれているのであった。

社会運動

索引には内政の事項が四〇ほどあると述べたが、その三分の一ほどは社会運動にかかわ

るものであり、多いといえる。

もともと岡の政治史解釈には、階級の視点が濃厚に組み込まれていた。『明治政治史』上巻(岩波文庫)の解説(前田亮介)がその機微を論じている。刊行業績には事実をして理論を語らしめる傾向が強いので、より直截な講演を再び参照しよう。例えば戦後すぐ、東京大学の公開講座において岡は、「有産者階級」との関係で政党の歴史を論じている。(7)

藩閥政府は「民族国家」としての日本の維持・発展を主目的とし、軍事力及びその経済的基礎を充実させようとした。そのために重要なのが、「過小農的形態」であった。これにより地主階級に高額地代・小作料を保証し、都市産業には低賃金労働を供給できたからである。藩閥と「有産者階級」との密接な関係はここに由来する。

自由党・改進党も指導者層は藩閥の分裂ともいえる集団であり、「有産者階級」を支持基盤としていたが、藩閥政府が「有産者階級」を庇護し、「有産者階級」も選挙では両党を支持しつつ藩閥政府と結託していたため、政党は自らの支持基盤から乖離し、「政治権力をめぐつてこれを獲得せんとする徒党的朋党的性格」を持たざるを得なかった。

藩閥が衰退すると、「有産者階級」も政党と緊密に結びつくようになった。政党は選挙・議会で多数を占めるための資金源としてこの関係に依存し、疑獄を頻発させた。また、政友会も憲政会も反有産者的な運動を恐れ、普通選挙を導入しつつも治安維持法を成立させた。

政党に辟易していた人民は、軍の政治介入をしばしば容認・支持してしまった。「有産者階級と結託し、人民大衆を結集してゐない、このいみで、人民大衆から遊離したいはゆる既成政党は、軍の政治的攻勢に対して到底大きな抵抗を示すことはできなかつたのである」。

さらに岡は、戦後に復興した政党は腐敗も復活させているのではないか、という問いに対し、聴衆はもう答を出しているであろうと諷した。ここまでは刊行業績においてもしばしば論ずるのであるが、この講演においてはさらに進んで、将来の課題として議会や政党が社会の実勢力を反映することの必要性を力説したようである。

私の考へるところでは、近代民主制の下における議会―そこにおける政党の分野は、その国家内における政治的実勢力の分野又はそれら相互の比率を可及的に正確に反映するものでなければならぬと思ふ。

講演ノートの欄外に岡は、制御された資本主義(「Controlled Cap.」)に基づく保守党と社会党の対立が望ましく、具体的な政策が提示される可能性があると記した。この対立がなければ政治の振り子が波動し、その度に「生硬な政党」が「生硬な政策」を行うか、官僚が実権を握ってしまう、と危惧している。

この「有産者階級」及びそれに支持された元老・政党、そしてこれらの立場を代弁するイデオローグとは、本書でいうところの「支配層」と概ね重なると考えてよいであろう。

これに挑戦する社会運動と日本政府の間にはしかし、日米の間に起きたような悪循環は発生しなかった。日本の社会運動には、政府との間で対抗措置を応酬し、増幅させ合うような力はなかった。本書によれば、権力による抑圧や資本の側の攻勢が厳しければ、衰弱し、または雌伏し、あるいはアナルコ・サンディカリズムの傾向を強めて政治から疎外される。抑圧が緩むと、労働者運動が社会主義運動や普選運動と合流し、ボルシェビズムがアナルコ・サンディカリズムに優越する。社会主義や共産主義の政党の結成が試みられる。それらの意味で、政治による包摂の可能性が高まる。この可能性が高まった際の、運動側の議論や集会の様子を本書は詳しく紹介している。それとても「UP草稿」や「校正原稿」から淘汰・圧縮した結果であった。

護憲三派も、階級制度の維持を願う点では、政友本党とかわらなかった。清浦内閣の末期、一九二四年三月に共産党が解党したと岡が記すのは、疎外が包摂を上回り、社会運動が将来は政治(議会・政党)以外の何者かに期待するようになることを予告するためであろう。「UP草稿」では、共産党解党の翌月には大川周明が行地社を作り、その翌月には平沼騏一郎によって国本社が生まれ、右翼勢力の活動が進展を見たことまで筆が及んでいるのである。

以上のようにして、政党政治への期待と失望を中核に、一方に国際環境、他方に社会運動を配した通史の成り立ちを、説明できたように思う。

完成させるということ

コンパクトな通史であるから、異論を唱えるのは容易である。

本書には、財政など個別政策についての言及は少ない。言及しても、それはもっぱら主要政党が主義主張を欠いているか、利益誘導を試みているか、「有産者階級」の味方であるかを、確認するためである。切り詰めた通史にするという要請からは、理解できる。

だがどんな意図からであれ政策を表明すれば、そのことは徐々にではあっても権力状況に作用していく。政策能力の誇示は、政権交代の担い手として期待され、あるいは警戒され、排除される事態をもたらしかねない。政策に共鳴・期待する勢力があれば、当初その気はなくとも支持基盤として顧慮せざるを得なくなっていく。このような顧慮は、短期的には裏切ることはできても、長期的には影響するのである。私が研究した大隈重信の経済政策論と政党指導は、まさにその好例であった。(8) 大隈の主観の相当部分を、機会主義的な権力意思が占めていたことには異論はないが、主観と、実際に果たす役割とは同じではないということである。

岡は、自らの講座を継いだ三谷太一郎とは、原敬の評価をめぐって意見を異にした。原が藩閥に強い反情を抱き、政党の地位向上や郡制廃止のような政策によって藩閥の基盤を切り崩そうとしたことは、岡も認めている(郡制廃止について、本書二二八頁)。

だが三谷はさらに、岡が批判的にとらえた政党の地方への浸透について、それが直ちに大正デモクラシーに適合しないとしても、明治国家の解体を事実として推進し、「「大正デモクラシー」状況」を導いたと、本書の参考文献に挙がった著書において論じていた。(9) 実際に果たす役割の中でも、当面の役割に加えて、将来開示される役割があるということである。

これは扇の要たる日露戦争後についてであるが、原敬内閣の評価についても同様のことがいえる。この内閣に対する岡の評価は手厳しい。なるほどその政策が「有産者階級」寄りであったことは認めて良い。だが三谷が本書刊行の前年に発表した論文で指摘したのは、そのことが社会主義者を政治に回帰させた面がある、ということである。三谷は、山川均の「いわゆる「平民内閣」とは、商工的資本と農業的資本の階級を代表するものだとしたならば、(中略)労働階級、庶民階級は、「平民内閣」の成立によって、初めて自己の階級的利害を主張すべき明確なる目標を発見した」という文章を引いて、そう論じている[10]。とはいえ、これらの教訓は岡も先刻承知であろう。承知の上、熟考した末に平明に書くのが岡である。だから岡に対抗するためには、熟考の途中に立ち戻り、人間の主観や行動やその帰結の複層性を凝視しなければならない。それは、熟考する思考の骨組みを残して書くことにつながる。三谷の学術論文はそうであり、難解と言われることもある。難解ではなく、むしろ明瞭であると私は思うが、とにかく平明とはいわない。

本書の鬼門は加藤高明かもしれない。加藤は外交指導においても政党指導においても剛毅で非妥協的なところがあり、「馴れ合い」の政治では説明し辛いためである。

岡は、加藤とて元老に気兼ねしていた形跡を尋ねている。例えば「UP草稿」には、加藤が普通選挙への支持をためらっているのは、山県の反対論を知っているからであるという記事がある。「校正原稿」では、同志会解党時の加藤の演説をとらえ、「こうして、加藤高明は政党内閣の必要を積極的に主張はしなかった。これは、元老、とくに山県系勢力に対する気兼ねによるものであり、そのことはこれらが現実政治において依然巨大な勢力を擁していることを物語るものにほかならない」と記している。しかしこうした記述は、いずれも刊行本には盛り込まれなかった。

加藤の一種の理論志向について北岡伸一が考察し、加藤研究が奈良岡聰智、櫻井良樹らによって進められているのは、本書がなしえなかったことを開拓するものである。(11) とはいえ、本書の周到な叙述を読み、草稿・原稿群によってその選択や行間を想像し、かつ岡が立場を異にする研究を参照し、その成果を彼なりに吸収していたことを考え合わせるならば、岡が尋ねそびれた可能性はかなり限られているように思う。「これはこれでよいのではないか」。冒頭の評価に立ち戻ってしまう。それは立派なことである。執筆環境に制約されつつ、それでも完成を目指す岡の努力が、格差とポピュリズムの時代必読の通史を生んだのである。

（1）　辰巳『研究会は目覚めた――政党へ接近の裏面史』（政治経済通信社、一九二六年）一～三頁。本文後述の「UP草稿」に出典記載。
（2）　五百旗頭薫・奈良岡聰智『日本政治外交史』（放送大学教材、二〇一九年）第二章2はその初歩的な試みの一つに過ぎない。
（3）　「大正時代政治史関係書類（転換期の大正、改訂増補）」「岡義武関係文書」Ⅱ-【3】-21-5。この文書にあるのは本文で紹介した紙片のみであり、改訂のための原稿などはない。
（4）　『岡義武著作集』第四巻（岩波書店、一九九三年）五七頁。
（5）　吉野作造講義録研究会編、五百旗頭薫・作内由子・伏見岳人責任編集『吉野作造政治史

講義　矢内原忠雄・赤松克麿・岡義武ノート』(岩波書店、二〇一六年)三九七頁。

(6)『岡義武著作集』第四巻(岩波書店、一九九三年)一〇七、一〇九、一一〇、一一三、一二五頁。

(7)「日本近代化の諸相――政党」(大学公開講座)一九四八年六月一八日・一九日「岡義武関係文書」Ⅱ-【4】-4)-1。

(8)拙著『大隈重信と政党政治――複数政党制の起源　明治十四年―大正三年』(東京大学出版会、二〇〇三年)。

(9)三谷『日本政党政治の形成――原敬の政治指導の展開』(東京大学出版会、一九六七年)三八頁。

(10)山川均「軍服の政治よりフロックコートの政治へ」一九一八年『山川均全集』第二巻(勁草書房、一九六六年)一一七頁。三谷「大正社会主義者の「政治」観――「政治の否定」から「政治的対抗」へ」『年報政治学』第一九巻(一九六八年)。

(11)北岡「政党政治確立過程における立憲同志会・憲政会――政権構想と政党指導」上下『立教法学』第二一号(一九八三年)、第二五号(一九八五年)。奈良岡『加藤高明と政党政治――二大政党制への道』(山川出版社、二〇〇六年)。櫻井『加藤高明――主義主張を枉ぐるな』(ミネルヴァ書房、二〇一三年)。

人名索引

あ 行

か　行

さ　行

た　行

な　行

は　行

ま　行

や　行

ら 行

わ 行

〔編集付記〕

一、本書は、『岡義武著作集　第三巻』(岩波書店、一九九二年一二月刊)に収録の「転換期の大正」を底本とした。初出は、『転換期の大正』(「日本近代史大系」第五巻、東京大学出版会、一九六九年七月刊)である。

一、読みやすさを考慮し、新たに振り仮名を付した。

一、明らかな誤記・誤植は訂正した。

一、巻末に人名索引を付した。

(岩波文庫編集部)

転換《てんかん》期《き》の大正《たいしょう》

2019年4月16日　第1刷発行
2022年4月5日　第2刷発行

著　者　岡《おか》 義《よし》武《たけ》

発行者　坂本政謙

発行所　株式会社 岩波書店
〒101-8002 東京都千代田区一ツ橋 2-5-5

案内 03-5210-4000　営業部 03-5210-4111
文庫編集部 03-5210-4051
https://www.iwanami.co.jp/

印刷・精興社　製本・牧製本

ISBN 978-4-00-381263-1　　Printed in Japan

読書子に寄す

——岩波文庫発刊に際して——

岩波茂雄

　真理は万人によって求められることを自ら欲し、芸術は万人によって愛されることを自ら望む。かつては民を愚昧ならしめるために学芸が最も狭き堂宇に閉鎖されたことがあった。今や知識と美とを特権階級の独占より奪い返すことはつねに進取的なる民衆の切実なる要求である。岩波文庫はこの要求に応じそれに励まされて生まれた。それは生命ある不朽の書を少数者の書斎と研究室とより解放して街頭にくまなく立たしめ民衆に伍せしめるであろう。近時大量生産予約出版の流行を見る。その広告宣伝の狂態はしばらくおくも、後代にのこすと誇称する全集がその編集に万全の用意をなしたるか。千古の典籍の翻訳企図に敬虔の態度を欠かざりしか。さらに分売を許さず読者を繋縛して数十冊を強うるがごとき、はたしてその揚言する学芸解放のゆえんなりや。吾人は天下の名士の声に和してこれを推挙するに躊躇するものである。このときにあたって、岩波書店は自己の責務のいよいよ重大なるを思い、従来の方針の徹底を期するため、すでに十数年以前より志して来た計画を慎重審議この際断然実行することにした。吾人は範をかのレクラム文庫にとり、古今東西にわたって文芸・哲学・社会科学・自然科学等種類のいかんを問わず、いやしくも万人の必読すべき真に古典的価値ある書をきわめて簡易なる形式において逐次刊行し、あらゆる人間に須要なる生活向上の資料、生活批判の原理を提供せんと欲する。この文庫は予約出版の方法を排したるがゆえに、読者は自己の欲する時に自己の欲する書物を各個に自由に選択することができる。携帯に便にして価格の低きを最主とするがゆえに、外観を顧みざるも内容に至っては厳選最も力を尽くし、従来の岩波出版物の特色をますます発揮せしめようとする。この計画たるや世間の一時の投機的なるものと異なり、永遠の事業として吾人は微力を傾倒し、あらゆる犠牲を忍んで今後永久に継続発展せしめ、もって文庫の使命を遺憾なく果たさしめることを期する。芸術を愛し知識を求むる士の自ら進んでこの挙に参加し、希望と忠言とを寄せられることは吾人の熱望するところである。その性質上経済的には最も困難多きこの事業にあえて当たらんとする吾人の志を諒として、その達成のため世の読書子とのうるわしき共同を期待する。

昭和二年七月

《法律・政治》〔白〕

人権宣言集　高木八尺・末延三次・宮沢俊義 編

新版 世界憲法集 第二版　高橋和之 編

君主論　マキアヴェッリ／河島英昭 訳

フィレンツェ史 全二冊　マキァヴェッリ／齊藤寛海 訳

リヴァイアサン 全四冊　ホッブズ／水田洋 訳

法の精神 全三冊　モンテスキュー／野田良之・稲本洋之助・上原行雄・田中治男・三辺博之・横田地弘 訳

ローマ人盛衰原因論　モンテスキュー／田中治男・栗田伸子 訳

第三身分とは何か　シィエス／稲本洋之助・伊藤洋一・川出良枝・松本英実 訳

教育に関する考察　ロック／服部知文 訳

完訳 統治二論　ジョン・ロック／加藤節 訳

寛容についての手紙　ジョン・ロック／加藤節・李静和 訳

キリスト教の合理性　ジョン・ロック／加藤節 訳

ルソー 社会契約論　桑原武夫・前川貞次郎 訳

アメリカのデモクラシー 全四冊　トクヴィル／松本礼二 訳

犯罪と刑罰　ベッカリーア／風早八十二・五十嵐二葉 訳

リンカーン演説集　高木八尺・斎藤光 訳

権利のための闘争　イェーリング／村上淳一 訳

近代人の自由と古代人の自由・征服の精神と簒奪 他一篇　コンスタン／堤林剣・堤林恵 訳

民主主義の本質と価値 他一篇　ハンス・ケルゼン／長尾龍一・植田俊太郎 訳

外交談判法　カリエール／坂野正高 訳

危機の二十年 —理想と現実　E・H・カー／原彬久 訳

アメリカの黒人演説集 —キング・マルコムX・モリスン 他　荒このみ 編訳

モーゲンソー 国際政治 —権力と平和 全三冊　原彬久 監訳

現代議会主義の精神史的状況 他一篇　カール・シュミット／樋口陽一 訳

第二次世界大戦外交史 全二冊　芦田均

憲法講話　美濃部達吉

日本国憲法　長谷部恭男 解説

民主体制の崩壊 —危機・崩壊・再均衡　ファン・リンス／横田正顕 訳

《経済・社会》〔白〕

政治算術　ペティ／大内兵衛・松川七郎 訳

チュルゴオ 富に関する省察　永田清 訳

国富論 全四冊　アダム・スミス／水田洋 監訳・杉山忠平 訳

道徳感情論 全二冊　アダム・スミス／水田洋 訳

法学講義　アダム・スミス／水田洋 訳

コモン・センス 他三篇　トーマス・ペイン／小松春雄 訳

経済学における諸定義　マルサス／玉野井芳郎 訳

オウエン自叙伝　ロバアト・オウエン／五島茂 訳

経済学および課税の原理 全二冊　リカードウ／羽鳥卓也・吉澤芳樹 訳

戦争論 全三冊　クラウゼヴィッツ／篠田英雄 訳

自由論　J・S・ミル／塩尻公明・木村健康 訳

女性の解放　J・S・ミル／大内兵衛・大内節子 訳

ミル自伝　朱牟田夏雄 訳

大学教育について　J・S・ミル／竹内一誠 訳

ユダヤ人問題によせて ヘーゲル法哲学批判序説　マルクス／城塚登 訳

経済学・哲学草稿　マルクス／城塚登・田中吉六 訳

新編輯版 ドイツ・イデオロギー　マルクス エンゲルス／廣松渉 編訳・小林昌人 補訳

マルクス エンゲルス 共産党宣言　大内兵衛・向坂逸郎 訳

賃労働と資本　マルクス／長谷部文雄 訳

賃銀・価格および利潤　マルクス／長谷部文雄 訳

マルクス 経済学批判　武田隆夫・遠藤湘吉・大内力・加藤俊彦 訳

マルクス 資本論 全九冊　エンゲルス編 向坂逸郎訳
文学と革命 全二冊　トロツキイ 桑野隆訳
ロシア革命史 全五冊　トロツキー 藤井一行訳
空想より科学へ —社会主義の発展　エンゲルス 大内兵衛訳
イギリスにおける労働者階級の状態 —一九世紀のロンドンとマンチェスター 全二冊　エンゲルス 一條和生・杉山忠平訳
帝国主義論 全二冊　ホブスン 矢内原忠雄訳
帝国主義　レーニン 宇高基輔訳
国家と革命　レーニン 宇高基輔訳
金融資本論 全二冊　ヒルファディング 岡崎次郎訳
ローザ・ルクセンブルク 獄中からの手紙　秋元寿恵夫訳
雇用、利子および貨幣の一般理論 全二冊　ケインズ 間宮陽介訳
シュムペーター 経済発展の理論 全二冊　塩野谷祐一・中山伊知郎・東畑精一訳
シュムペーター 経済学史 —学説ならびに方法の諸段階　中山伊知郎・東畑精一訳
租税国家の危機　シュムペーター 木村元一・小谷義次訳
恐慌論　宇野弘蔵
経済原論　宇野弘蔵
ユートピアだより　ウィリアム・モリス 川端康雄訳

民衆の芸術　ウィリアム・モリス 中橋一夫訳
社会科学と社会政策にかかわる認識の「客観性」　マックス・ヴェーバー 富永祐治・立野保男訳 折原浩補訳
プロテスタンティズムの倫理と資本主義の精神　マックス・ヴェーバー 大塚久雄訳
職業としての学問　マックス・ヴェーバー 尾高邦雄訳
社会学の根本概念　マックス・ヴェーバー 清水幾太郎訳
職業としての政治　マックス・ヴェーバー 脇圭平訳
古代ユダヤ教 全三冊　マックス・ヴェーバー 内田芳明訳
宗教と資本主義の興隆 歴史的研究 全二冊　トーニー 出口勇蔵・越智武臣訳
世論 全二冊　リップマン 掛川トミ子訳
王権　A・M・ホカート 橋本和也訳
鯰絵 —民俗的想像力の世界　C・アウエハント 小松和彦・中沢新一・飯島吉晴・古家信平訳
贈与論 他二篇　マルセル・モース 森山工訳
国民論 他二篇　マルセル・モース 森山工編訳
ヨーロッパの昔話 その形と本質　マックス・リュティ 小澤俊夫訳
独裁と民主政治の社会的起源 —近代世界形成過程における領主と農民 全二冊　バリントン・ムーア 宮崎隆次・森山茂徳・高橋直樹訳
大衆の反逆　オルテガ・イ・ガセット 佐々木孝訳

《自然科学》〔青〕

科学と仮説　ポアンカレ 河野伊三郎訳
エネルギー　オストヴァルト 山県春次訳
光学　ニュートン 島尾永康訳
大陸と海洋の起源 —大陸移動説 全二冊　ヴェーゲナー 都城秋穂・紫藤文子訳
ロウソクの科学　ファラデー 竹内敬人訳
種の起原 全二冊　ダーウィン 八杉龍一訳
完訳 ファーブル昆虫記 全十冊　山田吉彦・林達夫訳
確率の哲学的試論　ラプラス 内井惣七訳
史的に見たる科学的宇宙観の変遷　アーレニウス 寺田寅彦訳
科学談義　T・H・ハックスリ 小泉丹訳
アインシュタイン 相対性理論　内山龍雄訳・解説
相対論の意味　アインシュタイン 矢野健太郎訳
自然美と其驚異　ジョン・ラバック 板倉勝忠訳
ダーウィニズム論集　八杉龍一編訳
近世数学史談　高木貞治
ハッブル 銀河の世界　戎崎俊一訳

パロマーの巨人望遠鏡 全二冊　D・O・ウッドベリー　関正雄・湯澤博・成相恭二 訳

生物から見た世界　ユクスキュル、クリサート　日高敏隆・羽田節子 訳

ゲーデル 不完全性定理　林晋・八杉満利子 訳

日本の酒　坂口謹一郎

生命とは何か ―物理的にみた生細胞　シュレーディンガー　岡小天・鎮目恭夫 訳

ウィーナー サイバネティックス ―動物と機械における制御と通信　池原止戈夫・彌永昌吉・室賀三郎・戸田巌 訳

《歴史・地理》〔青〕

- 新訂 魏志倭人伝・後漢書倭伝・宋書倭国伝・隋書倭国伝 —中国正史日本伝1— 石原道博編訳
- ヘロドトス 歴史 全三冊 松平千秋訳
- ガリア戦記 カエサル 近山金次訳
- タキトゥス ゲルマーニア 泉井久之助訳註
- ランケ 世界史概観 —近世史の諸時代 鈴木成高・相原信作訳
- ランケ自伝 林健太郎訳
- 歴史とは何ぞや ベルンハイム 坂口昂・小野鉄二訳
- 歴史における個人の役割 プレハーノフ 木原正雄訳
- 古代への情熱 —シュリーマン自伝 シュリーマン 村田数之亮訳
- 大君の都 —幕末日本滞在記 全三冊 オールコック 山口光朔訳
- アーネスト・サトウ 一外交官の見た明治維新 全二冊 坂田精一訳
- ベルツの日記 全二冊 トク・ベルツ編 菅沼竜太郎訳
- 武家の女性 山川菊栄
- インディアスの破壊についての簡潔な報告 ラス・カサス 染田秀藤訳
- ラス・カサス インディアス史 全七冊 長南実訳 石原保徳編
- コロンブス 全航海の報告 林屋永吉訳
- 洞窟絵画から連載漫画へ 人間コミュニケーションの万華鏡 ホグベン 寿岳文章・林達夫・平田寛・南博訳
- 戊辰物語 東京日日新聞社会部編
- 大森貝塚 —付 関連史料 E・S・モース 近藤義郎・佐原真編訳
- 中世的世界の形成 石母田正
- 日本の古代国家 石母田正
- 日本における近代国家の成立 E・H・ノーマン 大窪愿二訳
- 旧事諮問録 —江戸幕府役人の証言 全二冊 旧事諮問会編 進士慶幹校注
- 朝鮮・琉球航海記 —一八一六年アマースト使節団とともに ベイジル・ホール 春名徹訳
- ローマ皇帝伝 全二冊 スエトニウス 国原吉之助訳
- アリランの歌 —ある朝鮮人革命家の生涯 ニム・ウェールズ キム・サン 松平いを子訳
- インカの反乱 —被征服者の声 ティトゥ・クシ・ユパンギ述 染田秀藤訳
- ヒュースケン日本日記 —1855〜61 青木枝朗訳
- さまよえる湖 全二冊 ヘディン 福田宏年訳
- 老松堂日本行録 —朝鮮使節の見た中世日本 宋希璟 村井章介校注
- 十八世紀パリ生活誌 —タブロー・ド・パリ 全二冊 メルシエ 原宏編訳
- 北槎聞略 —大黒屋光太夫ロシア漂流記 桂川甫周 亀井高孝校訂
- ヨーロッパ文化と日本文化 ルイス・フロイス 岡田章雄訳注
- 西遊草 清河八郎 小山松勝一郎校注
- オデュッセウスの世界 フィンリー 下田立行訳
- 十八世紀ヨーロッパ監獄事情 ジョン・ハワード 川北稔・森本真美訳
- 東京に暮す —一九二八〜一九三六 キャサリン・サンソム 大久保美春訳
- ミカド —日本の内なる力 W・E・グリフィス 亀井俊介訳
- 増補 幕末百話 篠田鉱造
- 明治百話 全二冊 篠田鉱造
- 幕末明治 女百話 全二冊 篠田鉱造
- トゥバ紀行 メンヒェン＝ヘルフェン 田中克彦訳
- 徳川時代の宗教 R・N・ベラー 池田昭訳
- ある出稼石工の回想 マルタン・ナド 喜安朗訳
- 植物巡礼 —プラント・ハンターの回想 F・キングドン－ウォード 塚谷裕一訳
- モンゴルの歴史と文化 ハイシッヒ 田中克彦訳
- アレクサンドロス大王東征記 付インド誌 全二冊 アッリアノス 大牟田章訳
- インカ皇統記 全四冊 インカ・ガルシラーソ・デ・ラ・ベーガ 牛島信明訳
- ローマ建国史 全三冊(既刊上巻) リーウィウス 鈴木一州訳
- 元治夢物語 —幕末同時代史 馬場文英 徳田武校注